神 算 六 爻

이것이 귀신도 곡하는 점술이다

김용연/노응근 공저

안암문화사

神 算 六 爻

이것이 귀신도 곡하는 점술이다

1판 1쇄 / 2001. 2. 10
4쇄 / 2005. 11. 20
개편개정 6쇄 / 2020. 3. 15
개편개정 7쇄 / 2021. 8. 10
개편개정 8쇄 / 2022. 11. 21

저 자 / 김용연 · 노응근 공저
발 행 인 / 이 창 식
발 행 처 / 안암문화사
등 록 / 1978. 5. 24. 제2-565호
100-452 서울시 중구 신당동 413-9
전화 (02)2238-0491 / Fax 2252-4334

ISBN 978-89-7235-026-2 03150

• **홈페이지** http://김용연.한국
http://유명역술인.한국
• **E-mail** 025549898@daum.net
027112517@daum.net

서문

살다보면 장래의 일에 대해 알고 싶을 때가 있습니다. 현재의 생활이 어렵고 고통스러울수록 미래에 대한 궁금증은 더 커집니다. 형편이 나아질 것인지, 아니면 구렁텅이 속으로 더 빠져들어갈지…

결혼 같은 중대한 결정을 앞두고 있을 때도 그렇습니다. 이런저런 온갖 정보를 바탕으로 어떤 결정을 내린다고 하더라도 과연 그 결정이 최선인지에 대해 확신이 서지 않기 때문입니다.

이럴 때 활용할 수 있는 것이 점(占)입니다. 점이란 신이 아닌 인간이 미래의 일을 알 수 있는 하나의 방법입니다.

보통 말하는 점은 크게 두 가지로 나눌 수 있습니다. 신(神)을 받은 무속인이 신의 힘을 빌어 치는 점과 학문적 이론에 바탕을 두고 앞날을 예견하는 점입니다. 무속인의 점은 신을 받지 않은 보통 사람은 칠 수 없습니다.

그러나 '학문적 점'은 다릅니다. 누구나 배우면 칠 수 있는 점입니다. 어렵지도 않습니다. 학문적 점에도 여러가지가 있습니다만 대표적인 것이 육효(六爻)입니다. 육효는 주역을 바탕으로 한 점술이긴 하나 주역점과는 크게 다릅니다. 중국 명나라 초기 국사이던 유기(劉基)가 완성한 것으로 알려져 있습니다. 우리나라에는 언제 들어왔는지 분명하지 않습니다만 조선시대 한학자들은 거의 다 육효를 알고 실생활에 활용했다고 합니다.

본서는 수백년 전부터 전해오는 전통 육효에다 50여 년이 넘는 필자의 경험을 더해 만들었습니다. 역학계에서는 대단하지도 않은 것도 비전(秘傳)이라며 '쉬쉬' 하는 풍토가 강합니다만 필자는 본서에 모든 것을 다 공개했습니다. 특히 풍부한 예문과 명쾌하고도 쉬운 설명은 다른 어떤 육효책에서도 찾아볼 수 없는 이 책의 특징이자 자랑입니다. 초학자라도 본서를 처음부터 차분하게 읽어가면 어느새 자신은 물론 주변 사람의 앞날을 예견할 수 있는 수준에 오를 수 있을 것으로 확신합니다. 정성만 기울이면 귀신이 곡할 정도로 잘 맞출 수 있을 것입니다.

육효의 활용범위는 넓습니다. 우리가 일상생활을 하면서 부딪치는 크고 작은 모든 문제에 도움을 얻을 수 있습니다. 예컨데 사귀는 사람과 인연이 있는지, 대학입시나 회사시험에 합격할 수 있을지, 직장에서 승진할 수 있을지, 선거에서 당선될 수 있을지, 사업을 하면 돈을 벌 수 있을지, 주식투자를 하면 이득을 볼 수 있을지, 가출한 자식이 언제 돌아올지 등을 육효를 통해 미리 알 수 있습니다.

본서는 특히 주식투자에 대한 점을 특별 부록으로 실어 투자할 주식 종목 선택은 물론 주식을 사고 파는 시기를 결정하는 데 도움이 되도록 했습니다.

짧은 글 재주로 책을 세상에 내놓았으나 부족함이 많아 부끄럽기 짝이 없습니다. 그러나 초학자들이 육효에 관심을 갖고 공부하는 데 조금이나마 도움이 된다면 더 이상 바랄 것이 없겠습니다.

2001년부터 출간된 신산육효-이것이 귀신도 곡하는 점술이다는 처음 초판본의 출간을 서두르다 보니 설명이 미진했던 부분과 내용에 오류가 많아 정오표를 붙였음에도 경향 각지의 많은 독자들로부터 꾸준한 사랑을 받으면서 어렵다고 하는 육효책을 이처럼 풍부한 예문과 명쾌하고도 쉽게 설명해 준데 감사한다는 격려의 전화, 서신을 많이 받아 왔습니다.

지금까지 많은 독자의 호응과 성원에 거듭 감사드리며 개정판에 이어 재개정판, 수정판을 거듭하면서 이번에 다시 전면 개편 개정판을 냄으로써 보답코저 합니다.

필자는 앞으로 본서보다 더 깊이 있는 육효책을 계속 펴내 독자 여러분이 육효의 진수와 묘미를 만끽할 수 있도록 도와줄 계획입니다. 계속 애정을 갖고 지켜봐 주시기 바랍니다.

본서 출간을 도와준 역학인 최선우군, 이번 전면 개편 개정판의 작업을 도와준 역학인 박혜경 선생을 비롯한 신산육효 연구회 회원들과 안암문화사 이창식 사장에게 감사 드립니다.

2014. 4. 10.

신산육효(神算六爻) 연구회 회장 김 용 연

차례

제2편 육효의 기초와 구성

제1장 육효의 기초

제2장 득괘와 육효 구성

제3편 육효의 응용

제1편

역의 원리와 기초

제1장 역의 원리

1. 태극설(太極說)

태초(太初)에 우주공간에 기체도 고체도 액체도 아닌 끈적끈적한 물체가 형체를 이루지 못하고 서로 엉키어서 떠돌아 다니고 있었다.

우리는 이 과정을 혼돈(混沌)(무극:無極)이라 한다. 이 혼돈에서 홀연 일기(一氣)가 일어나 서로 운집결합시켜 한 물체(物體), 구(球)가 형성(形成)되니 이것이 바로 태극(太極)이다.

태극은 보편적 의미에서 우리가 생활하고 있는 세상(世上)을 말한다.

서양에서는 일찍 조물주인 여호와가 세상을 창조하였다하여 여호와를 유일 신(神)으로 숭배하나 동양에서는 자연(自然)에 의해 자연(自然)히 세상이 형성되었다 하여 자연을 숭배의 대상으로 삼고 있다.

태극은 넓게는 우주를, 좁게는 우리가 생활하는 세상을 말함이니 그저 막연하고 신비스러운 것으로 어렵게 생각하지 말고 우리가 태극(太極)속에서 생활하고 있다고 생각하면 태극을 이해하는데 도움이 된다 하겠다.

2. 음양설(陰陽說) · (兩儀 · 양의)

태극(太極)이 자전(自轉)과 공전(空轉)을 순환 반복하여 우주 공간을 떠돌아 다니나 우주공간이 아늑히 길고 넓고 어두어 그 형체를 식별하기 어려웠다.

이때 밝은 빛이 나타나 그 형체를 비추니 밝은 부분과 어두운 부분으로 선명하게 나누어 지니 밝은 부분을 양(陽), 어두운 부분을 음(陰)이라 하였다.

이제 비로소 밝고 어두움(陰陽 · 음양)으로 세상의 모든 물체의 형상을 분별할 수 있다 하여 양의(兩儀)라 한다.

3. 사상(四象)

사상(四象)은 양의(兩儀)에서 한단계 더 발전한다.

양(陽)중 밝은 부분과 다소 어두운 부분으로 분류하여 밝은 부분을 태양(太陽:老陽 · 노양)이라 하고 다소 어두운 부분을 양(陽)중 음(陰)이 처음 발생하여 아직 어리니 소음(少陰)이라 하며,

음(陰)중 어두운 부분과 다소 밝은 부분으로 분류하여, 어두운 부분을 태음(太陰:老陰 · 노음)이라 하고 다소 밝은 부분을 음(陰)중 양(陽)이 처음 발생하여 아직 어리니 소양(少陽)이라 한다.

다시 정리하면 사상(四象)은 양의(兩儀)중

양(陽)에서 노양(老陽)과 소음(少陰)으로 분별이 되고

음(陰)에서 노음(老陰)과 소양(少陽)으로 분별된다.

사상(四象)은 동양정신문화의 바탕이라 하겠다.

4. 팔괘(八卦)

팔괘(八卦)는 사상(四象)에서 다시 한단계 발전된 것으로 우리 일상에 필요한 자연의 구성 요소다.

노양(老陽)중 밝은 부분을 건(乾) (☰)
노양(老陽)중 어두운 부분을 태(兌) (☱)
소음(少陰)중 밝은 부분을 이(離) (☲)
소음(少陰)중 어두운 부분을 진(震) (☳)
소양(少陰)중 밝은 부분을 손(巽) (☴)
소양(少陰)중 어두운 부분을 감(坎) (☵)
노음(老陰)중 밝은 부분을 간(艮) (☶)
노음(老陰)중 어두운 부분을 곤(坤) (☷) 이라 한다.

이 팔괘(八卦)를 소성괘(小成卦)라 하고 이 소성괘가 각기 서로 만나 상하로 결합이 되면 64괘(卦)가 되는데 이 64괘를 대성괘(大成卦)라 한다.

우리는 이 대성괘를 가지고 자연의 순환이치에 따라 생활의 바름과 바르지 못함을 분별하게 된다.

◐ 八卦 構成圖(팔괘 구성도)

無極 —— 太極
무극 태극

兩儀 양의	⚊ 陽 양				⚋ 陰 음			
四象 사상	⚌ 太陽 태양		⚍ 少陰 소음		⚎ 少陽 소양		⚏ 太陰 태음	
八卦	☰	☱	☲	☳	☴	☵	☶	☷
卦名	乾 건	兌 태	離 이	震 진	巽 손	坎 감	艮 간	坤 곤
自然	(天) 천	(澤) 택	(火) 화	(雷) 뢰	(風) 풍	(水) 수	(山) 산	(地) 지
卦序	一 일	二 이	三 삼	四 사	五 오	六 육	七 칠	八 팔

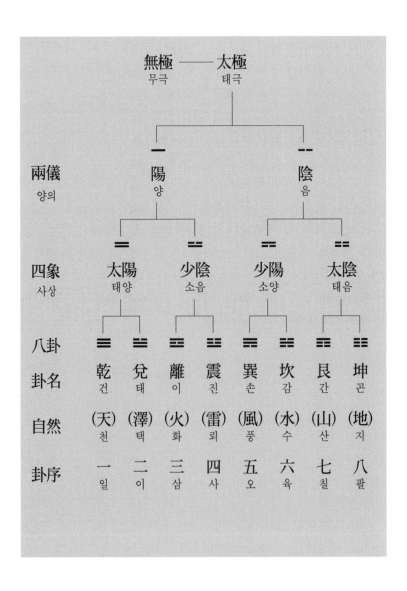

5. 하도와 낙서

(1) 용마하도(龍馬河圖)

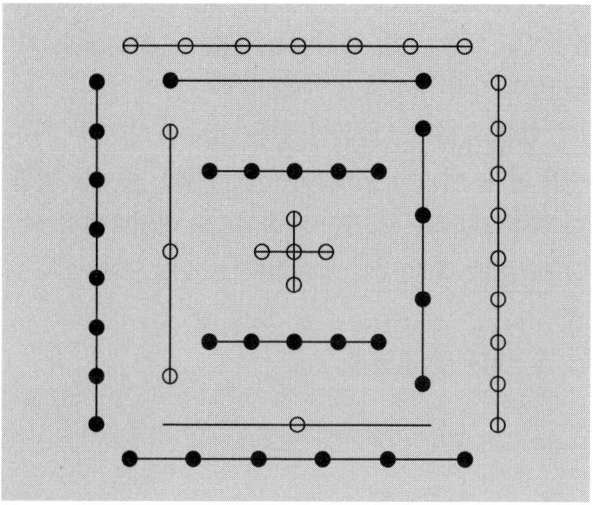

태고의 복희씨 시절 하수(河水)에서 용마(龍馬)가 그림과 같은 형상(河圖)을 등에 지고 나왔다고 한다. 복희씨가 그것을 보고 음양 동정(陰陽 動靜)의 이치를 깨쳐서 천지 조화와 원리를 밝혔다. 하도란 하수에서 나온 그림이라 해서 붙여진 이름이다.

하도를 살펴 보면 하얀 점은 하늘(天) · 양을, 검은 점은 땅(地) · 음을 나타낸다.

한 점과 여섯 점은 북쪽에, 두 점과 일곱 점은 남쪽에,
세 점과 여덟 점은 동쪽에, 넉 점과 아홉 점은 서쪽에,
다섯 점과 열 점은 중앙에 각각 자리 잡고 있다.

이를 오행으로 설명하면 한 점과 여섯 점은 水를, 두 점과 일곱 점은 火를, 세 점과 여덟 점은 木을, 네 점과 아홉 점은 金을, 다섯 점과 열 점은 土를 각각 표시한다.

하도에서 양은 천수(天數) · 양수(陽數)요, 음은 지수(地數) ·

음수(陰數)다.

북방에서는 天數 一(壬 : 陽水)과 地數 六(癸 : 陰水)이, 남방에선 天數 七(丙 : 陽火)과 地數 二(丁 : 陰火)가, 동방에선 天數 三(甲 : 陽木)과 地數 八(乙 : 陰木)이, 서방에선 天數 九(庚 : 陽金)와 地數 四(辛 : 陰金)가, 중앙에선 天數 五(戊 : 陽土)와 地數 十(己 : 陰土)이 각각 대응하고 있다.

天數의 합은 25수요, 地數의 합은 30수라 천수와 지수를 합치면 55수가 된다. 여기서 오행원수(五行源數), 즉 5를 빼면 50수가 된다. 이 수를 대연수(大衍數)라 한다. 또 대연수에서 태극 1數를 빼면 49수가 되는데 이것이 육효점에서 쓰는 수다.

(2) 신구낙서(神龜洛書)

신구낙서

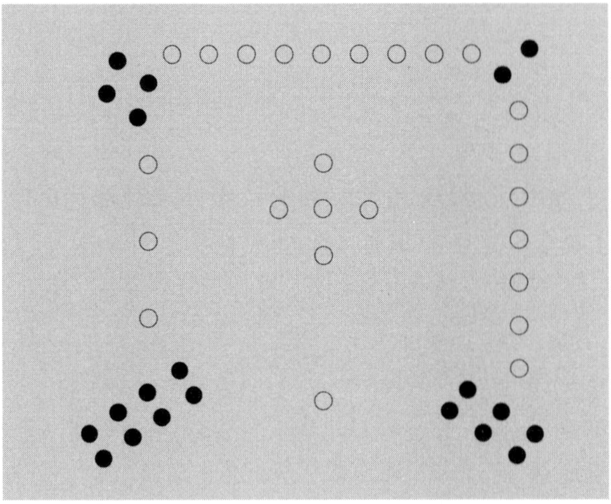

하나라 우왕 시절 신구(神龜)가 그림과 같은 도형(洛書)을 등에 지고 낙수(洛水)에서 나왔다고 한다. 우임금은 이 그림을 보고 역(易)의 모든 원리를 연구, 후대 왕들이 백성들의 일상생활과 길흉

화복을 가리는 바탕으로 삼도록 했다.

양수 九는 남방에, 양수 一은 북방에, 양수 三은 동방에, 양수 七은 서방에, 양수 五는 중앙에 각각 위치하고 있다.

음수 二는 서남방에, 음수 四는 동남방에, 음수 六은 서북방에, 음수 八은 동북방에 각각 배치되어 있다.

6. 팔괘도

(1) 복희 선천팔괘도

伏羲先天八卦圖

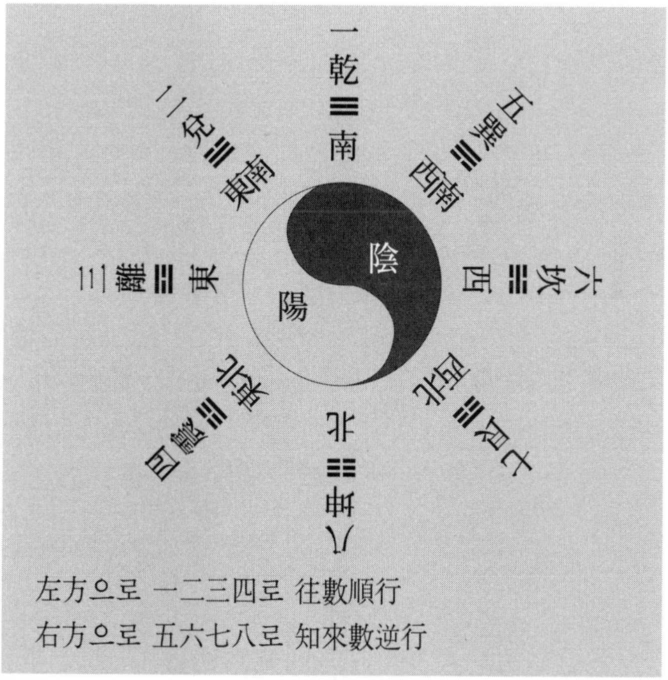

송나라 소강절 선생이 하도를 팔괘도로 정리, 설명한 것이다.

위 남방에 있는 乾은 하늘(天)이요, 아래 북방에 있는 坤은 땅(地)이다. 하늘과 땅의 위치가 정해졌다는 의미다.

동방의 離는 불(火)이요, 서방의 坎은 물(水)이다. 불과 물은 서로 대립하면서도 서로 구제한다는 뜻이다.

서북간방에 있는 艮은 山이요, 동남간방에 있는 兌는 못(澤)이다. 산과 못은 그 기운이 통함을 의미한다.

동북간방의 震은 우레(雷)요, 서남간방의 巽은 바람(風)이다. 우레와 바람은 서로 부딪친다는 뜻이다.

(2) 문왕 후천팔괘도

文王後天八卦圖

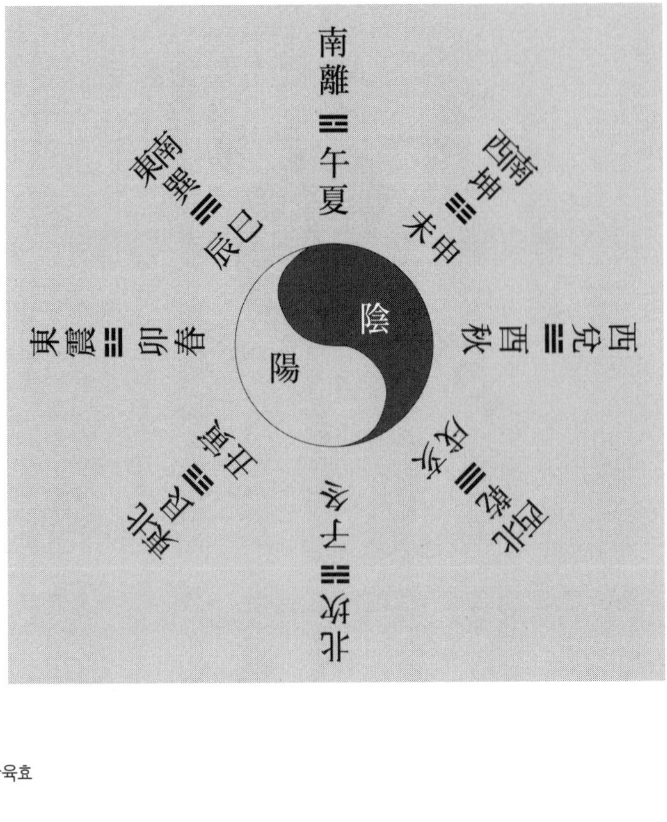

후천팔괘도도 소강절 선생이 낙서를 팔괘도로 정리, 설명한 것이다. 坎水 一은 북방이요, 坤土 二는 서남이요, 震木 三은 동방이요, 巽木 四는 동남이다. 土五는 중앙이요, 乾金 六은 서북이요, 兌金 七은 서방이요, 艮土 八은 동북이요, 離火 九는 남방이다.

역학에서 많이 활용되는 구궁도(九宮圖)는 후천팔괘도에서 나온 것이다.

◐ 九 宮 圖

四 辰巳 巽 ☴ 東南	九 午 離 ☲ 南	二 未申 坤 ☷ 南西
三 卯震 ☳ 東	五 中宮 中央	☱ 兌 酉 七 西
☶ 艮 寅丑 八 東北	☵ 坎 子 一 北	☰ 乾 亥戌 六 西北

제2장 역(易)의 기초

1. 육갑(六甲)의 기본

六甲이란 10개의 천간(天干)과 12개의 지지(地支)를 총칭하는 말이다. 역학에서 기초 중의 기초다. 천간과 지지를 합쳐 간지(干支)라 한다.

(1) 천간과 지지

天干 :	甲	乙	丙	丁	戊	己	庚	辛	壬	癸		
천간	갑	을	병	정	무	기	경	신	임	계		
地支 :	子	丑	寅	卯	辰	巳	午	未	申	酉	戌	亥
지지	자	축	인	묘	진	사	오	미	신	유	술	해

천간은 10가지가 있으므로 십간이라고 하고, 지지는 12가지가 있으므로 십이지라고 한다.

(2) 육십갑자(六十甲子)

육십갑자는 천간과 지지가 합하여 구성된 것으로, 모두 60개가 있기 때문에 육십갑자라고 한다. 甲子는 육십갑자 중 첫째다. 그 뒤 천간과 지지를 순서대로 짝지어 간다.

◐ 육십갑자

甲子 갑자	乙丑 을축	丙寅 병인	丁卯 정묘	戊辰 무진	己巳 기사	庚午 경오	辛未 신미	壬申 임신	癸酉 계유
甲戌 갑술	乙亥 을해	丙子 병자	丁丑 정축	戊寅 무인	己卯 기묘	庚辰 경진	辛巳 신사	壬午 임오	癸未 계미
甲申 갑신	乙酉 을유	丙戌 병술	丁亥 정해	戊子 무자	己丑 기축	庚寅 경인	辛卯 신묘	壬辰 임진	癸巳 계사
甲午 갑오	乙未 을미	丙申 병신	丁酉 정유	戊戌 무술	己亥 기해	庚子 경자	辛丑 신축	壬寅 임인	癸卯 계묘
甲辰 갑진	乙巳 을사	丙午 병오	丁未 정미	戊申 무신	己酉 기유	庚戌 경술	辛亥 신해	壬子 임자	癸丑 계축
甲寅 갑인	乙卯 을묘	丙辰 병진	丁巳 정사	戊午 무오	己未 기미	庚申 경신	辛酉 신유	壬戌 임술	癸亥 계해

2. 간지의 합·충·형·파·해(合·冲·刑·破·害)

천간과 지지는 각각 성질이 달라 서로 合하고, 冲 하고, 刑하고, 害하는 관계가 있다. 육효에서는 지지의 합 · 충 · 형을 주로 활용한다.

그런데 육효에서는 천간의 합·충은 제외하고 지지의 합·충·형만을 활용한다. 따라서 지지의 합·충·형만 기억하면 된다.

또 육효에서 합(合)은 대체적으로 길(吉)한 것으로, 충(冲)이나 형(刑)은 흉(凶)한 것으로 해석한다.

그러나 합(合)도 꼭 좋은 것만은 아니다. 합(合)이 되면 묶여 작용을 하지 못하는 경우도 있기 때문이다. 충(冲)도 반드시 나쁘지만은 않다.

다시 말하면 합(合)은 주로 길(吉)작용을 하는데 간혹 흉(凶)작용을 할 때도 있으며, 충(冲)·형(刑)등은 주로 흉(凶)작용을 하는데 때로는 길(吉)작용일 때도 있는 것이다.

(1) 천간의 合·冲

天干合 :	甲己合	乙庚合	丙辛合	丁壬合	戊癸合
천간합	갑기합	을경합	병신합	정임합	무계합
天干冲 :	甲庚冲	乙辛冲	丙壬冲	丁癸冲	
천간충	갑경충	을신충	병임충	정계충	

(2) 지지의 합충형파해(合·冲·刑·破·害)

地支三合 :	亥卯未 合(木)	寅午戌 合(火)
지지삼합	해묘미 합 (목)	인오술 합 (화)
	巳酉丑 合(金)	申子辰 合(水)
	사유축 합 (금)	신자진 합 (수)

地支六合 :	子丑 合(土)	寅亥 合(木)	卯戌合 (火)
지지육합	자축 합 (토)	인해 합 (목)	묘술 합 (화)
	辰酉 合(金)	巳申 合(水)	午未合 (불변)
	진유 합 (금)	사신 합 (수)	오미 합

地支相冲 :	子午	丑未	寅申	卯酉	辰戌	巳亥
지지상충	자오	축미	인신	묘유	진술	사해

地支六破 : 子酉　辰丑　寅亥　午卯　戌未　申巳
지지육파　자유　진축　인해　오묘　술미　신사

地支 刑 : 寅 巳 申 三刑 (寅刑巳, 巳刑申, 申刑寅)
지지 형　인 사 신 삼형 (인형사　사형신　신형인)

丑 戌 未 三刑 (丑刑戌, 戌刑未, 未刑丑)
축 술 미 삼형 (축형술　술형미　미형축)

子　卯 相刑 (子刑卯, 卯刑子)
자　묘 상형 (자형묘,　묘형자)

辰午酉亥 自刑 (辰刑辰, 午刑午, 酉刑酉, 亥刑亥)
진오유해　자형 (진형진,　오형오,　유형유,　해형해)

地支六害 : 子未　丑午　寅巳　卯辰　申亥　酉戌
지지육해　자미　축오　인사　묘진　신해　유술

3. 간지의 소속

천간과 지지는 음과 양, 木火土金水 오행으로 나뉜다. 또 음양, 오행에 따라 고유한 방위와 절기, 색, 수를 갖는다.

(1) 간지의 음양

천간과 지지는 음과 양으로 나눠진다.

	천 간	지 지
陽 양	甲丙戊庚壬 갑병무경임	子寅辰午申戌 자인진오신술
陰 음	乙丁己辛癸 을정기신계	丑卯巳未酉亥 축묘사미유해

(2) 간지의 오행

천간과 지지는 木火土金水 오행으로도 구분된다.

木 목	火 화	土 토	金 금	水 수
甲乙寅卯 갑을인묘	丙丁巳午 병정사오	戊己辰戌丑未 무기진술축미	庚辛申酉 경신신유	壬癸亥子 임계해자

천간과 지지를 음양, 오행으로 함께 구분하면 다음과 같다.

五行 / 陰陽	木 목	火 화	土 토	金 금	水 수
陽 양	甲寅 갑인	丙午 병오	戊辰戌 무진술	庚申 경신	壬子 임자
陰 음	乙卯 을묘	丁巳 정사	己丑未 기축미	辛酉 신유	癸亥 계해

(3) 방 위

오행별 방위는 다음과 같다.

木=東 목 동	火=南 화 남	土=中央 토 중앙	金=西 금 서	水=北 수 북

간지도 오행에 따라 고유한 방위를 갖는다.

木=東 목 동	火=南 화 남	土=中央 토 중앙	金=西 금 서	水=北 수 북
甲乙寅卯 갑을인묘	丙丁巳午 병정사오	戊己辰戌丑未 무기진술축미	庚辛申酉 경신신유	壬癸亥子 임계해자

(4) 절 기

甲乙寅卯 갑을인묘	丙丁巳午 병정사오	庚辛申酉 경신신유	壬癸亥子 임계해자	戊己辰戌丑未 무기진술축미
木 목	火 화	金 금	水 수	土 토
春(봄)	夏(여름)	秋(가을)	冬(겨울)	四季(각 계절의 끝)

(5) 색

木=靑 목 청	火=赤 화 적	土=黃 토 황	金=白 금 백	水=黑 수 흑
甲乙寅卯 갑을인묘	丙丁巳午 병정사오	戊己辰戌丑未 무기진술축미	庚辛申酉 경신신유	壬癸亥子 임계해자

(6) 수

先天數: 선천수	甲己子午=9 갑기자오	乙庚丑未=8 을경축미	丙辛寅申=7 병신인신
	丁壬卯酉=6 정임묘유	戊癸辰戌=5 무계진술	巳亥=4 사해

後天數: 후천수	甲寅=3 갑인	乙卯=8, 을묘	丙午=7 병오	丁巳=2, 정사
	戊辰戌=5 무진술	己=100, 기	丑未=10, 축미	庚申=9, 경신
	辛酉=4 신유	壬子=1 임자	癸亥=6 계해	

數의 오행은 다음과 같다.

3, 8=木　2, 7=火　5, 10=土　4, 9=金　1, 6=水

양은 홀수요, 음은 짝수다.

◐ 이상 오행의 소속을 표로 정리하면 다음과 같다.

오행	천간	지지	방위	절기	색	후천수
木 목	甲乙 갑을	寅卯 인묘	東 동	春 춘	靑 청	3, 8
火 화	丙丁 병정	巳午 사오	南 남	夏 하	赤 적	7, 2
土 토	戊己 무기	辰戌 진술 丑未 축미	中央 중앙	四季 사계	黃 황	5, 10
金 금	庚辛 경신	申酉 신유	西 서	秋 추	白 백	9, 4
水 수	壬癸 임계	亥子 해자	北 북	冬 동	黑 흑	1, 6

4. 오행의 상생 · 상극 · 비화 (相生 · 相剋 · 比和)

목·木, 화·火, 토·土, 금·金, 수·水 오행 중 두 가지가 만나면 상생이나 상극, 비화관계를 갖는다.

** 상생(相生) : 목생화(木生火), 화생토(火生土), 토생금(土生金), 금생수(金生水), 수생목(水生木)한다.
목(木)은 화(火)를, 화(火)는 토(土)를, 토(土)는 금(金)을, 금(金)은 수(水)를, 수(水)는 목(木)을 각각 생한다.
상생이라 하나 서로 생하는 것이 아니라 한쪽에서 한쪽으로 일방적으로 생하는 관계다.
생을 받는 오행은 힘을 얻어 강해진다.

** 상극(相克) : 목극토(木克土), 화극금(火克金), 토극수(土克水), 금극목(金克木), 수극화(水克火)한다.
목(木)은 토(土)를, 화(火)는 금(金)을, 토(土)는 수(水)를, 금(金)은 목(木)을, 수(水)는 화(火)를 각각 극한다.
여기서도 상극이라 하지만 일방적으로 한쪽에서 한쪽을 극하는 관계다. 극을 받는 오행은 힘을 잃는다.

** 비화(比和) : 같은 오행이 만나는 경우다. 즉 목(木)이 목(木)을, 화(火)가 화(火)를, 토(土)가 토(土)를, 금(金)이 금(金)을, 수(水)가 수(水)를 각각 만날 때 비화라 한다.
비화 관계의 오행도 힘을 얻어 강해진다.

◐ 오행의 상생상극 관계

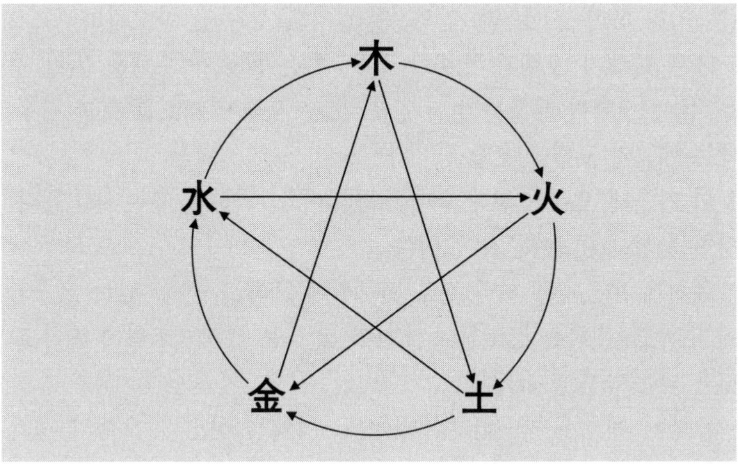

그림에서 보는 바와 같이 원을 따라 시계방향으로 돌면서 생(生)하는 관계이고 원내의 표시에서 화살표방향으로 극(克)하는 관계임을 알 수 있다.

육효를 풀이하는 데는 오행의 생극비화에 따라 특정 오행이 강하냐 약하냐를 판단해 내는 것이 매우 중요하다.

예를 들어 재물점을 보는데 재물에 해당하는 오행이 힘을 얻어(生이나 비화) 강하면 재물운이 좋을 것이요, 반대라면 재물운이 나쁜 것이다.

5. 오행의 왕상휴수사(旺相休囚死)

오행은 節氣(절기:계절)에 따라 힘이 강해지기도 하고 약해지기도 한다. 계절도 오행으로 구분되기 때문이다.

봄(春·춘)은 인·묘(寅·卯)월로 목(木), 여름(夏·하)은 사·오(巳·午)월로 화(火), 가을(秋·추)은 신·유(申·酉)월로 금(金), 겨울(冬·동)은 해·자(亥·子)월로 수(水)다.

계절과 계절 사이에 있는 진·술·축·미(辰·戌·丑·未)월은 사계(四季)라 하며 토(土)다. 앞의 '3. 간지의 소속'을 참고하라.

旺은 節氣가 오행과 比和할 경우, 相은 節氣가 오행을 生할 경우, 休는 오행이 節氣를 生할 경우, 囚는 오행이 節氣를 克할 경우, 死는 節氣가 오행을 克할 경우다.

이 가운데 오행이 강해질 때는 旺相이요, 약해질 때는 休囚死다. 강한 순서는 旺相休囚死 순이다.

예컨데 甲乙寅卯 木의 경우 寅卯월에 旺하고, 生을 받는 亥子월에 相하고, 生하는 巳午월에 休하고, 克하는 辰戌丑未월에 囚하고, 克을 받는 申酉월에 死한다.

오행의 왕상휴수사(旺相休囚死)도 위에서 설명한 오행의 생극비화와 함께 오행의 강·약을 구분하는데 매우 중요하다.

◐ 오행의 왕상휴수사를 표로 정리하면 다음과 같다.

五行 오행	旺 왕	相 상	休 휴	囚 수	死 사
木 목	春 춘	冬 동	夏 하	四季 사계	秋 추
火 화	夏 하	春 춘	四季 사계	秋 추	冬 동
土 토	四季 사계	夏 하	秋 추	冬 동	春 춘
金 금	秋 추	四季 사계	冬 동	春 춘	夏 하
水 수	冬 동	秋 추	春 춘	夏 하	四季 사계

* 春=寅卯辰월　夏=巳午未월　秋=申酉戌월　冬=亥子丑월
四季=辰戌丑未월

6. 12운성(十二運星)

12운성이란 인간의 일생을 자연의 순리에 따라 포태에서 죽을 때까지를 12단계로 나누어 설명한 것이다.

명리학에서는 양간과 음간으로 구분하나 육효에서는 음양 구분 없이 오행을 기준으로 본다. 즉, 명리학에서 양간의 경우와 같다. 오행중 土는 명리학에서는 火와 같이 보는데 육효 · 기문 등에서는 火가 아니라 水와 같이 본다. 응용하는 방법은 점치는 날의 일지를 기준으로 한다.

12운성은 오행의 생극비화의 이치를 말한다. 따라서 모두 다 적용하지 말고 대흉(大凶)을 뜻하는 절(絶)·묘고(墓庫), 사(死) 정도만 활용하면 충분하다.

◐ 12운성 운행도(十二運星 運行圖)

십이운성 / 오행	絶절 (胞)포	胎태	養양	長장 生생	沐목 浴욕	冠관 帶대	健건 祿록	帝제 旺왕	衰쇠	病병	死사	墓묘 (庫)고
金 금	寅 인	卯 묘	辰 진	巳 사	午 오	未 미	申 신	酉 유	戌 술	亥 해	子 자	丑 축
水 · 土 수 · 토	巳 사	午 오	未 미	申 신	酉 유	戌 술	亥 해	子 자	丑 축	寅 인	卯 묘	辰 진
木 목	申 신	酉 유	戌 술	亥 해	子 자	丑 축	寅 인	卯 묘	辰 진	巳 사	午 오	未 미
火 화	亥 해	子 자	丑 축	寅 인	卯 묘	辰 진	巳 사	午 오	未 미	申 신	酉 유	戌 술

* 絶(절)이란 포(胞)라고도 한다. 줄이 끊어진 연과 같은 운세다. 완벽하게 無로 돌아간 상태로 만사가 중도하차하고 매사가 시작은 있으나 끝이 없다. 기가 끊어진 상태에서 정기를 받아 한 생명체가 될지 안될지 매우 불확실하고 절망적인 상태다. 따라서 육효에서 절을 만나면 만사불성으로 본다.
* 胎(태)는 절에서 약간 발전해 모체에서 정자와 난자가 만나 잉태한 상태다. 아직은 아무런 형태를 갖추지 않아 운에서도 진전이 없다.
* 養(양)은 잉태 후 태가 배속에서 자라는 시기다. 즉, 태아 상태를 말한다. 보호를 받고 자라니 온순하고 낙천적이나 어려움에 부딪치면 좌절하는 경향이 있다.
* 長生(장생)은 태가 다 성장한 뒤 주위의 축하를 받으며 모체 밖으로 태어나는 순간이다. 최고의 길성이다.
* 沐浴(목욕)은 출산 직후 타의에 의해 목욕하는 상태다. 고통을 수반하는 뜻에서 욕살이라고도 하며 패살이라고도 한다. 따라서 남녀 간 외도, 망신, 부부파란, 번거로움과 길흉반복이 있다고 본다.
* 冠帶(관대)는 성장하여 스스로 몸가짐을 바르게 하고 의관을 갖추는 단계다. 과감성, 맹목성이 있어 변화와 실패가 있다. 그러나 힘차게 클 수 있는 단계이므로 길하다고 본다.
* 健祿(건록)은 벼슬길에 올라 뜻을 세우고 행동하는 단계다. 인간이 성장해 이름을 날리고 국가의 녹을 받는 것을 말한다. 화려한 관복을 입고 대중을 호령하며 권세와 복을 누린다.
* 帝旺(제왕)은 최고의 전성기다. 탄탄대로를 질주하는 최상의 운세로 계획한 일이 모두 이루어 진다. 원숙한 지혜로 두각을 나타내고 뜻을 실천하는 단계다. 자존심, 실천력이 강하다.
* 衰(쇠)는 최고 전성기에서 점차 쇠퇴하는 단계다. 많은 경험으로 자중온화하지만 노고와 외로움이 따른다. 새로운 일에 손을 대면 도중하차하거나 고전한다.

* 病(병)은 기운이 빠져 병에 든 상태로 죽음을 바라보는 것과 같다. 따라서 집에 우환과 손재가 있다고 본다. 만사가 정상적이지 않아 감상적이며 비관적이다. 역마성이기도 하다. 사회활동의 변화, 부동산의 매매와 이동, 해외여행, 가출 등이 있다.
* 死(사)는 죽음을 맞이한 단계다. 따라서 만사 불성이다.
* 墓(묘)는 죽어 땅에 묻혀 답답한 상태다. 만사불성이다. 큰 일을 꾀하지 못하며 재능이 뛰어나도 발휘하지 못한다. 고(庫) 또는 장(葬)이라고도 한다.

※ 어떤 책에는 土가 寅에서 장생하거나 申에서 장생한다고 하나 굳이 따질 필요가 없다. 필자는 오직 왕쇠로 논함이 마땅하다고 생각한다.

※ 金이 巳 중에 장생하나 여름철에는 어찌 金이 巳 중에 장생할 수 있으랴. 한가지로만 판단함은 옳지 않다. 오직 생극제화의 이치에 따라 판단하라.

※ 보통 死 絶 墓는 대흉으로, 長生 健祿 帝旺은 대길로 본다. 또 衰 病 沐浴은 중흉으로, 胎 養 冠帶는 중길로 판단한다.

7. 육십갑자의 납음오행(納音五行)

육십갑자를 두 개씩 묶어 오행으로 구분한 것이다.

甲子 乙丑 海中金 해중금	丙寅 丁卯 爐中火 노중화	戊辰 己巳 大林木 대림목	庚午 辛未 路傍土 노방토	壬申 癸酉 劒鋒金 검봉금
甲戌 乙亥 山頭火 산두화	丙子 丁丑 澗下水 간하수	戊寅 己卯 城頭土 성두토	庚辰 辛巳 白鑞金 백랍금	壬午 癸未 楊柳木 양류목
甲申 乙酉 泉中水 천중수	丙戌 丁亥 屋上土 옥상토	戊子 己丑 霹靂火 벽력화	庚寅 辛卯 松栢木 송백목	壬辰 癸巳 長流水 장류수
甲午 乙未 沙中金 사중금	丙申 丁酉 山下火 산하화	戊戌 己亥 平地木 평지목	庚子 辛丑 壁上土 벽상토	壬寅 癸卯 金箔金 금박금
甲辰 乙巳 覆燈火 복등화	丙午 丁未 天河水 천하수	戊申 己酉 大驛土 대역토	庚戌 辛亥 釵釧金 차천금	壬子 癸丑 桑柘木 상자목
甲寅 乙卯 大溪水 대계수	丙辰 丁巳 沙中土 사중토	戊午 己未 天上火 천상화	庚申 辛酉 石榴木 석류목	壬戌 癸亥 大海水 대해수

제2편

육효의 기초와 구성

제1장 육효의 기초

1. 육효의 의의

앞날의 일을 알고 싶은 욕망은 누구나 가지고 있다. 이 욕망을 충족시키기 위해 생긴 것이 占(점)이다. 卜(복)이나 筮(서)도 비슷한 말이다.

중국에는 옛날부터 점이 유행했고 점과 관련한 재미있는 얘기가 많이 전해오고 있다.

그 가운데 명나라 태조 주원장의 얘기는 이렇다. 그는 조상이 누구인지도 모르는 천한 집안에서 태어났다.

글공부도 하지 못함은 물론 농사지을 땅도 없고 장사할 형편도 못됐다.

그의 아버지가 병으로 죽자 형제 둘이서 들것에 얹어 뒷 산에 묻으러 갔다. 도중에 소나기를 만나 잠시 바위 밑에 시신을 놓고 아랫마을로 삽과 괭이를 빌리러 간 사이 바위가 무너져 시신을 덮고 말았다.

그런데 그 자리는 天子를 볼 명당이었다고 한다.

당시는 원나라 말기라 세상이 어수선했다. 양민들은 세금과 부역, 사방에서 일어나는 도둑떼에 시달려 이리저리 떠돌아 다니곤 했다.

주원장도 고향을 떠나 돌아다니다 어느 작은 절로 들어가 잔심부름을 하며 밥을 얻어 먹게 됐다.

그러던 중 절이 있는 아랫마을에 도둑떼가 들어오자 "절에 그대로 있는 것이 좋으냐" "다른 곳으로 피난을 가야 하느냐"를 놓고

의견이 분분했다.

마침 절에 역학에 능한 스님이 있어 주원장은 점을 한 번 쳐 달라고 부탁했다.

그러나 점괘는 나빴다. 피난을 가도 죽고, 절에 그냥 있어도 잡혀 죽는다는 것이었다. 주원장은 자신의 운명을 슬퍼하며 하늘을 원망하고 세상을 탓했다.

잠시 뒤 문득 주원장에게 엉뚱한 생각이 떠올랐다. "이왕 죽을 목숨이면 사내답게 실컷 싸워보면 어떨까. 원나라는 중국을 힘으로 강탈한 오랑캐 나라가 아닌가. 그 원수를 물리치겠다는 사람을 도둑으로만 볼 수는 없지 않은가"

주원장은 이런 생각으로 도둑떼를 찾아가 일을 하는 것이 어떻겠느냐고 스님에게 물었다. 스님은 무릎을 탁 치며 말했다.

"자네는 보통 사람이 아니야. 자네의 뜻과 재주를 마음껏 펼 수 있는 기회가 찾아온 거군. 당장 마을로 내려가 도둑의 우두머리를 만나보게. 크게 성공할 길이 열릴 거네"

주원장이 명나라 태조가 되는 길로 접어드는 순간이었다. 결국 도둑의 심복으로 힘을 기른 주원장은 두목의 사위가 되고, 다시 두목이 되어 나중에 그 힘으로 천하를 얻게 됐다. 이런 점에서 그는 천명을 받은 사람이었다.

이런 경험에서 주원장은 누구보다 점을 믿었다. 그리고 주역점에서 육효점을 완성시킨 유기(劉基)를 스승으로 받들며 전쟁터에도 함께 다녔다.

주원장이 대세를 잡기 시작한 상황에서 적의 마지막 거점을 치고 들어갈 때였다. 5,000명의 선봉대를 이끌고 앞으로 달리는데 적의 복병이 사방에서 튀어나왔다.

당황한 주원장이 급히 군사를 돌리려 하자 옆에서 같이 말을 타고 달리던 유기가 말 뒤에서 점을 친 뒤 말했다.

"이대로 앞으로 치고 나갑시다. 적은 자기 둥지를 비워두고 군사를 모두 이곳에 숨겨 놓았습니다.

앞을 가로막은 적병만 물리치면 우리가 적을 완전히 섬멸할 수 있습니다."

주원장은 이 말을 따른 끝에 적의 소굴을 점령했고 그 길로 승승장구해 원나라 서울을 장악했다.

유기는 주원장을 처음 만난 날부터 만세야(萬歲爺)라고 불렀다. 황제마마란 뜻이다. 주원장은 처음에는 자기를 놀리는 줄 알고 미워한 나머지 쇠독에 집어넣고 둘레에 숯불을 피워 다시는 그런 말을 하지 않겠다는 항복을 받으려 했다.

그러나 유기는 잘못했으니 살려달라고 사정하지도, 뜨겁다고 외치지도 않았다.

죽은 줄 알고 뚜껑을 열었을 때 유기는 웃으면서 말했다. "날씨가 춥던 참에 모처럼 몸을 푹 녹였네"

그는 점을 치고 앞 일을 훤히 알고 있었던 것이다.

이런 얘기도 있다.

유기가 살던 시절 계명침(鷄鳴枕)이라는 베개가 전해지고 있었다. 사기로 만든 베개로 첫닭이 울 때쯤이면 베개 속에서 닭이 아름다운 목소리로 세 번 운다는 것이었다.

전해오는 말로는 제갈량이 만들었다고 했다. 유기는 자기가 제갈량보다 재주가 뛰어난 것으로 믿었다. 그래서 유기는 "제갈량이 만든 것이라면 나라고 만들지 못할 이유가 없지 않겠는가"라면서 베개 속에 있는 것을 구경하기 위해 깨뜨려 속을 들여다 보았다.

안에는 아무것도 없었고 다만 "유기파차침(劉基破此枕)"이란 다섯 글자만 씌여 있었다. 천 년 뒤에 유기가 이 베개를 깨뜨린다는 것을 제갈량은 알고 있었다는 얘기다.

이런 얘기는 어느정도 꾸밈이 있음은 물론이다.

육효점은 주역의 64괘와 각 괘의 여섯 효를 바탕으로 하나, 주역점과는 다른 새로운 방법으로 치는 점이다.

주역의 64괘를 木火土金水 오행으로 나누고 각 효를 육십갑자에 맞추며, 점치는 달과 날의 육십갑자와 점치는 사람과 점치는 일을 정해진 방법에 따라 정한 다음 오행의 상생 · 상극이치에 따라 길흉변화를 판단하는 것이다.

제대로 괘가 나오면 자세하고 정확한 판단을 할 수 있기 때문에 용하다는 사람은 대부분 육효점을 치고 있다.

그러나 괘를 만들기 위해 필요한 기초 상식이나 판단법이 어려워 배우기가 쉽지 않다.

단역(斷易)이라고도하는 주역점은 점치는 사람이 괘를 뽑은 뒤 그 괘 풀이를 일반 주역점 해설책에서 찾아보면 된다. 그러나 괘 풀이 내용을 정확하게 해석하기란 쉽지 않다. 알쏭달쏭하기도 하고 이현령비현령 처럼 보이기도 하기 때문이다.

이에 비해 육효점은 배우기가 조금 어렵다는 단점은 있으나 괘상 풀이는 명쾌하게 할 수 있다.

이 책은 어렵다고들 하는 육효점에 대해 기초에서 실무 응용은 물론 비전(秘傳)까지 자세하게 설명하고 있다. 특히 다른 육효점 책에서는 볼 수 없는 예문을 폭넓게 제시하고 설명을 달아 놓았다. 따라서 처음부터 차근차근 읽어나가면 누구나 쉽게 육효점을 배울 수 있을 것으로 본다.

2. 팔괘(八卦)

(1) 팔괘의 명칭과 모양

팔괘란 앞에서 설명한 것처럼 乾 兌 離 震 巽 坎 艮 坤 8개를 말한다. 一氣에서 陰陽으로, 음양이 다시 太陽 少陰 少陽 太陰의 四象으로 나뉘어진다. 또 사상에서 일음 일양이 生해 팔괘가 형성된다. 따라서 팔괘는 모양과 순서가 정해져 있다.

* 一乾天 乾三連(일건천 건삼련): ☰
  一은 乾이요 天(하늘)이다. 세 효(爻)가 모두 연결되어 있어 乾三連이라 한다.
* 二兌澤 兌上絶(이태택 태상절): ☱
  二는 兌요 澤(못)이다. 세 효 중 上爻가 陰爻로 끊어져 있어 兌上絶이라 한다.
* 三離火 離虛中(삼리화 이허중): ☲
  三은 離요 火(불)다. 세 효 중 중간효가 陰爻로 끊어져 있어 離虛中이라 한다.
* 四震雷 震仰盂(사진뢰 진앙우): ☳
  四는 震이요 雷(우레)다. 세 효 중 下爻만 陽爻로 연결되어 있어 震仰盂라 한다.
* 五巽風 巽下斷(오손풍 손하단): ☴
  五는 巽이요 風(바람)이다. 세 효 중 下爻만 陰爻로 끊어져 있어 巽下斷이라 한다.
* 六坎水 坎中連(육감수 감중련): ☵
  六은 坎이요 水(물)다. 세 효 중 중간효만 陽爻로 연결되어 있어 坎中連이라 한다.
* 七艮山 艮覆碗(칠간산 간복완): ☶
  七은 艮이요 山이다. 세 효 중 上爻만 연결되어 있어 艮覆碗이라 한다.

* 八坤地 坤六斷(팔곤지 곤육단): ☷

八은 坤이요 地(땅)다. 세 효가 모두 끊어져 있어 坤六斷이라 한다.

** 一乾天 乾三連, 二兌澤 兌上絶, 三離火 離虛中, 四震雷 震仰盂, 五巽風 巽下斷, 六坎水 坎中連, 七艮山 艮覆碗, 八坤地 坤六斷을 완전히 외워야 한다.

괘 이름에는 천(天), 택(澤), 화(火), 뢰(雷), 풍(風), 수(水), 산(山), 지(地)를 사용한다.

(2) 팔괘 소속

팔괘에는 음양 오행과 방위, 인간관계, 신체 등 여러가지가 구분돼 각각 소속되어 있다.

팔괘의 구성과 爻(효)

팔괘는 건(乾) 태(兌) 리(離) 진(震) 손(巽) 감(坎) 간(艮) 곤(坤) 8가지 괘를 말한다.

팔괘 하나하나는 양을 뜻하는 '—'과 음을 의미하는 '--' 3개로 구성된다. 팔괘를 구성하는 양의 부호 '—'나 음의 부호 '--'를 효(爻)라 한다. 따라서 팔괘는 양효나 음효 3개가 모여 만들어진다.

팔괘는 차례대로 1, 2, 3, 4, 5, 6, 7, 8 같은 수(數)로 나타낼 수 있다.

1) 팔괘의 음양오행

乾=陽金 건 양금		震=陽木 진 양목	坎=陽水 감 양수	艮=陽土 간 양토
兌=陰金 태 음금	離=陰火 리 음화	巽=陰木 손 음목		坤=陰土 곤 음토

2) 팔괘의 방위

乾=서북	兌=서	離=남	震=동	巽=동남
건	태	리	진	손
坎=북	艮=동북	坤=서남		
감	간	곤		

후천팔괘도를 참고하라.

3) 팔괘와 인간관계

乾=老父	兌=少女	離=中女	震=長男	巽=長女
건 노부	태 소녀	리 중녀	진 장남	손 장녀
坎=中男	艮=少男	坤=老母		
감 중남	간 소남	곤 노모		

세 효 중 하효를 장, 중효를 중, 상효를 소라 한다. 남녀 구분은 세 효 중 한 개 또는 세 개인 효를 취해 양이면 남자, 음이면 여자다.

팔괘 소속을 알기 쉽게 정리하면 다음과 같다.

팔괘소속일람표

순서	八卦(팔괘)		自자然연	陰음陽양	五오行행	對대人인	方방位위	八팔獸수	人인身신
	爻의모양	명칭							
1	☰	乾 건	天 천	○	金 금	老父 노부	西北 서북	馬 마 말	頭 두
2	☱	兌 태	澤 택	●	金 금	少女 소녀	西 서	羊 양	口 구
3	☲	離 리	火 화	●	火 화	中女 중녀	南 남	雉 치 꿩	目 목
4	☳	震 진	雷 뢰	○	木 목	長男 장남	東 동	龍 용	足 족
5	☴	巽 손	風 풍	●	木 목	長女 장녀	東南 동남	鷄 계 닭	股 고
6	☵	坎 감	水 수	○	水 수	中男 중남	北 북	豕 시 돼지	耳 이
7	☶	艮 간	山 산	○	土 토	少男 소남	東北 동북	狗 구 개	手 수
8	☷	坤 곤	地 지	●	土 토	老母 노모	西南 서남	牛 우 소	腹 복

3. 육십사괘

(1) 육십사괘의 구성

乾 兌 離 震 巽 坎 艮 坤괘 처럼 세 효로 구성된 괘를 소성괘, 소성괘가 위아래로 짝을 지어 이룬 괘를 대성괘라 한다. 따라서 대성괘는 여섯 효로 구성된다.

팔괘(소성괘)가 짝을 이루면 모두 64개가 만들어지기 때문에 64괘라 한다. 앞으로 괘라고 하면 보통 대성괘를 말한다. 또 64괘는 각각 고유한 명칭을 가지고 있다.

앞에서 소성괘는 1에서 8까지 순서가 정해져 있다고 설명했다. 따라서 64괘는 1에서 8까지의 두 숫자로 표시할 수 있다.

예컨대 3 · 8이면 三離火 八坤地이니 효(爻)의 모양은 ䷢이고, 괘의 명칭은 火地晋(화지진)이다.

5 · 6이면 五巽風 六坎水이니 효(爻)의 모양은 ䷺이고, 괘의 명칭은 風水渙(풍수환)이다. 괘의 명칭에서 뒤에 있는 晋이나 渙은 64괘의 고유한 이름이다.

(2) 육십사괘의 오행 속궁

소성괘인 팔괘가 오행으로 나뉘어 지듯 대성괘인 64괘도 오행으로 구분된다. 64괘가 소속되는 오행을 속궁이라고 한다. 따라서 속궁에는 木 火 土 金 水 다섯 가지가 있는 것이다.

64괘는 한가지 오행에 8개씩 각각 소속된다. 64괘가 8개씩 소속된 오행을 오행속궁이라 한다.

64괘가 소속된 오행은 육친관계를 정할 때 나(자신 · 我)가 된다.

이 64괘의 오행 속궁은 육효점에서 기초 중의 기초이기 때문에 순서대로 줄줄 외울 수 있어야 한다.

六十四卦 五行屬宮表

乾宮 건궁 金(금)	兌宮 태궁 金(금)	離宮 리궁 火(화)	震宮 진궁 木(목)	巽宮 손궁 木(목)	坎宮 감궁 水(수)	艮宮 간궁 土(토)	坤宮 곤궁 土(토)
乾爲天 (건위천)	兌爲澤 (태위택)	離爲火 (이위화)	震爲雷 (진위뢰)	巽爲風 (손위풍)	坎爲水 (감위수)	艮爲山 (간위산)	坤爲地 (곤위지)
天風姤 (천풍구)	澤水困 (택수곤)	火山旅 (화산려)	雷地豫 (뇌지예)	風天小畜 (풍천소축)	水澤節 (수택절)	山火賁 (산화비)	地雷復 (지뢰복)
天山遯 (천산돈)	澤地萃 (택지췌)	火風鼎 (화풍정)	雷水解 (뇌수해)	風火家人 (풍화가인)	水雷屯 (수뢰둔)	山天大畜 (산천대축)	地澤臨 (지택림)
天地否 (천지비)	澤山咸 (택산함)	火水未濟 (화수미제)	雷風恒 (뇌풍항)	風雷益 (풍뢰익)	水火旣濟 (수화기제)	山澤損 (산택손)	地天泰 (지천태)
風地觀 (풍지관)	水山蹇 (수산건)	山水蒙 (산수몽)	地風升 (지풍승)	天雷无妄 (천뢰무망)	澤火革 (택화혁)	火澤睽 (화택규)	雷天大壯 (뇌천대장)
山地剝 (산지박)	地山謙 (지산겸)	風水渙 (풍수환)	水風井 (수풍정)	火雷噬嗑 (화뢰서합)	雷火豊 (뇌화풍)	天澤履 (천택리)	澤天夬 (택천쾌)
火地晋 (화지진)	雷山小過 (뇌산소과)	天水訟 (천수송)	澤風大過 (택풍대과)	山雷頤 (산뢰이)	地火明夷 (지화명이)	風澤中孚 (풍택중부)	水天需 (수천수)
火天大有 (화천대유)	雷澤歸妹 (뇌택귀매)	天火同人 (천화동인)	澤雷隨 (택뢰수)	山風蠱 (산풍고)	地水師 (지수사)	風山漸 (풍산점)	水地比 (수지비)

제2장 득괘와 육효구성

1. 득 괘

(1) 득괘 시 주의사항

육효점이란 괘를 얻는 과정과 괘를 풀이하는 과정으로 크게 나눌 수 있다. 이 가운데 괘를 얻는 과정이 더 중요하다. 괘를 잘못 뽑거나 엉터리로 뽑으면 아무리 풀이를 잘 해도 맞을 리 없기 때문이다.

괘를 얻는 것을 득괘라고 한다. 왜 괘를 얻는가. 점을 치기 위해서다. 점이란 무엇인가. 우리 인간이 미래의 일을 알 수 있는 방법의 하나다. 누가 점을 통해 우리에게 미래의 일을 알려 주는가.

우리는 '하늘'이 알려 준다고 상정한다. 그 하늘을 신이라 해도 좋고 천지신명으로 불러도 좋다. 하늘이나 신, 천지신명은 전지전능하며 선(善) 그 자체다.

따라서 우리는 하늘에 간절한 마음으로 정성을 기울여 기도하면서 미래의 일을 물어야 한다. 육효점이란 하늘로부터 괘를 통해 계시를 받는 것이다. 장난 삼아 괘를 얻으면 신도 장난 삼아 가르쳐 준다.

또 점이란 한 가지 일에 대해 한 번만 쳐야 한다. 얻은 괘가 좋지 않다고 해서 좋은 괘가 나올 때까지 여러 번 점을 치는 것은 하늘을 모독하는 행위다. 설사 그렇게 해서 나온 괘가 아무리 좋다고 해도 아무런 가치가 없다. 알고 싶은 미래의 일이 제대로 계시되지 않기 때문이다.

(2) 득괘법

득괘법에는 여러가지가 있다. 여기서는 대표적인 것으로 산대법, 척전법(擲錢法), 설시법(揲蓍法)을 소개한다. 어느 방법이 가장 좋다고 말할 수는 없다. 다만 간단하면서도 정성을 기울여 괘를 얻을 수 있는 방법을 선택하면 된다.

어느 방법을 사용하든 괘를 얻기 전에는 백지에 점을 치는 연월일과 점을 묻는 사람의 생년과 거주지(시 · 도, 시 · 군 · 구, 읍 · 면 · 동), 남녀 구분, 성명, 점의 목적 등을 쓴다. 그 다음 두 손을 깨끗이 씻고 분향한 뒤 정성을 모아 하늘에 기도(주문)를 한 뒤 괘를 뽑는다. 예로부터 전해오는 기도문은 다음과 같다.

"天何言哉시며 地何言哉시리이까 神之靈矣라 告之則應하나니 00동(점치려는 사람의 주소)에 사는 00생 乾命(여자는 坤命) 000(점치려는 사람)가 00년 00월 00일 모사(某事)(점의 목적)를 吉凶未辨이라 伏乞天地神明은 感以遂通하여 勿秘照示하여 주십시오."

다음과 같이 한글로 풀어 기도해도 된다.

"하늘이 어찌 말씀이 있으시며 땅이 어찌 말씀이 있겠습니까. 그러나 신은 영험하시니 고하면 응하실 줄 아옵니다. 00년 00월 00일에 00동에 사는 00생 乾命(또는 坤命) 000가 무슨 일(점의 목적)에 길흉을 알지 못하오니, 엎드려 비오니 천지신명께서는 느끼어 통하심을 숨기지 마시고 비쳐 주옵소서"

어떤 득괘법이든 숫자 3개를 얻으면 된다. 득괘할 때는 위에서 강조한 것처럼 하늘에 대한 정성과 경건한 마음, 꼭 맞으리라는 신념이 있어야 한다. 점치는 내용이 중대사일 경우 옛날에는 2~3일 전부터 목욕재개하기도 했다. 그만큼 정성이 중요하다는 얘기다.

1) 산대법

대나무를 깎아 길이 18~20㎝ 정도의 산대를 여덟개 만들어 1에서 8까지의 숫자를 하나씩 표시한다. 1은 乾, 2는 兌, 3은 離, 4

는 震, 5는 巽, 6은 坎, 7은 艮, 8은 坤을 뜻한다.

산대 여덟개를 양손으로 감싸 쥐고 머리 위로 올렸다 내린 뒤 왼손으로 1개를 뽑아 내괘를 얻는다. 다음 처음과 같이 하되 오른 손으로 1개를 뽑아 외괘를 얻는다. 다시 반복하되 왼손으로 산대 1개를 뽑아 동효로 삼는다. 여자는 반대로 오른 손부터 먼저 뽑는다. 항상 남좌여우(男左女右)를 기억하라.

동효(動爻)는 효가 動한다(움직인다)는 뜻으로 陰이 動하면 陽으로, 陽이 動하면 陰으로 각각 변한다. 뽑은 산대의 숫자가 1~6이면 그 숫자가 동효다. 그러나 7과 8이 나오면 6을 빼고 남는 1(초효)과 2(2효)가 동효다. 괘에는 1에서 6까지 효가 여섯개 뿐이기 때문이다.

예를 들면 다음과 같다.

처음 왼손으로 뽑은 괘의 수가 8이면 坤이요, 內卦다.

다음 오른손으로 뽑은 괘의 수가 6이면 坎이요 外卦다.

다시 왼손으로 2나 8을 뽑았다면 2효가 動효다.

이 괘는 水地比(수지비 · ䷇)괘다.

이를 괘상으로 그려보면 다음과 같다.

괘이름은 '!' 오른쪽에 적는다. 양효는 '/', 음효는 '//', 양효동은 'X', 음효동은 'XX'로 표시한다.

! 水地比

//
/ 　坎(外卦)
//
//
XX 　坤(內卦)
//

2) 척전법(擲錢法)

동전 3개를 던져 괘를 얻는 방법이다. 동전에는 앞뒤면이 있는데 숫자가 표시되어 있는 면이 앞면이다. 앞면은 陽, 뒷면은 陰으로 정한다. 또 동전 3개를 한 번 던져 한 爻를 얻으니 여섯 번을 던져야 육효를 얻는다.

동전을 3개 던져 1개가 陽이고 2개가 陰이면 陽爻, 반대로 1개가 陰이고 2개가 陽이면 陰爻로 한다. 3개가 모두 陽이면 陽動, 모두 陰이면 陰動으로 한다. 陽은 '1', 陰은 '2', 陽動은 '4', 陰動은 '3'으로 표시한다.

쉽게 괘를 만들 수 있으나 동효가 너무 많이 나올 경우 통변이 까다로워질 경우가 있다.

예를 들면 다음과 같다.

한 번 던져 양음음이면　양(/) 초효
두 번 던져 음음음이면 음동(//\) 2효
세 번 던져 양양양이면 양동(X) 3효
네 번 던져 음양양이면　음(//) 4효
다섯 번 던져 양양음이면 음(//) 5효
여섯 번 던져 양음음이면 양(/) 6효로 한다.

육효는 항상 내괘(초효)부터 짠다.

이를 괘상으로 표시하면 다음과 같다.

! 山火賁

/　6爻
//　5爻
//　4爻
X　3爻
//\　2爻
/　초爻

3) 서법(筮法)

서법은 시초(蓍草)로 괘를 얻는 것이다. 시초란 중국에서 자생하는 비릅나무로 한 포기에 대연수 50수를 상징하듯 50개의 줄기가 달린다고 한다.

마른 비릅나무대를 5치 정도로 잘 다듬은 50개로 괘를 얻는 것이 설시법(揲蓍法)이다.

괘를 얻을 때는 먼저 단정한 몸가짐과 바른 마음으로 분향하고 자신이 숭배하는 신에게 기도한다. 서법은 매우 복잡하기 때문에 현재는 거의 이용하지 않는다.

1. 두 손으로 시초를 감싸고 정중하게 이마 위로 올렸다 내린 뒤 한개를 왼손으로 뽑아 바로 앞에 반듯하게 내려 놓는다. 이 시초는 태극을 상징하는데 괘를 다 얻을 때까지 움직여서는 안된다. 만약 움직이게 되면 처음부터 다시 시작한다.
2. 나머지 49개를 양손에 적당하게 나누어 쥔다. 이는 양의(兩儀 : 陰陽)를 상징한다. 왼손은 하늘을 상징, 천시(天蓍)라 하고 오른손은 땅을 상징, 지시(地蓍)라 한다. 그리고 오른손에서 한개를 뽑아 왼손 약지와 무명지 사이에 끼우는데 이를 인시(人蓍)라 한다.
3. 왼손에 있는 천시를 4개씩 나누어 남는 것을 왼손 중지와 무명지 사이에 끼운다. 오른손에 있는 지시도 4개씩 나누어 남는 것을 중지와 무명지 사이에 끼운 다음 천시와 지시, 인시를 뽑아 모은다. 이 때 합은 5나 9가 된다.
4. 위와 같은 과정이 一變이다. 一變에서 얻은 시초를 앞에 단정히 놓고 나머지 시초로 똑 같은 과정을 거치는데 이를 二變이라 한다. 二變에서 얻은 시초를 一變 때 얻은 시초 옆에 단정히 놓는다. 이변에서 얻는 시초는 5나 9가 아니어도 괜찮다.
5. 나머지 시초로 三變을 구한다. 一, 二, 三變에서 구한 시초를 모두 합한다. 합한 수는 13, 17, 21, 25 중의 하나가 된다. 이렇게 얻은 수가 초효다. 따라서 이같은 과정을 6번 반복해야 육효를얻으니 18變法이라 한다.

6. 다음 위에서 얻은 수를 49(시초 50개에서 태극을 뺀 수)에서 각각 뺀 나머지가 본수(本數)다. 13을 얻었다면 49-13=36, 17을 얻었다면 49-17=32, 21을 얻었다면 49-21=28, 25를 얻었다면 49-25=24다. 이 숫자를 4로 나누면 9, 8, 7, 6이 된다. 이 때 9와 7은 陽인데 9는 陽動으로, 8과 6은 陰인데 6은 陰動으로 한다.

(서법으로 얻은 괘의 예)

9	8	7	6	7	6
X	//	/	Ж	/	Ж

삼변을 처음하여 얻은 수가 9이면 X (초효)
삼변을 두 번 하여 얻은 수가 8이면 // (2효)
삼변을 세 번 하여 얻은 수가 7이면 / (3효)
삼변을 네 번 하여 얻은 수가 6이면 Ж(4효)
삼변을 다섯 번 하여 얻은 수가 7이면 / (5효)
삼변을 여섯 번 하여 얻은 수가 6이면 Ж(6효)가 된다.

이를 괘상으로 나타내면 다음과 같다.

! 水火旣濟

Ж 6효(음효동)
/ 5효(양효)
Ж 4효(음효동)
/ 3효(양효)
// 2효(음효)
X 초효(양효동)

4) 기타 방법

괘를 얻기 위해서는 어떤 방법으로든 정성을 기울여 세가지 숫자를 얻으면 된다.

따라서 바둑알을 깨끗이 씻은 뒤 바둑알통에 넣어 두고 한 움큼

씩 세 차례 집어내 괘를 얻을 수 있다. 이때 첫 째와 두번 째 바둑알은 8로 나누어 남는 수를 차례대로 내괘, 외괘로 삼고, 세번 째 바둑알은 6으로 나누어 남는 수를 動효로 삼는다.

바둑알 대신 콩이나 팥, 구슬을 이용해도 된다.

2. 육효구성

(1) 내괘와 외괘

64괘는 세 효로 이뤄진 소성괘가 아래위로 쌍을 이루어 형성된다. 이 때 아래에 있는 소성괘를 내괘, 또는 하괘라 하고 위에 있는 소성괘를 외괘, 또는 상괘라고 한다.

! 地天泰

// 6효	외괘(상괘)
// 5효	
// 4효	
/ 3효	내괘(하괘)
/ 2효	
/ 초효	

64괘는 모두 6개의 효로 구성되는데 아래에서부터 초효, 2효, 3효, 4효, 5효, 6효라고 부른다. 따라서 초효, 2효, 3효는 내괘(하괘)를 구성하고 4효, 5효, 6효는 외괘(상괘)를 구성한다.

예를 들어 좌측의 地天泰괘를 보자. 地天泰괘는 내괘가 乾괘, 외괘는 坤괘로 구성된다.

또 양효는 '/'로, 음효는 '//'로 표시한다.

(2) 납갑법

육효점에서는 육효를 구성하는 6개의 효에 12지지를 각각 붙이게 된다. 이 지지를 붙이는 법을 납갑법이라 한다. 각 효에 붙이는 지지를 비신(飛神)이라고 한다.

납갑법은 정해진 법이므로 반드시 외워야 한다.

이 순서는 초효에서 6효로 올라가면서 붙이는 순서다. 육효는 내괘부터 짠다는 것을 항상 명심하라. 따라서 앞에 있는 지지 3개는 내괘에, 뒤에 있는 지지 3개는 외괘에 붙이는 것이다.

◐ 지지(비신) 붙이는 법

乾金 건금	甲子寅辰 자인진	壬午申戌 오신술
兌金 태금	丁巳卯丑 사묘축	丁亥酉未 해유미
離火 리화	己卯丑亥 묘축해	己酉未巳 유미사
震木 진목	庚子寅辰 자인진	庚午申戌 오신술
巽木 손목	辛丑亥酉 축해유	辛未巳卯 미사묘
坎水 감수	戊寅辰午 인진오	戊申戌子 신술자
艮土 간토	丙辰午申 진오신	丙戌子寅 술자인
坤土 곤토	乙未巳卯 미사묘	癸丑亥酉 축해유

예컨데 내괘가 乾卦라면 초효에 子, 2효에 寅, 3효에 辰을 붙이고 乾卦가 외괘라면 4효에 午, 5효에 申, 6효에 戌을 붙인다. 또 내괘가 兌卦라면 초효에 巳, 2효에 卯, 3효에 丑을 붙이고 외괘가 離卦라면 4효에 酉, 5효에 未, 6효에 巳를 붙인다.

이처럼 飛神을 붙이는 납갑법을 표로 정리하면 다음과 같다. 이 표를 완전히 이해하라.

◐ 納甲 一覽表(납갑 일람표)

數		一	二	三	四	五	六	七	八
괘		乾건	兌태	離리	震진	巽손	坎감	艮간	坤곤
외괘(상괘)	6효	戌술	未미	巳사	戌술	卯묘	子자	寅인	酉유
	5효	申신	酉유	未미	申신	巳사	戌술	子자	亥해
	4효	午오	亥해	酉유	午오	未미	申신	戌술	丑축
		壬	丁	己	庚	辛	戊	丙	癸
내괘(하괘)	3효	辰진	丑축	亥해	辰진	酉유	午오	申신	卯묘
	2효	寅인	卯묘	丑축	寅인	亥해	辰진	午오	巳사
	초효	子자	巳사	卯묘	子자	丑축	寅인	辰진	未미
		甲	丁	己	庚	辛	戊	丙	乙

(3) 변효(變爻) 붙이는 법

변효는 효가 動해 나타난 결과다.

양효가 動하면 음으로, 음효가 動하면 양으로 각각 변한다. 따라서 효가 動해 음양이 바뀌면 괘가 변하고, 괘가 변하면 그 괘에 소속된 비신도 달라진다. 변효는 動한 효, 즉 동효에만 붙인다.

風地觀괘에서 6효가 동효인 경우를 예로 들어 보자.

풍지관괘는 다음과 같이 표시하고 비신을 붙일 수 있다.

!風地觀
卯 /
巳 /
未 //
卯 //
巳 //
未 //

여기서 6효가 동했다면 그 결과는 다음과 같이 나타낼 수 있다. 水地比괘로 변했다.

!水地比
子 //
戌 /
申 //
卯 //
巳 //
未 //

위의 두 괘상을 비교하면 내괘는 전혀 달라지지 않았는데 외괘만 巽괘에서 坎괘로 변했다. 坎괘가 외괘에 있으면 비신은 '申 · 戌 · 子'다. 따라서 6효는 '子'가 비신이다. 변한 외괘의 세 효 가운데서 動효는 6효이니 변효는 '子'로 표시한다.

원래의 괘와 변한 괘를 함께 표시하면 다음과 같다. 변한 괘이름은 '!' 왼쪽에 쓴다.

水地比 !風地觀
子卯 X
巳 /
未 //
卯 //
巳 //
未 //

산뢰이괘에서 3효가 동한 경우를 보자.

산뢰이괘는

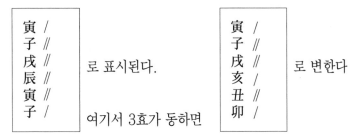

寅 / 子 // 戌 // 辰 // 寅 // 子 /	로 표시된다. 여기서 3효가 동하면	寅 / 子 // 戌 // 亥 / 丑 // 卯 /	로 변한다

외괘는 전혀 변함이 없고 내괘만 변한 것이다. 즉, 내괘인 震괘가 離괘로 바뀐 것이다. 내괘가 震괘이면 비신은 '子 · 寅 · 辰'이나 離괘이면 '卯 · 丑 · 亥'다. 3효만 動했으니 변효는 亥가 된다. 변한 괘는 山火賁괘다.

이를 함께 표시하면 다음과 같다.

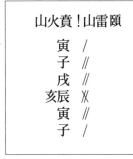

山火賁 ! 山雷頤 寅 / 子 // 戌 // 亥辰 X 寅 // 子 /	이처럼 괘를 짜고 비신을 표시하는 방법을 확실히 알고 있어야 한다.

(4) 육친 붙이는 법

육친이란 "비신의 육친"을 말한다. 부모, 자손, 관귀, 처재, 형제 등 다섯 가지의 인간관계를 말한다. 육친은 오행의 생극비화 관계로 정해진다. 생극관계를 따질 때 기준은 괘가 소속한 오행(64괘 오행 속궁)이다. 그 오행이 주체(나, 我)가 되는 것이다.

육친을 정하는 법은 다음과 같다. 매우 중요하니 꼭 외워야 한다.

** 부모(父母) = 나를 생(生)하는 자, 나를 낳는 자
** 자손(子孫) = 내가 생(生)하는 자, 내가 낳는 자
** 처재(妻財) = 내가 극(克)하는 자
** 관귀(官鬼) = 나를 극(克)하는 자
** 형제(兄弟) = 나와 오행이 같은(비화하는) 자

오행 중 木을 예를 들면 다음과 같다.

木이 나인 경우 水는 나를 生하여 주니 父母요,
火는 내가 生하여 주니 子孫이요,
金은 나를 克하니 官鬼요,
土는 내가 克하니 妻財요,
木은 나와 오행이 같으니 兄弟다

비신 옆에 육친을 쓰는데, 이 때는 父, 孫, 子, 官, 財, 兄으로 쓴다.

다음은 地澤臨괘를 예로 들어 비신과 육친 붙이는 방법을 알아본다.

	!地澤臨
孫酉	//
財亥	//
兄丑	//
兄丑	//
官卯	/
父巳	/

地澤臨괘는 오행 속궁이 坤土宮으로 소속 오행은 土다. 따라서 초효 巳火는 土(나)를 生하니 父母요, 2효 卯木은 나를 克하니 官鬼요, 3효 · 4효 丑土는 나와 오행이 같으니 兄弟요, 5효 亥水는 내가 克하니 妻財요, 6효 酉金은 내가 生하는 子孫이다.

또 초효와 4효, 6효가 動했을 경우를 보자.

변한 괘는 火水未濟괘다. 그러면 이렇게 나타낼 수 있다.

火水未濟 ! 地澤臨

父巳孫酉 X
財亥 //
孫酉兄丑 X
兄丑 //
官卯 /
官寅父巳 X

우선 초효가 변하니 내괘가 兌괘에서 坎괘로 변한다. 내괘가 兌괘이면 비신은 '巳卯丑' 이나 坎괘는 '寅辰午' 다. 따라서 초효 동효의 변효는 寅이다.

다음 4효와 6효가 변하니 외괘는 坤괘에서 離괘로 변한다. 외괘 坤괘는 비신이 '丑亥酉' 이지만 離괘는 '酉未巳' 다. 따라서 4효는 변효가 酉, 6효는 巳가 된다.

다음 육친을 보자.

변효에 육친을 붙일 때도 원래 괘의 속궁 오행이 기준이 된다. 변한 괘의 속궁 오행이 기준이 되는 것이 아니다. 여기서는 地澤臨괘의 속궁이 坤宮이니 오행인 土(나)가 육친을 정하는 기준이다.

따라서 변효 寅木은 나를 克하니 官鬼요, 4효 변효 酉金은 내가 生하니 자손이다. 6효 변효 巳火는 나를 生하므로 父母다.

(5) 복신 붙이는 법

복신(伏神)이란 괘에 나타나지 않은 육친을 말하는데, 은복(隱伏)이나 몰신(沒神)이라고도 한다.

따라서 위에서 설명한 대로 육친을 붙였을 때 다섯 가지 육친이 모두 나오면 복신은 없는 것이다.

복신은 육친 붙이는 법을 바탕으로 해서 찾는다.

! 天風姤

父戌 /
兄申 /
官午 /
兄酉 /
孫亥 / (寅財)
父丑 //

天風姤괘를 예로 들어 보자.

육친 중 妻財가 없다. 天風姤괘는 속궁이 乾金宮이라 오행은 金이다. 처재는 金(나)이 克하는 木이다. 또 乾金宮의 비신은 '子寅辰 午申戌' 이니 초효에서 올라가며 붙여보면 2효가 寅木 財가 된다. 복신은 효 오른 쪽에 괄호 안에 쓴다.

火水未濟 괘를 예로 들어 보자.

!火水未濟
兄巳 /
孫未 //
財酉 /
兄午 // (亥官)
孫辰 /
父寅 //

육친 중 官鬼가 없다. 火水未濟괘는 離火宮에 속하니 오행은 火다. 주체인 내가 火이니, 官鬼는 나를 克하는 水다. 또 離火宮의 비신은 '卯丑亥 酉未巳'이니 초효에서 붙여 올라가면 3효 亥水가 官鬼가 된다.

(6) 세응(世應) 붙이는 법

각 괘에는 주(主)와 객(客)이 되는 효가 있다.

世는 주인으로 나요, 應은 객으로 상대방이다. 각 궁의 수위괘는 6효에 世가 붙는다. 수위괘란 乾爲天, 兌爲澤, 離爲火, 震爲雷, 巽爲風, 坎爲水, 艮爲山, 坤爲地 등 제일 위에 있는 괘를 말한다.

應은 世효로부터 3개효 위나 아래에 있는 효로 정한다. 따라서 초효가 世면 4효가 應, 2효가 世면 5효가 應, 3효가 世면 6효가 應이 된다. 또 4효가 世면 초효가 應, 5효가 世면 2효가 應, 6효가 世면 3효가 應이다.

각 궁에는 수위괘를 빼고 7괘씩 있다.

예컨데 乾宮에는 수위괘인 乾爲天 이외 天風姤 天山遯 天地否 風地觀 山地剝 火地晋 火天大有가 있다. 수위괘인 乾爲天의 世와 應이 이미 정해져 있으니 수위괘를 제외하고 나머지 7괘는 순차적으로 초효부터 世효를 정한다.

즉, 天風姤는 초효, 天山遯은 2효, 天地否는 3효, 風地觀은 4효, 山地剝은 5효가 世효다. 그런데 5효 위는 없으니 다음 火地晋은 4효, 火天大有는 3효가 世효다.

64괘의 소속 오행궁별로 괘의 순서를 외우고 있어야 世와 應을 빨리 잡을 수 있다.

(7) 신명(身命) 붙이는 법

괘에 世應 외에 身과 命을 붙여 통변하기도 한다. 그러나 필자의 경험으로는 身과 命을 고려하지 않아도 전혀 문제가 없었다.

身과 命을 붙이는 법은 世효를 기준으로 한다. 또 身과 命은 世와 應의 경우처럼 서로 3개 효만큼 떨어져 위치한다. 世효가 子나 午이면 身은 초효, 命은 4효다. 丑이나 未이면 身은 2효, 命은 5효다. 寅이나 申이면 身은 3효, 命은 6효다. 卯나 酉이면 身은 4효, 命은 초효다. 辰이나 戌이면 身은 5효, 命은 2효다. 巳나 亥이면 身은 6효, 命은 3효다.

世효의 지지 / 身命	子午	丑未	寅申	卯酉	辰戌	巳亥
身	초효	2효	3효	4효	5효	6효
命	4효	5효	6효	초효	2효	3효

* 위에서 설명한 육효구성 방법을 종합해 64괘 구성을 일람표로 나타내면 다음과 같다. 초심자는 이 표를 보면서 공부하면 편리할 것이다.

1. 上이 乾卦(건괘)로 된 것(☰)

一一	一二	一三	一四	一五	一六	一七	一八
乾爲天 (건위천)	天澤履 (천택리)	天火同人 (천화동인)	天雷无妄 (천뢰무망)	天風姤 (천풍구)	天水訟 (천수송)	天山遯 (천산둔)	天地否 (천지비)
䷀	䷉	䷌	䷘	䷫	䷅	䷠	䷋
乾金	艮土	離火	巽木	乾金	離火	乾金	乾金
父戌 / 世	兄戌 / 命	孫戌 / 應 身	財戌 /	父戌 /	孫戌 /	父戌 /	父戌 / 應
兄申 / 身	孫申 / 世 (子財)	財申 /	官申 /	兄申 / 命	財申 /	兄申 / 應	兄申 /
官午 /	父午 /	兄午 /	孫午 / 世 命	官午 / 應	兄午 / 世 命	官午 / 命	官午 / 身
父辰 / 應	兄丑 // 身	官亥 / 世 命	財辰 //	兄酉 /	兄午 //(亥官)	兄申 /	財卯 // 世
財寅 / 命	官卯 / 應	孫丑 //	兄寅 //	孫亥 /(寅財) 身	孫辰 /	官午 // 世 (寅財)	官巳 //
孫子 / (六冲卦)	父巳 /	父卯 /	父子 / 應 身 (六冲卦)	父丑 // 世	父寅 // 應 身	父辰 //(子孫) 身	父未 //(子孫) 命 (六合卦)

2. 上이 兌卦(태괘)로 된 것(☱)

二一	二二	二三	二四	二五	二六	二七	二八
澤天夬 (택천쾌)	兌爲澤 (태위택)	澤火革 (택화혁)	澤雷隨 (택뢰수)	澤風大過 (택풍대과)	澤水困 (택수곤)	澤山咸 (택산함)	澤地萃 (택지췌)
䷪	䷹	䷰	䷐	䷛	䷮	䷞	䷬
坤土	兌金	坎水	震木	震木	兌金	兌金	兌金
兄未 //	父未 // 世	官未 // 身	財未 // 應	財未 // 身	父未 // 命	父未 // 應 命	父未 // 身
孫酉 / 世	兄酉 / 命	父酉 /	官酉 / 身	官酉 /	兄酉 /	兄酉 /	兄酉 / 應
財亥 / 身	孫亥 /	兄亥 / 世	父亥 / (午孫)	父亥 / 世 (午孫)	孫亥 / 應	孫亥 /	孫亥 /
兄辰 /	父丑 // 應	兄亥 / (午財) 命	財辰 // 世	官酉 / 命	官午 // 身	兄申 / 世 身	財卯 // 命
官寅 / 應 (巳父)	財卯 / 身	官丑 //	兄寅 // 命	父亥 / (寅兄)	父辰 /	官午 // (卯財)	官巳 // 世
財子 / 命	官巳 / (六冲卦)	孫卯 / 應	父子 /	財丑 // 應	財寅 // 世 (六合卦)	父辰 //	父未 //

3. 상이 離卦(이괘)로 된 것(☲)

三一	三二	三三	三四	三五	三六	三七	三八
火天大有 (화천대유)	火澤睽 (화택규)	離爲火 (이위화)	火雷噬嗑 (화뢰서합)	火風鼎 (화풍정)	火水未濟 (화수미제)	火山旅 (화산려)	火地晋 (화지진)
䷍	䷥	䷝	䷔	䷱	䷿	䷷	䷢
乾金	艮土	離火	巽木	離火	離火	離火	乾金
官巳/應	父巳/	兄巳/世 身	孫巳/	兄巳/ 身	兄巳/應	兄巳/	官巳/
父未// 身	兄未//(子財)	孫未//	財未//世 命	孫未//應	孫未//	孫未// 身	父未//
兄酉/	孫酉/世 身	財酉/	官酉/	財酉/	財酉/ 命	財酉/應	兄酉/世 身
父辰/世	兄丑//	官亥/應 命	財辰//	財酉/ 命	兄午//世 (亥官)	財申/ (亥官)	財卯//
財寅/命	官卯/	孫丑//	兄寅//應 身	官亥/世	孫辰/	兄午// 命	官巳//
孫子/	父巳/應 命	父卯/ (六冲卦)	父子/	孫丑//(卯父)	父寅// 身	孫辰//世 (卯父) (六合卦)	父未//應 (子孫)命

4. 上이 震卦(진괘)로 된 것(☳)

四 一	四 二	四 三	四 四	四 五	四 六	四 七	四 八
雷天大壯 (뇌천대장)	雷澤歸妹 (뇌택귀매)	雷火豊 (뇌화풍)	震爲雷 (진위뢰)	雷風恒 (뇌풍항)	雷水解 (뇌수해)	雷山小過 (뇌산소과)	雷地豫 (뇌지예)
䷡	䷵	䷶	䷲	䷟	䷧	䷽	䷏
坤土	兌金	坎水	震木	震木	震木	兌金	震木
兄戌//	父戌//應	官戌// 命	財戌//世	財戌//應	財戌//	父戌//	財戌//
孫申//	兄申// 命	父申//世	官申// 身	官申//	官申//應 身	兄申//	官申// 命
父午/世 命	官午/(亥孫)	財午/	孫午/	孫午/ 身	孫午/	官午/世 (亥孫)命	孫午/應
兄辰/	父丑//世	兄亥/ 身	財辰//應	官酉/世	孫午//	兄申/	兄卯//
官寅/	財卯/ 身	官丑//應	兄寅// 命	父亥/(寅兄)	財辰/世 命	官午//(卯財)	孫巳// 身
財子/應 身 (六冲卦)	官巳/	孫卯/	父子/ (六冲卦)	財丑// 命	兄寅//(子父)	父辰//應 身	財未//世 (子父) (六合卦)

5. 上이 巽卦(손괘)로 된 것(☴)

五一	五二	五三	五四	五五	五六	五七	五八
風天小畜 (풍천소축)	風澤中孚 (풍택중부)	風火家人 (풍화가인)	風雷益 (풍뢰익)	巽爲風 (손위풍)	風水渙 (풍수환)	風山漸 (풍산점)	風地觀 (풍지관)
䷈	䷼	䷤	䷩	䷸	䷺	䷴	䷓
巽木	艮土	巽木	巽木	巽木	離火	艮土	乾金
兄卯 /	官卯 /	兄卯 /	兄卯 / 應	兄卯 / 世	父卯 / 身	官卯 / 應 命	財卯 /
孫巳 /	父巳 / (子財) 命	孫巳 / 應 命	孫巳 / 身	孫巳 /	兄巳 / 世	父巳 / (子財)	官巳 / (申兄) 命
財未 // 應 命	兄未 // 世	財未 //	財未 //	財未 // 身	孫未 // (酉財)	兄未 //	父未 // 世
財辰 / (酉官)	兄丑 // (申孫)	父亥 / (酉官)	財辰 // 世 (酉官)	官酉 / 應	兄午 // (亥官) 命	孫申 / 世 身	財卯 //
兄寅 /	官卯 / 身	財丑 // 世 身	兄寅 // 命	父亥 /	孫辰 / 應	父午 //	官巳 // 身
父子 / 世 身	父巳 / 應	兄卯 /	父子 /	財丑 // 命 (六冲卦)	父寅 //	兄辰 //	父未 // 應 (子孫)

6. 上이 坎卦(감괘)로 된 것(☵)

六一	六二	六三	六四	六五	六六	六七	六八
水天需 (수천수)	水澤節 (수택절)	水火旣濟 (수화기제)	水雷屯 (수뢰둔)	水風井 (수풍정)	坎爲水 (감위수)	水山蹇 (수산건)	水地比 (수지비)
䷄	䷻	䷾	䷂	䷯	䷜	䷦	䷇
坤土	坎水	坎水	坎水	震木	坎水	兌金	坤土
財子 // 命	兄子 // 身	兄子 // 應 身	兄子 // 命	父子 //	兄子 // 世	孫子 // 命	財子 // 應
兄戌 /	官戌 /	官戌 /	官戌 / 應	財戌 / 世 身	官戌 /	父戌 /	兄戌 /
孫申 // 世	父申 // 應	父申 //	父申 //	官申 // (午孫)	父申 // 命	兄申 // 世	孫申 // 身
兄辰 / 身	官丑 // 命	兄亥 / 世 (午財)命	官辰 // (午財) 身	官酉 /	財午 // 應	兄申 / 身	官卯 // 世
官寅 / (巳父)	孫卯 /	官丑 //	孫寅 // 世	父亥 / 應 (寅兄)命	官辰 /	官午 // (卯財)	父巳 //
財子 / 應	財巳 / 世 (六合卦)	孫卯 /	兄子 /	財丑 //	孫寅 // 身 (六冲卦)	父辰 // 應	兄未 // 命

7. 上이 艮卦(간괘)로 된 것(☶)

七一	七二	七三	七四	七五	七六	七七	七八
山天大畜 (산천대축)	山澤損 (산택손)	山火賁 (산화비)	山雷頤 (산뢰이)	山風蠱 (산풍고)	山水蒙 (산수몽)	艮爲山 (간위산)	山地剝 (산지박)
䷙	䷨	䷕	䷚	䷑	䷃	䷳	䷖
艮土	艮土	艮土	巽木	巽木	離火	艮土	乾金
官寅 / 命	官寅 / 應	官寅 /	兄寅 /	兄寅 / 應	父寅 /	官寅 / 世 命	財寅 /
財子 // 應	財子 // 命	財子 //	父子 // (巳孫) 身	父子 // (巳孫)	官子 // 身	財子 //	孫子 // 世 (申兄)
兄戌 //	兄戌 //	兄戌 // 應 身	財戌 // 世	財戌 // 身	孫戌 // 世 (酉財)	兄戌 //	父戌 // 命
兄辰 / (申孫) 身	兄丑 // 世 (申孫)	財亥 / (申孫)	財辰 // (酉官)	官酉 / 世	兄午 //	孫申 / 應 身	財卯 //
官寅 / 世 (午父)	官卯 / 身	兄丑 // (午父)	兄寅 // 命	父亥 /	孫辰 / 命	父午 //	官巳 // 應
財子 /	父巳 /	官卯 / 世 命 (六合卦)	父子 / 應	財丑 // 命	父寅 // 應	兄辰 // (六冲卦)	父未 // 身

8. 上이 坤卦(곤괘)로 된 것(☷)

八一	八二	八三	八四	八五	八六	八七	八八
地天泰 (지천태)	地澤臨 (지택림)	地火明夷 (지화명이)	地雷復 (지뢰복)	地風升 (지풍승)	地水師 (지수사)	地山謙 (지산겸)	坤爲地 (곤위지)
䷊	䷒	䷣	䷗	䷭	䷆	䷎	䷁
坤土	坤土	坎水	坤土	震木	坎水	兌金	坤土
孫酉//應	孫酉//	父酉//	孫酉//	官酉//	父酉//應	兄酉// 身	孫酉//世
財亥// 身	財亥//應	兄亥// 命	財亥//	父亥// 命	兄亥//	孫亥//世	財亥//
兄丑//	兄丑// 身	官丑//世	兄丑//應 命	財丑//世 (午孫)	官丑// 命	父丑//	兄丑// 身
兄辰/世	兄丑//	兄亥/(午財)	兄辰//	官酉/	財午//世	兄申/ 命	官卯//應
官寅/(巳父) 命	官卯/世	官丑// 身	官寅//(巳父)	父亥/(寅兄) 身	官辰/	官午//應 (卯財)	父巳//
財子/ (六合卦)	父巳/ 命	孫卯/應	財子/世 身 (六合卦)	財丑//應	孫寅// 身	父辰//	兄未// 命 (六冲卦)

(8) 신살 붙이는 법

1) 육수(六獸)

육수란 청룡(靑龍) 주작(朱雀) 구진(句陳) 등사(騰蛇) 백호(白虎) 현무(玄武)를 말한다. 六神이라고도 한다. 육수는 「청주구사백현(靑朱句匕白玄)」으로 순서대로 외우고 쓴다.

* 청룡=喜神이다. 용신에 임하면 대길하다. 음주가무의 신이다.
* 주작=凶神이다. 구설시비, 말썽을 부리는 신이다. 그러나 소식점이나 언론 · 방송에 종사하는 사람의 점에서는 길신으로 본다.
* 구진=凶神이다. 용신에 구진이 임하면 모든 일이 더디게 되거나 만사불통한다. 그러나 토지매매점에서는 매매가 빨리 이뤄진다.
* 등사=凶神이다. 괴이한 일이나 놀랄 일이 있게 된다. 발동하면 일이 꼬이거나 성가신 일이 생긴다.
* 백호=凶神이다. 투쟁과 송사, 질병의 신이다. 발동하면 흉사만 있다.
* 현무=凶神이다. 도적, 사기, 실물로 손재한다. 음란신(淫亂神)이다.

육수를 붙이는 법은 다음과 같다. 점치는 날의 일간이 기준이다.

	점치는 날의 일간					
	甲乙	丙丁	戊	己	庚辛	壬癸
6효	현무	청룡	주작	구진	등사	백호
5효	백호	현무	청룡	주작	구진	등사
4효	등사	백호	현무	청룡	주작	구진
3효	구진	등사	백호	현무	청룡	주작
2효	주작	구진	등사	백호	현무	청룡
초효	청룡	주작	구진	등사	백호	현무

다시 한번 더 설명하면 먼저 점치는 날의 일간을 보고 초효에 붙일 육수를 찾는다. 다음 2효, 3효 … 6효로 올라가면서 초효에 붙인 육수 다음 순서대로 육수를 붙여 나가면 된다.

2) 역마 · 겁살 · 도화

구분 / 점치는 날	역마	겁살	도화
亥 卯 未 日	巳	申	子
寅 午 戌 日	申	亥	卯
巳 酉 丑 日	亥	寅	午
申 子 辰 日	寅	巳	酉

3) 공망

공망이란 천간은 10자요, 지지는 12자이므로 甲에서 癸까지 12지를 子부터 붙여가면 끝의 두 자는 짝이 없다. 예컨데 甲子에서 시작, 癸酉일까지 一旬 중 戌亥가 짝이 없으니 공망이다.

甲子 순중 戌亥 공망, 甲戌 순중 申酉 공망
甲申 순중 午未 공망, 甲午 순중 辰巳 공망
甲辰 순중 寅卯 공망, 甲寅 순중 子丑 공망

갑자순중=甲子 乙丑 丙寅 丁卯 戊辰 己巳 庚午 辛未 壬申 癸酉
(戌亥는 짝이 없음)
갑술순중=甲戌 乙亥 丙子 丁丑 戊寅 己卯 庚辰 辛巳 壬午 癸未
(申酉는 짝이 없음)
갑신순중=甲申 乙酉 丙戌 丁亥 戊子 己丑 庚寅 辛卯 壬辰 癸巳
(午未는 짝이 없음)
갑오순중=甲午 乙未 丙申 丁酉 戊戌 己亥 庚子 辛丑 壬寅 癸卯
(辰巳는 짝이 없음)
갑진순중=甲辰 乙巳 丙午 丁未 戊申 己酉 庚戌 辛亥 壬子 癸丑
(寅卯는 짝이 없음)
갑인순중=甲寅 乙卯 丙辰 丁巳 戊午 己未 庚申 辛酉 壬戌 癸亥
(子丑은 짝이 없음)

공망은 괘상에서 해당 효의 왼쪽에 작은 'ㅇ'로 표시한다.

3. 육효구성을 빨리 하는 방법

앞의 설명을 종합해 육효를 빨리 구성하는 방법을 알아보자.

(1) 16절지 크기의 백지에 점치는 날짜(연월일)와 주인공의 주소 · 생년월일 · 남여구분 · 성명, 점의 목적을 쓴다.
점치는 연월일은 육십갑자로 한다.

(2) 경건한 마음으로 주문을 외우고 기도한 뒤 산대를 세 번 뽑는다.

(3) 뽑은 산대에 표시된 수를 적는다. 처음 나온 수가 내괘, 다음이 외괘, 마지막 수는 동효다. 예컨대 나온 수가 6, 4, 2라면 6은 내괘로 坎괘, 4는 외괘로 震괘, 2는 동효를 나타난다.
따라서 나온 괘는 雷水解괘에 동효는 2효다.

(4) 雷水解괘를 그린다.
양효는 /, 음효는 //로 나타낸다.
동효는 여기에 비스듬히 줄을 그어 표시한다(Ⅹ, Ⅹ).

!
//
//
/
//
/
//

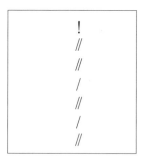

(5) 괘이름 '雷水解'를 '!' 오른쪽에 쓴다. 다음 각 효에 비신과 육친을 붙이고 世와 應을 표시한 뒤 괘상 오른쪽에 연월일을 육십갑자로 쓴다.
점치는 날이 2000년 10월 22일이라 하자. 이를 육십갑자로 표기하면 庚辰년 戌월 癸丑일이 된다.

!雷水解

財戌	//		庚辰年
官申	//	應	
孫午	/		戌月
孫午	//		
財辰	/	世	癸丑日
兄寅	//		

(6) 동효를 표시하고 변효의 비신과 육친을 적는다.

또 변한 괘의 이름 雷地豫를 ! 왼쪽에 쓴다.

복신이 있으면 찾아 육친과 함께 표시한다.

雷地豫 ! 雷水解		
財戌 //		庚辰年
官申 //	應	
孫午 /		戌月
孫午 //		
孫巳財辰 X	世	癸丑日
兄寅 //	(子父)	

(7) 육수를 괘상 왼쪽에 붙인다. 점치는 날이 癸丑일이라 초효는 현무다.

육수는 青朱句匕白玄으로 표시한다.

癸丑일이므로 공망은 寅卯다. 괘상에서 초효가 寅으로 공망이다.

초효 왼쪽에 작은 ○로 공망을 표시한다.

雷地豫 ! 雷水解				
白		財戌 //		庚辰年
匕		官申 //	應	
句		孫午 /		戌月
朱		孫午 //		
青	孫巳	財辰 X	世	癸丑日
玄	○	兄寅 //		

제3편

육효의 응용

1. 팔신(八神)

用神 原神 飛神 伏神 忌神 仇神 進神 退神 여덟개를 八神이라 한다. 여기서 神이란 12지지나 이들 지지의 관계를 일컫는 말이다. '神'이란 말에 이상하게 생각할 필요는 없다. 중요한 내용이니 충분히 이해하고 외우고 있어야 한다.

(1) 용신(用神)

점을 주관하는 사람, 또는 점을 보는 목적을 말한다. 예컨데 자기점을 볼 때는 世가 용신이요, 부모점을 볼 때는 부모가 용신이다. 또 재물점이면 처재가 용신이요, 관직점에는 관귀가 용신이다. 用爻라고도 한다.

육효에서 가장 중요하다. 용신을 잘못 잡으면 괘상을 엉터리로 해석할 수밖에 없다.

(2) 원신(原神)

용신을 生해주는 육친을 말한다. 예컨데 부모가 용신이면 관귀가, 형제가 용신이면 부모가, 자손이 용신이면 형제가, 처재가 용신이면 자손이, 관귀가 용신이면 처재가 원신이다.

육친이란 오행생극 관계에서 붙인 이름이다. 오행 상으로 보면 용신을 生해주는 오행이 원신이다. 가령 寅木이나 卯木이 용신이면 子水나 亥水가 원신이요, 巳火나 午火가 용신이면 寅木이나 卯木이 원신이다.

(3) 비신(飛神)

앞에서 설명한 것처럼 납갑법에 따라 괘효 옆에 붙이는 지지를 말한다. 64괘의 오행 속궁별로 다르다.

(4) 복신(伏神)

괘에 나타나 있지 않은 육친을 말한다. 64괘 중에는 복신이 없는 괘, 1개 있는 괘, 2개 있는 괘가 있다. 복신이 3개인 괘는 없다. 몰신, 또는 은복이라고도 한다.

(5) 기신(忌神)

원신과는 반대로 용신을 克하는 육친, 또는 오행을 말한다. 예컨데 용신이 부모면 처재가, 용신이 형제면 관귀가, 용신이 자손이면 부모가, 용신이 처재이면 형제가 기신이다.

다르게 설명하면 寅木 · 卯木이 용신이면 申金 · 酉金이 기신이다. 巳火 · 午火가 용신이면 亥水 · 子水가 기신이다.

(6) 구신(仇神)

기신을 生하는 육친, 또는 오행을 말한다. 달리 설명하면 원신을 克하는 육친이나 오행이다. 예컨데 용신이 부모이면 기신은 처재가 되는데, 이 처재를 生하는 자손이 구신이다. 구신 자손은 부모의 원신인 관귀를 克하는 관계에 있다.

(7) 진신(進神)

동효와 변효의 관계로 보는 것이다. 변효가 동효와 오행이 같고, 子 丑 寅 卯 辰 巳 午 未 申 酉 戌 亥 12지지 순서를 따져 동효보다 앞으로 나간 경우 진신이라 한다.

예를 들면 寅이 動하여 卯로, 申이 動하여 酉로, 丑이 動하여 辰 · 未가 動하여 戌로 변하는 것을 말한다.

(8) 퇴신(退神)

진신과는 반대로 변효가 동효와 오행은 같지만 12지지 순서를 따져 뒤로 물러선 경우를 말한다.

예컨데 卯가 발동하여 寅으로, 酉가 발동하여 申으로, 辰이 발동하여 丑으로, 戌이 발동하여 未로 변하는 경우다.

2. 用神 정하는 법

육효점에서는 용신을 정하는 일정한 원칙이 있다. 매우 중요하다.

(1) 세효(世爻)

자기 자신을 위한 점, 즉 자기가 스스로 자신의 길흉을 묻는 점에는 世효가 용신이다.

(2) 부모효(父母爻)

부모를 위한 점에는 부모효가 용신이다. 조부모나 증조부도 해당된다. 스승과 웃어른, 큰아버지와 작은아버지, 고모와 이모, 친구의 부모, 부모와 동년배인 어른도 부모효를 용신으로 삼는다. 집, 자동차와 배, 옷, 화물, 문서 · 계약서 · 책, 시험을 목적으로 하는 점에도 부모효가 용신이다. 천시점에서 부모효는 비(雨)다.

(3) 형제효(兄弟爻)

형제자매, 친구, 동창, 직장동료, 결혼 · 연애의 라이벌을 위한 점에는 형제효가 용신이다. 천시점에서 형제효는 바람(風)이다.

(4) 자손효(子孫爻)

아들딸(자식), 손자손녀, 조카, 친구의 자녀를 위한 점에는 자손효가 용신이다. 문하생이나 충신, 경찰 · 군인, 가축, 약도 용신은 자손효다. 천시점에서 자손효는 일월성신이다.

(5) 처재효(妻財爻)

아내와 첩(처첩), 애인, 형수 · 제수, 친구의 처첩을 위한 점에는 처재효가 용신이다. 종업원이나 하인, 금 · 은 · 보석, 식량, 돈(유가증권), 물건값(가치), 창고, 집물(什物)도 처재효다. 천시점에서 처재효는 맑음 · 갬(晴)이다.

(6) 관귀효(官鬼爻)

신랑과 情夫, 남자 애인, 남편의 형제, 남편의 친구, 상관, 관직, 지위를 위한 점에는 관귀효가 용신이다. 관청, 관사(官事), 송사, 관재, 재앙, 질병, 귀신, 도적, 난신(亂臣), 시체도 관귀효를 용신으로 삼는다. 천시첨에서 관귀효는 우레, 번개, 안개다.

3. 길흉총론

여기서 설명하는 내용은 뒤에 나오는 쇄금부나 천금부와 일부 중복된다. 괘상을 풀이하는 기본이다.

(1) 일진(日辰)과 월건(月建)

일진이란 점치는 당일이요, 월건은 점치는 당월을 말한다.

* 일진은 육효를 관장하는 주재자요, 월건은 만사의 제강이다. 일진과 월건은 괘 중의 모든 효를 生하기도 하고 冲克할 수도 있다.
* 용신은 괘 중 다른 효의 生을 받더라도 일진의 克을 받는 것을 가장 겁낸다. 용신이 다른 효의 冲克을 받더라도 일진의 生扶(生함과 도움)를 받으면 큰 문제가 없다.
* 월건의 生扶를 받은 효가 일진의 冲을 받으면 힘이 강해져(암동이라 한다) 다른 효를 生하거나 克할 수 있다.

* 일진과 월건이 함께 용신을 生扶하면, 용신은 다른 효의 冲克을 받더라도 해를 당하지 않는다. 이때 일이 성사되는 길일은 다음 일진이 용신을 生扶하는 날이다.
* 일진과 월건이 둘 다 용신을 克하면 매우 흉하다. 그러나 다른 효가 動해 용신을 생하면 절처봉생이다. 월건이 生扶하는 달, 生扶를 받는 날에 일이 성사된다.
* 일진과 동효가 용신을 克할 경우 월건이나 강한 원신이 용신을 生扶하면 길흉은 반반이다. 다음 일진이 용신을 生扶하는 날에 일은 성사된다.
* 월건과 동효가 용신을 克할 경우 일진이 生扶하고 회두생을 받으면 역시 길흉이 반반이다. 다음 일진이 生扶하는 날에 대길하다.
* 일진과 월건, 동효가 모두 용신을 克하면 대흉하다. 그러나 이 경우 강한 원신이 용신을 生하고 용신이 발동하여 회두생을 받으면 희망이 비친다. 다음 일진이 生하는 날 소길(少吉)하다.
* 일진과 월건, 동효가 모두 용신을 克하고, 용신이 전혀 生扶를 받지 못하면 전혀 구원받을 길이 없을 정도로 대흉한 것 같다. 그러나 '陰極生陽' '凶極則反吉'이라 전화위복의 상으로 오히려 좋아지는 괘다. 다음 일진이 生扶를 받는 날 일이 반드시 성취된다. 병자라면 낫는 것이다. 이와 반대로 일진과 월건, 동효가 모두 용신을 生扶하고 원신도 生하면 전혀 흠이 없어 대길한 것 같다. 그러나 '陽極生陰' '吉極則反凶'이요, '홍진비래' '길처장흉'이라 도리어 불리하다. 일진이 生扶하는 날이면 불길하고, 반대로 일진이 克하는 날에 일이 성사된다.
* 일진이 용신을 生하고 월건이 克할 경우 다른 흠이 없으면 약간의 결함 · 지장은 있으나 무해무익(無害無益)하다. 일진이 용신을 克하고 월건이 生할 경우도 다른 흠이 없으면 약간의 애로 · 지장은 있으나 역시 무해(無害)하다.
* 일진이 용신을 克하고 월건이 生하거나, 일진이 용신을 生하고 월건이 克하면 길흉이 반반이나, 이러한 상태에서 만일 용신이 회두

극을 받으면 대흉하다.

(2) 동효(動爻)

1) 총론

동효는 모든 일의 시작이요, 변효는 끝이다.

* 변효는 오직 동효만을 生克할 수 있다. 변효가 동효를 生하면 회두생이라 하고, 克하면 회두극이라 한다.
* 동효는 日辰과 月建처럼 힘이 강하기 때문에 다른 효를 生克할 수 있다.
* 동효는 日辰이나 月建의 生을 받으면 힘이 훨씬 강해진다.
* 동효가 용신을 克하면 불길하다. 그러나 동효가 日辰과 삼합이나 육합을 이루면 용신을 克하지 않는다. 탐생망극(貪生忘克) 원칙이 적용되기 때문이다.

2) 육친발동

* 父母爻動=父母爻가 발동하면 子孫을 克한다.

따라서 子孫을 위한 점에서는 子孫에게 액이 있다. 子孫은 財의 원신이니 매매점이라면 힘만 쓸 뿐 이익이 없게 된다.

그러나 대인점에서는 소식이 오고, 송사점에서는 소가 취하되며, 시험점에서는 길하다.

* 子孫爻動=子孫이 발동하면 官鬼를 克한다.

따라서 관직 · 직장점에서 매우 불길하다. 귀인을 만나거나 명리를 구하는 데도 좋지 못하다.

官鬼는 질병이요 귀신이니 병점이나 산모점에서는 길하다. 매매점이나 혼인점에서는 財를 生하니 좋다. 소송점에서는 서로 화해한다.

* 官鬼爻動=官鬼가 발동하면 兄을 克한다.

따라서 형제자매를 위한 점에는 대흉하다. 혼인점에는 말썽이 생겨 성사되기 어렵고, 병점에는 병이 가중된다. 소송점에는 관액이 따르며 출행점에서도 나쁘다. 매매 · 농사점에서도 흉하다

* 妻財爻動=財가 발동하면 父 · 문서를 克한다.
따라서 시험점이나 명리를 얻는 점에 가장 나쁘다. 친척 간에 불화가 생기고, 병점에서 병이 악화된다. 그러나 사업이나 재물점에 대길하다.

* 兄弟爻動=兄이 발동하면 財를 克한다. 따라서 사업이나 재물점에 대흉하다.
그러나 자손을 위한 점이나 병점에는 유리하다.

3) 용신 · 원신 발동

* 용신발동=용신이 발동하면 휴수(休囚)돼도 좋다. 따라서 용신이 발동하고 生扶를 받으면 모든 일이 대길하다.
* 원신발동=원신이 발동하면 용신이 生을 받아 의기가 양양해진다. 원신이 生扶를 받아 旺하고 발동하면 역시 대길하다.

4) 육수(六獸) 발동

* 청룡=청룡이 발동하면 매사 길하다. 특히 재물점이나 관록점에 좋다. 천을귀인이나 역마 같은 吉神을 대하면 더욱 길하다. 그러나 청룡이 발동하더라도 구신이나 기신이면 주색으로 인한 망신 · 재앙을 당한다.
* 주작=주작이 발동하면 꾀하는 일에 구설과 시비가 따른다. 여기에 官鬼(살신)를 帶하면 만사가 헛일이 된다. 그러나 소식점에 주작이 발동하면 소식이 온다.
* 구진=구진이 발동하면 토지관계점에 큰 영향을 미친다. 발동한 구진이 기신을 帶하면 되는 일이 없다. 그러나 용신이 유정하면(生扶를 받아 旺하면) 무해하다. 용신을 生扶하는 다음 日辰에 성사된다.
* 등사=등사가 관귀를 帶하고 발동하면 요마(妖魔)가 침입할 징

조로 횡액이 있다. 정신이 산란하고 꿈자리가 사납다. 등사가 발동하면 冲을 만나는 날에 대흉하다. 그러나 구진이 목신(木神)(寅 · 卯木)을 帶하고 공망이거나 휴수되면 무난하다.

* 백호=백호가 발동하면 좋지 못할 일이 생길 징조다. 특히 官鬼를 帶하면 대흉하다. 관재 · 시비가 일어난다. 백호 · 官鬼가 오행 水火를 帶하면 水火의 액이 있다.
* 현무=현무가 발동하면 매사가 막히고 우환 · 걱정이 생긴다. 특히 官鬼를 帶하면 도둑맞는 일, 실물수가 있다. 발동한 현무가 구신이나 기신이면 강도의 흉액을 만난다. 그러나 용신이 旺해 유정하면 재앙이 침범하지 못한다.

(3) 세효(世爻)와 응효(應爻)

世는 자신을 뜻한다. 따라서 자신을 위한 모든 점에는 世가 용신이다. 應은 자신과 상대방의 관계를 보는 것이다. 世는 日辰이나 월건, 동효의 生扶를 받아 旺해야 길하고, 형충극해를 받거나 공망이면 흉하다.

* 부모 지세(持世)=持世란 世와 같은 爻에 있음을 말한다. 따라서 부모 持世란 父가 世와 같은 효에 있다는 얘기다. 父가 持世하면 일신의 곤고함이 있다. 父가 持世하고 관귀가 발동하면 재물 · 관직을 구하거나 시험에 길하다. 그러나 신수점에 財가 발동하면 아내 · 여자 문제로 구설수가 생긴다. 집안이 소란하다.
* 자손 持世=자손이 持世하면 구관 · 구직에 불리하나 소송은 끝난다. 자손 持世에 生扶를 받으면 일신이 편하다. 그러나 克을 받고 生함이 없으면 우환이 있다.
* 관귀 持世=관귀가 持世하면 거의 모든 일에 어려움이 많다. 재물점에는 손재수가 있고, 신수점에는 신병이 있거나 관재를 당한다. 그러나 구관 · 구직에는 길하다.
* 처재 持世=재(財)가 持世하면 사업경영이나 재물을 구하는 데 길하다. 관직을 구하거나 소송에서는 돈을 써야 유리하다. 持世

한 재(財)효가 발동해 兄이나 官鬼로 변하면 만사가 대흉하다.

* 형제 持世=兄이 持世하면 재물을 얻는데 불리하다. 주작을 帶하면 구설이 있다.

(4) 공망(空亡)

공망이란 앞에서 설명한 순중(旬中) 공망을 말한다. 공망은 生克이나 合沖하는 힘을 잃게 하는 성질이 있다. 따라서 흉신이 공망이면 좋지만, 용신이 공망이면 흉하다.

공망인 효가 日辰의 沖을 받으면 공망에서 벗어난다.

공망인 효가 발동하면 공망이 아니다.

(5) 순공(旬空)과 진공(眞空)

공망에는 순공과 진공이 있다. 旺한 효가 공망에 들면 순공이라 하는데 출공하는 시기에 반드시 그 결과가 있다.

고서에는 春土, 夏金, 秋木, 冬火가 공망을 만나면 진공으로 만사가 不成하고 결과가 없다고 하였다. 그러나 필자가 경험한 바로는 휴수되거나 쇠절된 爻도 공망을 만나면 진공으로 봐야 한다.

(재수점)
火風鼎 ! 雷風恒

孫巳財戌	X	應	卯月 戊戌日
官申	//		
孫午	/		
官酉	/	世	
父亥	/		
財丑	//		

앞으로는 직접 예문을 통해 설명한다. 앞에서 설명한 육효구성법 대로 괘를 짜보자. 뒤에서 설명할 '各占論'을 모르기 때문에 이해하기 어려운 내용도 있을 것이다. 그러나 형태만이라도 알아보자.

▶戌일 財가 발동해 生世하니 오늘 재수가 있지 않겠는가.

▶그러나 그렇지 않다. 戌土 財가 발동하여 巳火 子孫을 화출하였는데 巳火가 공망에 드니 순공이다.

▶출공하는 乙巳일에 재수가 있으리라.

(문서가 언제 오겠나)

澤天夬 ! 澤火革

官未 //
父酉 /
兄亥 / 世
兄亥 /
孫寅官丑 X
孫卯 / 應

午月 辛巳日

▸5효 酉金 父가 용신이다.

▸용신이 午월의 克을 받고 日辰의 克을 받은 가운데 공망에 드니 진공이다.

▸문서를 얻지 못하리라. 오는 도중 분실했다.

(6) 월파(月破)

월(月)이 효를 冲하면 月破라 한다. 용신이 月破를 당하면 나무 뿌리가 뽑히는 것과 같아 계획하는 일이 어렵고 헛수고만 하게 된다.

따라서 기신과 구신이 월파를 만나면 만근의 짐을 벗은 것과 같아 만사가 순조롭게 이뤄진다.

그러나 日辰이 그 효를 生하거나, 그 효에 임하면 月破라고 하지 않는다. 또 그 효가 스스로 발동하여 旺하면 月破가 아니다.

(관운)

澤水困 ! 兌爲澤

父未 // 世
兄酉 /
孫亥 /
父丑 // 應
財卯 /
財寅官巳 X

亥月 壬辰日

▸관운을 묻는 점에서는 官鬼가 용신이다.

▸초효에서 巳火 官이 月破를 당하나 스스로 발동해 寅木 財의 회두생을 받으니 月破가 아니다.

▸현재는 未土 世가 공망이라 관운이 좋지 않으나 巳년 寅월이 되면 巳火 官이 득세하고 회두생을 받아 未土 世를 生하니 대발하리라.

(재수점)
天水訟！澤水困

父戌父未 〻
兄酉 /
孫亥 / 應
官午 //
父辰 /
財寅 // 世

巳月 丁未日

▸6효에서 未일이 발동, 진신이 되면서 亥水 子孫을 克한다. 게다가 巳월이 月破로 치니 원신인 亥水 자손이 무력하다.

▸또 용신인 寅木 財가 공망을 만나니 재수를 말하기 어렵다.

(7) 일파(日破)와 암동(暗動)

1) 일파

월(月)의 冲克을 당하거나 휴수된 효가 다시 日辰의 冲을 받으면 日破라고 한다. 日破를 당한 효는 그믐 밤에 별빛을 따라 움직이는 것과 같으니 모든 일이 허망하고 암담하다.

(사업운)
天水訟！澤水困

父戌父未 〻
兄酉 /
孫亥 / 應
官午 //
父辰 /
財寅 // 世

酉月 戊申日

▸용신인 寅木 財가 持世하니 이미 財가 있음을 뜻한다.

▸酉월이 寅木 財를 克하는데 日辰 申이 다시 冲하니 日破다.

▸6효에서 未土 父가 발동, 진신이 되면서 財의 원신인 亥水 子孫을 克하니 戌월(9월)이 어렵겠다. 9월에 도산했다.

2) 암동

월(月)의 生을 받거나 旺한 효가 日辰의 冲을 받으면 암동이라 한다. 암동은 동효와 같이 다른 효를 生克할 수 있다. 따라서 원신이 암동하면 길하지만 기신, 구신이 암동하면 그 해(害)가 크다.

옛 책에 말하기를 암동은 화복(禍福)이 오가는 것을 느끼지 못한다 하였고, 길흉도 동효에 미치지 못한다고 하였으나, 필자가 경험한 바로는 꼭 그렇다고 보기 어렵다.

(재수점)
山天大畜 ! 風天小畜

兄卯 /		子月 丙申日
父子孫巳 ╳		
財未 //	應	
財辰 /		
兄寅 /		
父子 /	世	

▶재수점은 財가 용신이다.

▶재수점 같은 소원점에는 용신이 克世하면 소원이 가장 빨리 이뤄지고, 持世하고 일월의 生을 받는 것이 다음이요, 용신이 발동해 生世함이 그 다음이다.

▶여기서는 父가 持世하니 財가 克世해 와야 길하다. 그러나 5효에서 원신인 子孫이 발동하여 회두극이 되고, 2효에서 寅木 兄이 암동하여 財를 克하니 재수를 말하기 어렵다.

(8) 충산(冲散)

日辰이 동효를 冲하면 冲散이라고 한다. 冲散은 冲을 받아 흩어짐을 뜻한다.

필자가 경험한 바 휴수되고 무력한 효는 冲散이 되면 흩어져 일이 이뤄지지 않는다. 그러나 旺한 효는 冲散이 되나 뒤에 반드시 결과가 있었다.

(부모 병점)
離爲火 ! 天火同人

孫戌 /	應	未月 庚寅日
孫未財申 ╳		
兄午 /		
官亥 /	世	
孫丑 //		
父卯 /		

▶부모점에는 초효 卯木 父가 용신이다.

▶5효에서 기신인 申金 財가 발동해 회두생을 받으면서 용신을 克하니 흉하다.

▶그런데 현재는 申金 財가 日辰 寅木의 冲을 받아 冲散이고, 변효 未土가 공망이라 우선은 무방하다.

▶그러나 절기가 바뀌어 申월이 되고 未土가 출공하면 무사하지 못하리라.

▶과연 申月 乙未일에 흉사가 있었다.

(9) 삼형(三刑)과 육해(六害)

* 三刑은 寅巳申, 丑戌未 刑을 말한다. 육효에서는 세 글자 중 한 자만 없어도 三刑이 성립하지 않는다.

관재, 구설, 불의의 사고, 건강이상, 부부파란 등을 암시한다.

괘 중에 삼형이 발동하지만 용신을 克傷하지 않으면 해는 없다.

* 六害는 子未, 丑午, 寅巳, 卯辰, 申亥, 酉戌이나, 필자가 경험한 바 육효에서는 적중률이 없어 고려하지 않는다.

(아버지 병점)
天風姤 ! 巽爲風

兄卯 / 世		午月 丙戌日
孫巳 /		
孫午財未 X		
官酉 / 應		
父亥 /		
財丑 //		

▶2효 亥水 父가 용신이다.

▶초효 丑土와 4효 未土, 日辰 戌土가 삼형을 이룬다.

▶4효에서 未土 財가 발동, 亥水 父를 克하니 흉하다.

▶그러나 현재는 午未가 공망이라 괜찮지만 출공하는 乙未일 흉사가 있으리라.

(10) 회두극(回頭克)

회두극은 동효가 화출된 변효로부터 克을 받는 것을 말한다.

기신이나 구신은 회두극이 되면 길하다. 그러나 世와 용신, 원신이 회두극을 당하면 만사가 어그러진다.

(올해 신수점)
乾爲天 ! 水天需

兄戌財子 X		午年 卯月 癸亥日
兄戌 /		
父午孫申 X 世		
兄辰 /		
官寅 /		
財子 / 應		

▶申金 子孫이 持世했는데 발동해 午火를 화출, 회두극을 받으니 나와 자손이 불길하다.

▶또 6효에서 子水 財가 戌土 兄을 화출, 회두극되니 처가 불길하다.

▶午월 火旺節에 일가가 참변을 당했다. 申金 子孫 世가 午火의 克을 받고, 戌土 兄이 午월에 月破를 당한 子水 財를 克하기 때문이다.

(11) 삼전극(三傳克)

삼전극은 연월일이 世나 용신을 동시에 克함을 말한다. 흉함은 이루 말할 수 없이 크다.

(형제 병점) 水澤節 ! 風澤中孚	
財子官卯 X	卯年
父巳 /	
兄未 // 世	寅月
兄丑 //	
官卯 /	乙卯日
父巳 / 應	

▶兄이 丑土, 未土 둘 있으나 공망인 丑土를 용신으로 삼는다.

▶용신 丑土 兄이 寅월의 克을 받는 가운데 卯년과 卯일이 6효에서 발동, 克하니 삼전극을 당하는 것이다. 대흉하다.

▶현재는 子丑이 공망이라 무방하나 丑土 兄이 출공하는 날 흉사가 있으리라.

(12) 유혼괘(遊魂卦)와 귀혼괘(歸魂卦)

* 유혼괘는 각 궁의 일곱 번째 괘를 말한다. 乾宮이면 火地晋괘, 兌宮이면 雷山小過괘다.
* 유혼괘는 일정한 곳에 머물지 못하거나, 하는 일이 오래 지속되지 못하고 변동이 무상함을 뜻한다.
* 귀혼괘는 각 궁의 마지막 여덟번 째의 괘를 말한다. 乾宮이면 火天大有, 兌宮이면 雷澤歸妹괘다.
* 귀혼괘는 나아가고 싶으나 나아가지 못하고, 행하고 싶으나 행하지 못함을 뜻한다.

(사업이 안정돼 가는데 앞으로도 그럴까) 山澤損 ! 山雷頤	
兄寅 /	
父子 //	亥月
財戌 // 世	
財辰 //	乙巳日
兄卯兄寅 X	
父子 / 應	

▶용신인 戌土 財가 持世하고 日辰이 生하니 길조다.

▶그러나 2효에서 寅木 兄이 발동, 진신이 되면서 용신을 克하니 흉하다. 寅卯가 空亡이다. 현재는 괜찮으나 내년 정월에 損財나 변동이 있으리라.

(시험운) 艮爲山 ! 風山漸	
官卯 / 應 財子父巳 X 兄未 // 孫申 / 世 父午 // 兄辰 //	子月 庚辰日

▶용신은 5효에 있는 巳火 父다.

▶용신이 발동해 克世하니 길조인 것 같다. 그러나 변효 子水의 회두극을 받으니 흉하다.

▶시험과 인연이 없다.

(13) 충중봉합(冲中逢合)과 합처봉충(合處逢冲)

合은 취함이요, 冲은 산(散)이다. 충중봉합은 먼저 어려움을 겪지만 나중에 성사되고, 합처봉충은 먼저 얻으나 뒤에 잃는다.

(신랑이 융자를 얻으려 하는데) ! 坤爲地	
孫酉 // 世 財亥 // 兄丑 // 官卯 // 應 父巳 // 兄未 //	亥月 甲辰日

▶3효 卯木 官이 용신이다.

▶용신이 공망인데다 육충괘라 흉한 것 같다.

▶그러나 자세히 보면 卯木이 亥月의 生을 받고, 日辰이 酉金 子孫과 합하니 충중 봉합이다.

▶卯木 官이 출공한 뒤 巳일이 되면 5효 亥水 財를 冲動하여, 卯木 官을 生하니 좋은 결과가 있으리라.

(돈을 빌림) ! 火山旅	
兄巳 / 孫未 // 財酉 / 應 財申 / 兄午 // 孫辰 // 世	卯月 乙卯日

▶육합괘는 계획하는 일이 성사된다고 본다.

▶그러나 卯월이 용신인 酉金 財를 月破로 치고, 卯일이 日破시키니 합처에 봉충이다.

▶상대가 나에게 돈을 빌려주고 싶은 생각이 없다.

(14) 용신 다현(多現)

용신이 많이 나타나 있을 경우 어떤 효를 용신으로 삼을 것인가. 점의 목적은 문제점을 해결하는데 있는 만큼 문제점이 있는 효를 용신으로 잡는다.

따라서 공망효, 월파효, 일파효가 용신이 된다. 또 動한 효도 용신으로 잡는다.

(자식점) !天水訟		
孫戌 /		午月 癸卯日
財申 /		
兄午 /	世	
兄午 //		
孫辰 /		
父寅 //	應	

▸戌土 子孫과 辰土 子孫이 출현했다. 2효 辰土가 공망이니 용신으로 삼는다.

(15) 신살 응용

육효에서 신살을 가볍게 보기 쉽다.

그러나 신살을 적절히 활용하면 적중률을 크게 높일 수 있다.

1) 역마살

申子辰은 寅, 巳酉丑은 亥, 寅午戌은 申, 亥卯未는 巳가 역마다.

이동과 변화를 암시한다. 달리는 말과 같아 항상 바쁘고 변화가 많고 심하다. 좋은 환경에서는 길조를, 나쁜 환경에선 흉조를 더한다.

▸寅午戌의 역마는 申에 있다.

▸申金 역마가 5효에서 발동, 2효에 있는 寅木 財를 克하니 처가 길에서 해(害)를 당하리라.

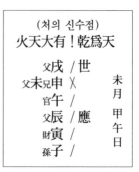

(처의 신수점) 火天大有 !乾爲天		
父戌 /	世	未月 甲午日
父未兄申 Ⅹ		
官午 /		
父辰 /	應	
財寅 /		
孫子 /		

2) 도화살

寅午戌은 卯, 巳酉丑은 午, 申子辰은 酉, 亥卯未는 子가 도화살이다.

문란한 남녀 관계, 색을 밝힘 등을 암시한다.

(여자의 결혼점)
山地剝 ! 山火賁

官寅 /
財子 //
兄戌 // 應
官卯財亥 X
兄丑 //
兄未官卯 X 世

亥月 丙寅日

▸이 결혼은 안 된다.

▸官도, 財도 많이 나타나 있으니 끝내 문제가 있을 것이다.

▸이 여자는 바람둥이 남자와 사귀고 있다. 3효에서 亥水 財가 발동해 卯木 官을 화출했는데 卯가 도화를 帶하고 있기 때문이다.

3) 급각살

寅卯辰월 (봄) =亥子, 巳午未월(여름)=卯未,
申酉戌월(가을)=寅戌, 亥子丑월(겨울)=丑辰

팔다리의 사고 · 이상을 암시한다.

(아버지 신수점)
天火同人 ! 天雷无妄

財戌 /
官申 /
孫午 / 世
父亥財辰 X
兄寅 //
父子 / 應

子月 乙未日

▸초효 子水 父가 용신이다.

▸3효 辰土 財가 급각살을 帶하고 발동, 용신을 克하니 수족의 절상(折傷)을 주의하라.

4) 상문 · 조객살(喪門 · 弔客殺)

태세 :	子	丑	寅	卯	辰	巳	午	未	申	酉	戌	亥
상문 :	寅	卯	辰	巳	午	未	申	酉	戌	亥	子	丑
조객 :	戌	亥	子	丑	寅	卯	辰	巳	午	未	申	酉

집안 상사(喪事), 질병, 불안을 암시한다.

(자식 병점) 風地觀 ! 山地剝	
財寅 / 官巳孫子 ╳ 世 父戌 // 財卯 // 官巳 // 應 父未 //	卯年 申月 乙未日

▸5효 子水 子孫이 용신이다. 용신이 발동하여 스스로 절지에 빠지니 아름답지 못하다.

▸巳가 상문이니 상가에서 병을 얻었다.

(16) 육합괘

육합괘에는 6가지가 있다.

1) 일월과 효가 합이 되는 경우

(父 병점) 坎爲水 ! 水風井	
父子 // 財戌 / 世 官申 // 孫午官酉 ╳ 父亥 / 應 財丑 //	午月 丁丑日

▸6효 子水 父가 용신이다.

▸용신이 월파를 만난 가운데 日辰 丑과 合을 이루었다. 쇠한 효가 克合이 되니 大凶하다.

▸원신 酉金 官은 動해 회두극을 받으니 午일에 흉사가 있으리라. 합자는 冲日에 응하기 때문이다.

2) 효와 효가 합이 되는 경우

▸초효 巳火 父가 용신이다.

▸용신 父가 動해 회두생을 받고, 5효 世와 克合이 되니 우수한 성적으로 합격하리라.

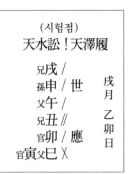

(시험점) 天水訟 ! 天澤履	
兄戌 / 孫申 / 世 父午 / 兄丑 // 官卯 / 應 官寅父巳 ╳	戌月 乙卯日

3) 육합괘

(재수점)
!地天泰

孫酉 // 應
財亥 //
兄丑 //
兄辰 / 世
官寅 /
財子 /

未月 丙辰日

▶초효와 4효, 2효와 5효, 3효와 6효가 육합인 괘를 말한다.

▶육합괘의 대표적인 괘가 지천태다.

▶육합괘이긴 하나 3효에서 辰土 兄이 持世하고 월일이 모두 兄을 帶하니 재수를 말하기 어렵다.

4) 동효와 변효가 합이 되는 경우

(객지에 계신 아버지가 언제 돌아오실까)
乾爲天 ! 天風姤

父戌 /
兄申 /
官午 / 應
兄酉 /
孫亥 /
孫子父丑╳ 世

巳月 丙辰日

▶초효 丑土 父가 용신이다.

▶용신이 발동하여 子水 子孫을 화출한 뒤 子丑 육합을 이루고 공망에 들었다.

▶출공 후 午일에 도착하겠다. 합자는 冲日에 응하기 때문이다.

5) 육충이 변해 육합이 되는 경우

(자식 병점)
天地否 ! 乾爲天

父戌 / 世
兄申 /
官午 /
財卯父辰╳ 應
官巳財寅╳
父未孫子╳

午月 乙未日

▶초효 子水 子孫이 용신이다.

▶용신이 월파를 당하는 가운데 회두극을 받으니 매우 흉하다.

▶일진이 克하니 오늘 흉사가 있으리라.

▶육충이 육합으로 바뀌니 길하다고 할 수 있을 것 같다. 그러나 필자의 경험으로 볼 때 육합·육충괘란 형식에 얽매이기보다는 오행의 생극제화의 이치에 초

점을 두고 판단하는 것이 옳다고 하겠다.

6) 육합이 변해 육합이 되는 경우

(소송점)
火山旅 ! 山火賁

官寅 /
財子 //
孫酉兄戌 X 應
財亥 /
兄丑 //
兄辰官卯 X 世

亥月 丁丑日

▶육합괘이긴 하나 世와 應이 함께 動한 것은 서로 생각이 다르다는 뜻이다.

▶그러나 動한 뒤 다시 육합괘가 되니 서로 분쟁을 끝내고 싶어 한다.

▶현재는 酉金이 공망이라 상대(應)의 의사가 불투명하다. 출공하는 酉일에 합의하리라.

(17) 육충괘

육충괘에도 여섯 가지가 있다.

1) 일월이 효를 冲하는 경우

(자식을 얻겠는가)
天火同人 ! 澤火革

官戌官未 X
父酉 /
兄亥 / 世
兄亥 /
官丑 //
孫卯 / 應

巳月 癸酉日

▶초효 卯木 子孫이 용신이다.

▶용신이 巳월에 휴수된 가운데 日辰의 冲을 받으니 日破라 무력하다.

▶子孫의 원신 亥水 兄은 6효에서 未土 官이 動해 진신이 되면서 克하는데다 공망이라 무력하다.

▶용신과 원신이 둘 다 무력하니 어찌 자식을 얻을 수 있으랴.

2) 동효가 효를 冲하는 경우

(처 병점) 火地晋 ! 澤地萃 官巳父未 ╳ 父未兄酉 ╳ 應 孫亥 / 財卯 // 官巳 // 世 父未 // 寅月 丁亥日

▸3효 卯木 財가 용신이다.

▸5효에서 酉金 兄이 발동, 회두생이 되면서 용신을 冲克하니 불안하다.

▸그러나 寅월에 힘이 없는 未土가 공망을 만나니 진공이라 酉金도 맥을 못춘다.

▸丑일에 쾌유하리라. 丑土가 未土 구신을 제거하고 酉金 기신을 입묘시키기 때문이다.

3) 동효와 변효가 冲하는 경우

(교통사고로 입원 중인 자식의 생사 여부) 地天泰 ! 風天小畜 官酉兄卯 ╳ 父亥孫巳 ╳ 財未 // 應 財辰 / 兄寅 / 父子 / 世 酉月 癸未日

▸5효 巳火 子孫이 용신이다.

▸용신이 動해 회두극을 당하고, 6효에서 원신인 卯木 兄도 발동해 회두극을 당하니 대흉하다.

▸초효에서 父가 持世하는 것은 자식에 대한 희망을 이미 버렸다는 뜻이다.

▸현재는 6효의 변효 酉金이 공망이니 무방하나, 출공하는 酉일 흉사가 있으리라. 과연 酉일에 사망했다.

4) 육합이 변해 육충이 되는 경우

(남편 승진점) 乾爲天 ! 地天泰 兄戌孫酉 ╳ 應 孫申財亥 ╳ 父午兄丑 ╳ 兄辰 / 世 官寅 / 財子 / 丑月 壬子日

▸육합괘가 육충괘로 변하면 先合後散한다하나 꼭 그러한 것은 아니다.

▸2효 寅木 官이 용신이다.

▸4효에서 丑土 兄이 발동해 6효 酉金 子孫을 生하고, 酉金 자손은 다시 발동해 5효 亥水 財를 生한다.

▸또 亥水 財가 발동해 용신을 生하니

대길하다.

▶현재는 寅木 官이 공망이라 출공 후 寅월이 되어 득기(得氣)하면 꼭 승진하리라.

5) 육충괘

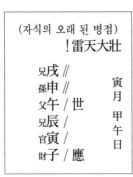

(자식의 오래 된 병점)
!雷天大壯

兄戌 //
孫申 //
父午 / 世
兄辰 /
官寅 /
財子 / 應

寅月 甲午日

▶초효와 4효,2효와 5효, 3효와 6효가 六冲인 괘다.

▶5효의 申金 子孫이 용신이다.

▶오래된 병(久病)에 육합괘면 죽지 않지만, 육충괘면 바로 죽는다.

▶용신 申金이 月破를 당하고 日辰의 克을 받으니 대흉하다.

6) 육충이 변해 육충이 되는 경우

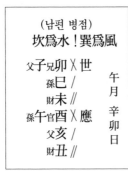

(남편 병점)
坎爲水 ! 巽爲風

父子兄卯 X 世
孫巳 /
財未 //
孫午官酉 X 應
父亥 /
財丑 //

午月 辛卯日

▶육충괘가 변해 다시 육충괘가 되니 흉하다.

▶3효 酉金 官이 용신이다.

▶용신이 발동해 회두극을 당하고, 6효에서 兄이 발동해 冲하니 매우 불안하다.

▶현재는 3효 변효인 午火가 공망이라 무방하나, 출공하는 甲午일 흉사가 있으리라.

(18) 원신을 쓰지 못하는 5가지 경우

1) 원신이 휴수(休囚)하고 動하지 않을 때

(재수점)
! 天地否

父戌 / 應
兄申 /
官午 /
財卯 // 世
官巳 //
父未 // (子孫)

午月 丁未日

▶卯木 財가 持世함은 본인이 현재 재물을 갖고 있다는 뜻이다.

▶그러나 卯木 財가 午월에 휴수되고 日墓에 들어 흉하다.

▶게다가 원신인 子水 子孫이 초효 未土 父 아래 복신인데, 月破되고 日辰의 克을 받으니 무력하다.

▶재수를 말하기 어렵다.

2) 원신이 공망이나 月破를 만날 때

(고모 병점)
水火旣濟 ! 水山蹇

孫子 //
父戌 /
兄申 // 世
兄申 /
官午 //
財卯父辰 X 應

子月 丁亥日

▶초효 辰土 父가 용신이다.

▶2효에서 辰土의 원신인 午火 官이 月破를 만나고 日辰의 克을 받은 뒤 공망에 떨어지니 진공이다.

▶또 용신 辰土 父는 발동해 卯木 財를 화출, 회두극이 되니 卯일을 견디기 어렵겠다.

3) 休囚된 원신이 退神될 때

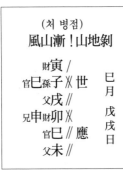

(어머니 병점)
震爲雷 ! 澤雷隨

財未 // 應
官申官酉 ╳
父亥 /
財辰 // 世
兄寅 //
父子 /

寅月 己巳日

▶日辰이 冲하는 4효 亥水 父가 용신이다.

▶亥水 父가 寅월에 휴수되고 공망인 가운데 日辰의 冲을 받으니 진공이요, 日破다.

▶5효의 원신 酉金은 寅월에 絶地가 되고 日辰의 克을 받은 가운데 퇴신이 되니 힘이 없다. 용신에게 전혀 도움이 안된다.

4) 원신이 쇠하고 絶地에 빠질 때

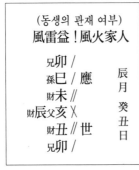

(처 병점)
風山漸 ! 山地剝

財寅 /
官巳孫子 ╳ 世
父戌 //
兄申財卯 ╳
官巳 // 應
父未 //

巳月 戊戌日

▶3효에서 발동하는 卯木 財가 용신이다.

▶5효에서 원신 子水 子孫은 巳월에 휴수되고 日辰의 克을 받은 중 발동하여 絶地에 빠지니 무력하다.

▶현재는 변효 巳火 官이 공망이라 괜찮지만 출공하는 乙巳일 위태롭다.

5) 원신이 발동하여 入墓될 때

(동생의 관재 여부)
風雷益 ! 風火家人

兄卯 /
孫巳 / 應
財未 //
財辰父亥 ╳
財丑 // 世
兄卯 /

辰月 癸丑日

▶지금 동생이 경찰서에 있는데 구속여부를 물어 나온 괘다.

▶초효 卯木 兄이 용신이다.

▶3효에서 亥水 원신이 辰월과 丑일의 克을 받은 가운데 스스로 動해 화묘(化墓)에 드니 대흉하다.

▶卯木 兄이 출공하는 내일 구속되리라.

(19) 간효(間爻)

＊＊ 世와 應 중간에 있는 爻가 간효다. 世와 應 중간에서 용신이 발동, 生世하면 매사 순조롭다. 그러나 世와 應 중간에서 기신이 動해 克世하면 매사 불성(不成)이다.

(재수점)
水雷屯 ! 水澤節

兄子 //
官戌 /
父申 // 應
官丑 //
孫寅孫卯 ╳
財巳 / 世

寅月 癸卯日

▶世와 應 중간에서 2효 卯木 子孫이 발동, 生世하니 재수가 있다.

▶그러나 현재는 世가 공망이라 때가 아니다.

▶출공하는 甲辰일 재수가 있겠다.

(재수점)
火地晋 ! 天地否

父戌 / 應
父未兄申 ╳
官午 /
財卯 // 世
官巳 //
父未 //

戌月 戊辰日

▶3효에서 卯木 財가 持世한 가운데 世와 應 중간에서 5효 申金 兄이 발동, 克世하니 손재(損財)를 면하지 못한다.

＊＊ 世가 월일에 生扶되고, 용신이 生合하면 계획하는 일이 순조롭게 이뤄진다. 그러나 진공(眞空)과 月破를 만나면 흉하고 형충극해되면 매우 불길하다.

(자기 병점)
水火旣濟 ! 水天需

財子 //
兄戌 /
孫申 // 世
兄辰 /
兄丑官寅 X
財子 / 應

卯月 戊寅日

▶4효에서 申金 世가 卯월에 絶地가 되고, 寅일이 2효에서 발동해 世를 冲하니 불길하다.

▶출공일인 甲申일을 넘기지 못하리라.

(20) 지세(持世)

****** 父가 持世하면 父는 子孫을 克害하는 신이므로 子孫을 求하고 처첩(妻妾)을 求하는 데 불리하다. 日月 官이 生하고 財가 旺한 가운데 발동하면 구재(求財)에는 길하다. 그러나 괘 중에 官이 없고 旺한 財가 발동하면 구처(求妻)나 구재(求財)는 커녕 목숨까지 위태롭다.

(자식이 있겠는가)
天澤履 ! 兌爲澤

父戌父未 X 世
兄酉 /
孫亥 /
父丑 // 應
財卯 /
官巳 /

午月 辛未日

▶父가 持世함은 子孫을 용납하지 않는다는 뜻이다.

▶未土 日辰이 6효에서 父를 帶하고 발동, 子孫을 극해한다.

▶게다가 4효 亥水 子孫은 午월 絶地이고 日辰의 克을 받아 진공에 빠지니 어찌 자식을 얻을 수 있겠는가.

▶자식을 얻으려 할 것이 아니라 처(妻)를 지켜라. 2효 卯木 財의 원신인 4효 亥水 子孫이 무력한 데다 卯木이 일묘(日墓)에 빠지니 처(妻)를 보존하기 어렵겠다. 酉월에 별거에 들어간 괘다.

(재수점) 火風鼎 ! 澤風大過	
孫巳財未 乂 財未官酉 乂 父亥 / 世 官酉 / 父亥 / 財丑 // 應	申月 乙未日

▸용신은 6효 未土 財다.

▸용신이 日辰을 帶하고 발동해 5효 酉金 官을 生하고, 酉金 官은 발동해 財를 화출하면서 生世한다.

▸발동한 未土 財와 酉金 官은 각각 회두생을 받으니 힘이 더욱 강하다. 천금(千金)을 얻을 괘다.

▸그러나 현재는 巳火 子孫이 공망이므로 출공하는 乙巳일 좋은 소식이 있겠다.

**** 子孫이 持世하면 편하고 피란 · 도망에도 길하나, 구명(求名) 구관(求官)에는 불리하다. 子孫이 持世하더라도 원신의 生이 끊기고 다른 효(爻)의 克을 받으면 도리어 근심만 생긴다.

(자기 병점) ! 火山旅	
兄巳 / 孫未 // 財酉 / 應 財申 / (亥官) 兄午 // 孫辰 // 世	巳月 己亥日

▸子孫은 질병을 물리치는 신(神)이다.

▸초효에서 世가 子孫을 帶하고 있으니 무엇을 걱정하랴.

▸약을 먹지 않아도 世가 출공하는 甲辰일이면 자연히 나을 것이다.

(시험점)
水澤節 ! 水雷屯

兄子 //
官戌 / 應
父申 //
官辰 //
孫卯孫寅 Ⅹ 世
兄子 /

寅月 丁巳日

▸용신은 4효 申金 父다.

▸용신이 月破를 당하고 日辰의 克을 받으니 대흉(大凶)하다.

▸게다가 持世한 子孫이 발동해 용신을 冲하면서, 父의 원신인 3효 辰土 官을 克하니 설상가상이다. 합격과는 거리가 멀다 하겠다.

(구직점)
地雷復 ! 坤爲地

孫酉 // 世
財亥 //
兄丑 //
官卯 // 應
父巳 //
財子兄未 Ⅹ

亥月 庚子日

▸용신은 3효 卯木 官이다.

▸官을 충극하는 6효 酉金 子孫이 持世하니 관운을 말하기 어렵다.

▸子孫은 官을 거부하는 신(神)이다.

** 관귀(官鬼)가 持世하고 휴수절패되면 만사(萬事)가 불안하고 신수(身數)점에는 병 아니면 관재(官災)가 있다. 그러나 官이 持世하고 旺相하면 공명(功名) · 구관(求官) · 구직(求職)에는 가장 길하다. 만일 持世한 官鬼가 일묘(日墓) · 동묘(動墓) · 화묘(化墓)에 들면 근심이 끊일 날이 없으나 日辰이 墓를 冲하면 별일은 없다. 무난하다.

(자기 병점)
火風鼎 ! 天山遯

父戌 /
父未兄申 Ⅹ 應
官午 /
兄申 /
孫亥官午 Ⅹ 世(寅財)
父辰 //

亥月 辛未日

▸용신은 2효 午火 世다. 그런데 官이 持世하니 지병이 있다.

▸용신이 발동해 亥월의 회두극을 받고, 원신인 寅木 財는 복신이라 매우 불안하다.

▸현재는 世를 회두극하는 亥水가 공망이라 괜찮다. 그러나 출공하는 乙亥일이면 위험하리라.

(승진점)
山火賁！山天大畜

官寅 /
財子 // 應
兄戌 //
兄辰 /
兄丑官寅 X 世
財子 /

寅月 癸亥日

▸용신은 2효 寅木 官이다.

▸용신이 持世하고 월일의 生扶를 받아 旺한 가운데 발동하니 반드시 승진하리라.

▸官이 持世함은 관운이 있다는 얘기다.

(신수점)
水火旣濟！水地比

財子 // 應
兄戌 /
孫申 //
財亥官卯 X 世
父巳 //
官卯兄未 X

未年 寅月 乙未日

▸官鬼가 持世하면 보통 사람의 경우 근심, 걱정, 질병, 재앙이 몸에 붙어 있다는 뜻이다.

▸未년, 未일이 초효에서 兄을 帶하고 발동, 世를 입고(入庫)시키니 1년이 고통스럽겠다.

▸특히 未월에는 재물로 인한 관재(官災)가 우려된다.

** 財가 持世하면 재수점에 길하다. 兄이 교중된 상태에서 발동하면 손재(損財)를 면하기 어렵다. 子孫이 動하면 재수는 더 있으나 父(문서)는 상(傷)한다.

(재수점)
水山蹇！風火家人

父子兄卯 X
孫巳 / 應
財未 //
父亥 /
財丑 // 世
財辰兄卯 X

寅月 丙寅日

▸2효에서 丑土 財가 持世함은 내가 재물을 가지고 있다는 얘기다.

▸그러나 卯木 兄이 초효와 6효에서 교중돼 발동하니 손재(損財)가 클 것이다.

▸게다가 持世한 丑土 財는 월일의 克을 받아 무력하다. 卯월에 파산한 괘다.

(재수점)
坎爲水！澤水困

父未 //
兄酉 /
兄申孫亥 ╳ 應
官午 //
父辰 /
財寅 // 世

亥月 乙丑日

▸초효에서 寅木 財가 持世하고 4효에서 亥水 子孫이 발동, 生世하니 재물이 끊이지 않는다. 대사업가가 얻은 괘다.

(신랑 병점)
坎爲水！澤水困

父未 //
兄酉 /
兄申孫亥 ╳ 應
官午 //
父辰 /
財寅 // 世

亥月 甲子日

▸亥월이 4효에서 動하여 3효 午火 官을 克하고 子일이 日破시키니 백약(百藥)이 무효다.

▸未일을 주의하라. 冲者는 合일에 일이 이뤄진다.

** 兄이 持世하면 재물을 얻고 처첩(妻妾)을 구하는 데 어려움이 많다. 官鬼가 발동하면 화(禍)가 오고, 官에 주작이 臨하면 관재구설(官災口舌)이 따른다. 兄이 旺한 가운데 발동하면 손재(損財), 극처(克妻)를 면하기 어렵다.

(신수점)
地火明夷！水火旣濟

兄子 // 應
兄亥官戌 ╳
父申 //
兄亥 / 世
官丑 //
孫卯 /

巳月 辛未日

▸보통 사람은 官이 持世하거나 발동함을 꺼린다.

▸3효 亥水 世는 月破를 당하고 日辰의 克을 받는 가운데 진공을 만나니 무력하기 짝이 없다.

▸게다가 5효 戌土 官이 발동, 克世하니 매우 흉하다.

▶戊土 官이 출공하는 甲戌일 반드시 관재(官災)가 있으리라.

(승진점) 地火明夷！水火旣濟	
兄子 // 應 兄亥官戊 Ⅹ 父申 // 兄亥 / 世 官丑 // 孫卯 /	酉月 庚子日

▶3효 亥水 世는 日月의 生扶를 받으니 매우 旺하다.

▶5효에서 戊土 官이 발동, 旺한 世를 克하니 반드시 승진하리라.

▶소망점에서 용신이 克世하면 소망이 빨리 이뤄진다.

▶그러나 만일 世가 약할 경우 官이 발동해 克世하면 어찌 길하다 하리요,

(21) 세응의 상생상극과 공망

** 世應이 相生하면 길하고 相剋하면 흉하다. 世應이 비화(比和)하면 만사가 순조롭고 계획하는 일이 쉽게 이뤄진다. 應이 발동, 克世하면 남이 나를 불신(不信)함이요, 世가 발동해 應을 克하면 내가 남을 불신(不信)한다는 뜻이다. 應이 공망이면 남의 마음을 믿기 어렵고, 世가 공망이면 내가 뜻이 없음을 말한다.

(평생 재수점) 水澤節！澤水困	
父未 // 兄酉 / 兄申孫亥 Ⅹ 應 官午 // 父辰 / 官巳財寅 Ⅹ 世	申月 甲寅日

▶초효에서 寅木 財가 持世한 가운데 日辰을 帶하고 발동하니 길하다.

▶여기에다 4효 亥水 子孫이 월의 生을 받아 旺한 가운데 발동, 生世하니 참으로 아름답다.

▶財源이 끊이지 않는 괘상으로 평생 천금(千金)을 희롱하리라.

(신랑 병점)
天雷无妄 ! 天火同人
孫戌 / 應
財申 /
兄午 /
孫辰官亥 ╳ 世
孫丑 //
父卯 /
巳月 甲辰日

▶용신은 3효 亥水 官이다.

▶용신 亥水 官이 月破를 당한 데다 발동해 日墓·化墓에 빠지니 매우 불길하다.

▶게다가 6효 戌土 子孫이 暗動, 官을 克하니 전혀 구출될 여지가 없다.

▶오늘 戌時를 넘기기 어렵겠다.

(동업점)
地澤臨 ! 地風升
官酉 //
父亥 //
財丑 // 世
財丑官酉 ╳
父亥 /
孫巳財丑 ╳ 應
辰月 癸巳日

▶世와 應이 丑土 財로 比和되니 나와 상대방의 뜻이 같다 하겠다.

▶동업에 유망하다.

▶초효 應이 발동하니 상대방이 동업에 더 적극적인 자세를 보인다.

(동업점)
地火明夷 ! 離爲火
財酉兄巳 ╳ 世
孫未 //
孫丑財酉 ╳
官亥 / 應
孫丑 //
父卯 /
申月 辛亥日

▶6효 巳火 世가 발동해 3효 亥水 應을 冲하나, 應이 日月의 生扶를 받아 旺하니 冲을 당하지 않는다.

▶또 巳火 世는 발동한 가운데 日辰의 冲을 받아 冲散이 되니 힘이 약해진다.

▶오히려 應이 世를 克하는 꼴이라 상대방이 나를 가볍게 보거나 불신한다.

▶巳火 世가 兄인데 발동해 酉金 財를 화출함은 내가 재물을 탐하고 있음을 나타낸다.

▶巳火 世가 巳酉丑 재국(財局)을 이루거나, 持世한 兄이 발동해 財를 克함도 같은 뜻이다.

▶육충괘라 동업은 안 된다. 게다가 兄이 持世하니 더더욱 흉하다.

(동업점)
風火家人 ! 艮爲山

官寅 / 世
父巳財子 X
兄戌 //
孫申 / 應
父午 //
官卯兄辰 X

寅月 辛巳日

▶3효 申金 應이 月破를 당하고 日辰의 克을 받은 중 진공을 만나니 동업할 뜻이 전혀 없다.

▶5효에서 世의 원신인 子水 財가 日月에 휴수된 가운데 발동해 絶地에 빠지니 무력하다.

▶應의 원신인 辰土 兄이 초효에서 발동해 회두극을 당하니 역시 무력하다.

▶동업이 될 수가 없다.

(22) 괘신(卦身)

＊＊ 卦身을 찾을 때에는 世효의 음양(陰陽)과 위치가 기준이 된다. 괘상에서 世효가 양이면 초효를 子月로 잡고 위로 올라가면서 丑寅卯辰巳…를 붙여나간다. 世효에 해당하는 지지가 괘신이다. 괘신은 '××월괘'로 나타낸다.

예컨데 世효가 5효에 위치하고 양일 경우 괘신은 辰월괘다. 世효가 4효이고 양이면 괘신은 卯월괘다. 世효가 음이면 초효를 子가 아니라 午月로 잡고, 위로 올라가면서 未申酉戌亥를 붙여 나간다. 世효에 해당하는 지지가 괘신이다.

＊＊ 卦身이 子孫(福德)에 臨하면 눈 앞의 흉사(凶事)가 점차 변해 길하게 된다. 卦身이 원신의 도움을 얻고 克을 받지 않으면 만사(萬事)가 순조롭다. 卦身 효가 역마를 帶하고 발동하면 길에 나가 계획하는 일이 만사 형통한다. 卦身이 가장 꺼리는 것은 공망과 형충극해를 받음이니 이렇게 되면 만사불성이다.

卦身이 旺相하면 계획하는일이 규모가 크나 卦身이 衰絶되면 경영하는 일이 어설프다.

(신부감을 찾음)
坎爲水 ! 風水渙

官子父卯 ╳
兄巳 / 世
孫未 // (酉財)
兄午 //
孫辰 / 應
父寅 //

午月 乙亥日

▸卦身은 3월, 辰월 괘다.

▸卦身이 2효 辰土 子孫에 해당하니 몸은 편안하다고 보겠다.

▸그러나 5효에서 兄이 持世하고, 酉金財는 4효에 복신이면서 공망이니 처첩(妻妾)을 구하는 데는 좋지 않다. 재물을 얻는 것도 마찬가지다.

(여행하는 일이 있겠는가)
雷水解 ! 雷風恒

財戌 // 應
官申 //
孫午 /
孫午官酉 ╳ 世
父亥 / (寅兄)
財丑 //

酉月 丙申日

▸卦身은 1월괘로 2효 아래 복신인 寅木 兄에 해당한다.

▸寅이 역마를 帶하니 여행수가 있다.

▸그러나 寅 卦身이 兄이라 낭비가 많겠다.

(승진점)
! 雷風恒

財戌 // 應
官申 //
孫午 /
官酉 / 世
父亥 / (寅兄)
財丑 //

酉月 丙申日

▸卦身은 1월괘다. 용신은 官이다.

▸3효 酉金 官이 持世한 가운데 월일이 도우니 길한 괘상이다.

▸그러나 酉월이 卦身을 克하고, 다시 申일이 卦身을 冲하니 승진에 어려움이 있겠다.

(23) 비신(飛神)과 복신(伏神)

** 비신이 복신을 生하는 것만 길하고 다른 관계는 모두 흉하니 만사 불성이다. 복신이 月破되거나 진공이면 이미 끝난 일이니 더 이상 말하지 말라.

(종업원 가출점)
天澤履 ! 風澤中孚

官卯 /
父巳 / (子財)
父午兄未 X 世
兄丑 // (申孫)
官卯 /
父巳 / 應

申月 丙辰日

▸子水 財가 용신이다.

▸용신이 5효 巳火 父 아래의 복신인데 타궁외괘(他宮外卦)에 있다. 동남쪽으로 멀리 떨어진 尊長(부모나 윗어른) 집에 숨어 있다.

▸복신이 비신을 克하니 거처가 불안하다.

▸亥일 비신이 冲을 당하니 소식이 있겠고, 子일에 찾으리라. 복자(伏者)는 출현일에 성사(成事)되기 때문이다.

(아들 가출점)
山澤損 ! 山雷頤

兄寅 /
父子 // (巳孫)
財戌 // 世
財辰 // (酉官)
兄卯兄寅 X
父子 / 應

卯月 戊子日

▸용신은 5효 子水 父 아래 복신인 巳火 子孫이다.

▸복신이 비신의 克을 받으니 父의 핍박을 받고 있다.

▸아들은 巳火가 출현하는 巳일에 나타날 것이다. 아니면 출현 후 冲을 받는 亥일을 기다려라.

▸한편 2효에서 寅木 兄이 발동, 진신이 되니 집안에 손재가 있겠다.

(신랑 가출점)
山地剝 ! 山雷頤

兄寅 /
父子 //
財戌 // 世
財辰 // (酉官)
兄寅 //
財未父子 X 應

午月 辛巳日

▸용신은 酉金 官으로 3효 辰土 財 아래 복신이다.

▸용신이 비신 辰土와 生合하니 여자의 치마 폭에 숨어 있는 모습이다.

▸용신이 있는 곳이 타궁내괘(他宮內卦)니 근교에 있다.

▸午월이 酉金 官을 克하고, 다시 巳일이 克하는 가운데 진공이 되니 찾기는 어렵겠다.

▸초효에서 子水 父가 발동해 財를 화출하니 문서를 가지고 가출했다.

(24) 육효안정(六爻安靜)

** 六爻에 동효가 없으면 日月과 용신을 본다. 日月이 용신을 生扶하면 만사(萬事)가 순조롭게 이뤄진다. 그러나 日月이 용신을 형충극해하면 불리하니 매사에 근신해야 한다.

(어머니 병점)
!山雷頤

兄寅 /
父子 //
財戌 // 世
財辰 //
兄寅 //
父子 / 應

午月 甲戌日

▸5효 子水 父가 용신이다.

▸午월이 冲하고 戌일이 克하니 어찌 어머니를 구할 수 있으랴.

▸오늘도 흉하나 辰일은 피하지 못할 것 같다. 辰일은 용신 子水를 입고시키기 때문이다.

(아버지 병점)
!山雷頤

兄寅 /
父子 //
財戌 // 世
財辰 //
兄寅 //
父子 / 應

申月 甲子日

▸4효에서 戌土 財가 持世함은 내가 父를 용납하지 않는다는 뜻이다.

▸그러나 父가 申월의 生을 받고 日辰을 帶해 매우 旺하니 쾌유하리라.

▸정자(靜者)는 冲일을 기다려 성사(成事)되니 午일에 완치될 것이다.

(25) 육효난동(六爻亂動)

＊＊ 육효에서 爻가 난동(亂動)하면 일이 번잡해지나 용신의 生克만 잘 살피면 된다. 용신이 刑冲克害를 받으면 만사(萬事)는 허사가 된다.

(재수점) 水澤節 ! 火水未濟	
官子兄巳 〤 應	午月 戊寅日
孫戌孫未 〤	
財申財酉 〤	
兄午 // 世	
孫辰 /	
兄巳父寅 〤	

▶2, 3효만 빼고 4개의 효가 난동(亂動)했다.

▶용신은 4효 酉金 財다.

▶용신이 발동, 퇴신이 되면서 공망이 됐다.

▶또 용신 酉金은 午월의 克을 받고 寅일에는 絶地가 되니 진공이다.

▶게다가 兄이 持世하니 재수를 말할 여지가 전혀 없다.

(26) 기신(忌神)

＊＊ 기신은 무력해야 좋다. 따라서 정(靜)하고 휴수하면 길하고, 발동하고 旺하면 흉하다.

(당년 신수점) 水火旣濟 ! 風火家人	
父子兄卯 〤	寅月 辛酉日
孫巳 / 應	
財未 //	
父亥 /	
財丑 // 世	
兄卯 /	

▶2효에서 丑土 財가 持世함은 길하나, 6효에서 卯木 兄이 발동함은 불길하다.

▶卯木 兄이 발동, 克世하려 하나 日辰이 卯木 兄을 冲하니 冲散이다. 世를 克할 힘을 잃는다.

▶따라서 현재는 별일이 없으나 卯월이나 亥子월에 큰 손재가 있으리라.

▶卯월엔 兄이 발동하기 때문이요, 亥월엔 世의 원신인 巳火 子孫이 月破를 당하기 때문이며, 子월엔 원신 巳火가 克을 당하기 때문이다.

(27) 원신(原神)

**** 원신은 旺한 가운데 발동하면 길하다. 이때는 용신이 복신이어도 좋다. 원신이 刑冲克害를 받거나 공망을 만나면 만사(萬事)가 불리하다.**

(구직점)
天雷无妄 ! 風雷益

兄卯 / 應
孫巳 /
孫午財未 ╳
財辰 // 世(酉官)
兄寅 //
父子 /

辰月 乙巳日

▶용신은 3효 辰土 財 世 아래의 복신인 酉金 官이다. 비신 辰土 財는 원신이다.

▶월일의 生을 받아 旺해진 원신인 비신이 용신을 生하니 반드시 직장을 구하리라.

▶복자(伏者)는 출현일에 성사(成事)되니 酉일 낭보가 있겠다.

(28) 용신(用神) 공망(空亡)

**** 정(靜)한 효(爻)는 공망이면 공망이다. 그러나 동한 효(爻)는 공망이어도 공망이 아니다. 기신이나 구신이 공망을 만나면 좋고, 원신이나 용신이 공망이면 흉하다. 春土, 夏金, 秋木, 冬火는 휴수된 상태인데 이때 공망을 만나면 진공이 돼 완전히 무력해진다. 공망인 동효가 화공(化空)돼도 진공이니 이 때도 아무것도 이뤄지지 않는다.**

(시험점)
天水訟 ! 天澤履

兄戌 /
孫申 / 世
父午 /
兄丑 //
官卯 / 應
官寅父巳 X

戌月 戊申日

▸용신은 초효 巳火 父다.

▸용신이 발동해 克世하니 길하다.

▸그러나 용신 巳火 父가 발동해 화출된 寅木 官이 월에 휴수된 데다, 日辰의 冲을 받는 가운데 공망을 만나니 진공이다.

▸용신 巳火는 월일에 휴수돼 힘이 없다.

▸용신이 발동해 그대로 진공에 빠진 꼴이니 전혀 즐겁지 못하다.

(부모 병점)
山水蒙 ! 地水師

孫寅父酉 X 應
兄亥 //
官丑 //
財午 // 世
官辰 /
孫寅 //

未月 庚戌日

▸용신인 6효 酉金 父가 발동해 寅木 子孫을 화출하면서 絶地 · 공망에 빠지니 흉하다.

▸그러나 鬼殺인 3효 午火 財는 월일에 휴수돼 힘이 없고, 원신인 2효 辰土 官은 暗動해 용신을 生하니 다행스럽다.

▸용신이 월일의 生扶를 받아 旺하니 충분히 병을 이겨낼 수 있다.

▸6효 변효 寅木이 출공한 뒤 申일이 되면 寅木이 제거되니 쾌유하리라.

(재수점)
水火旣濟 ! 風火家人

父子兄卯 X
孫巳 / 應
財未 //
父亥 /
財丑 // 世
兄卯 /

戌月 丁巳日

▸재수점에는 兄이 발동함을 가장 꺼린다.

▸6효 卯木 兄이 발동해 子水 父를 화출하는데, 子水가 공망이라 현재는 별 일이 없다.

▸그러나 입동 후 亥월에 접어들고 子水가 출공하면 상당한 손재가 있으리라.

(29) 일진(日辰)

＊＊ 日辰은 점의 주재자(主宰者)다. 日辰이 용신을 克害하면 꾀하는 일이 불성(不成)하나, 日辰이 용신을 生扶하면 모든 일이 순조롭게 이뤄진다.

(시험점)
天火同人 ! 乾爲天

父戌 / 世
兄申 /
官午 /
父辰 / 應
父丑財寅 X
孫子 /

亥月 壬寅日

▶6효에서 용신 父가 持世하니 시험운은 있는 듯하다.

▶그러나 용신이 亥월에 휴수되고 日辰의 克을 받아 무력하니 흉하다.

▶게다가 2효에서 日辰 寅木 財가 발동, 용신을 克하니 설상가상이다.

▶아무래도 좋은 성적은 얻기 어렵겠다.

(재수점)
天火同人 ! 乾爲天

父戌 / 世
兄申 /
官午 /
父辰 / 應
父丑財寅 X
孫子 /

巳月 丙寅日

▶2효 寅木 財가 용신이다.

▶용신 寅木 財가 2효에서 日辰을 帶하고 發動하여 世爻를 剋해오니 반드시 財數가 있다.

▶현재는 戌土 世爻가 空亡이 되니 出空日인 甲戌日부터 재수가 있겠다.

(재수점)
! 乾爲天

父戌 / 世
兄申 /
官午 /
父辰 / 應
財寅 /
孫子 /

酉月 壬申日

▶용신인 2효 寅木 財를 酉월이 克하고 申일이 冲한다. 日破다.

▶용신이 무력하니 재수는커녕 손재(損財)가 클 것이다.

▶日克, 日破, 暗動을 잘 구분하라.

(30) 용신 발동(用神 發動)

∗∗ 용신이 발동하면 휴수되어도 흉하지 않다. 生扶를 받는 시기가 오면 꾀하는 바가 이뤄진다.

(신부감을 얻는 점)
坎爲水！水澤節

兄子 //
官戌 /
父申 // 應
官丑 //
孫卯 /
孫寅財巳 X 世

亥月 甲子日

▸용신인 초효 巳火 財가 月破를 당하고 子일의 克을 받으니 매우 흉하다.

▸그러나 자세히 살펴보면 巳火 財가 持世하고 발동해 회두생을 받으니 생기(生氣)가 있다.

▸내년 巳월이 되면 반드시 현처(賢妻)를 얻으리라.

(31) 육친 발동(六親 發動)

∗∗ 父가 발동하면 子孫을 克하니 자식이나 약을 얻기 어렵다. 또 子孫은 財의 원신이므로 처(妻)나 재물을 구하는 데도 불리하다. 그러나 시험과 문서 등을 구하는 데는 길하다.

(재물점)
澤地萃！澤水困

父未 //
兄酉 /
孫亥 / 應
官午 //
官巳父辰 X
財寅 // 世

未月 丙辰日

▸초효에서 용신 寅木 財가 持世하니 재물과 인연이 있다 하겠다.

▸그러나 寅木 財 용신이 일월에 휴수되니 무력하다.

▸게다가 2효에서 辰土 父가 日辰을 帶하고 발동, 원신인 子孫을 克하면서 입고시키니 財의 근본이 망가졌다.

▸현재는 재수를 말하지 말라.

(아들을 얻는 점)
天水訟！澤水困

父戌父未 ╳
兄酉 /
孫亥 / 應
官午 //
父辰 /
財寅 // 世

午月 丁未日

▶용신인 4효 亥水 子孫이 午월에 絶地이고 日辰의 克을 받으니 흉하다.

▶여기에다 6효 未土 父가 日辰을 帶하고 발동, 진신이 되면서 용신을 克하니 설상가상(雪上加霜)이다.

▶자식을 얻기 어렵겠다.

(시험점)
天山遯！澤山咸

七 父戌父未 ╳ 應
句 兄酉 /
朱 孫亥 /
青 兄申 / 世
玄 官午 //
白 父辰 //

午月 庚戌日

▶용신인 未土 父가 6효에서 발동, 진신이 되면서 生世하니 반드시 합격한다.

▶용신 未土는 庚일의 천을귀인이요, 청룡이 持世하니 좋은 성적으로 합격하리라.

** 官鬼가 발동하면 兄을 克하니 兄弟가 불안하고, 子孫도 괴로우며, 농어업도 불안하다. 송사(訟事)에서는 관재(官災)가 두렵고 구설(口舌)이 분분하다. 그러나 승진에는 좋고 구관(求官)에도 길하다.

(재수점)
澤水困！雷水解

財戌 //
官酉官申 ╳ 應
孫午 /
孫午 //
財辰 / 世
兄寅 // (子父)

戌月 庚戌日

▶재수를 묻는 점인데 5효에서 官鬼가 발동한 것은 그럴만한 이유가 있다고 봐야 한다.

▶動者는 先生後克한다. 그러나 여기서는 生을 받을 父가 복신이므로 克할 대상을 찾는다.

▶동효 官鬼는 초효 寅木 兄을 친다. 寅木 兄은 戌월, 戌일에 휴수된 가운데 공

망을 만나니 진공과 같다.

▶따라서 형제에게 반드시 문제가 있을 것이다. 寅木 兄이 출공하는 甲寅일을 주의하라. 寅木 兄을 克해 오는 官鬼가 역마를 帶하니 특히 교통사고가 우려된다.

▶2효에서 財가 持世하나 月破, 日破를 당하니 재수는 도저히 말할 수 없다.

(자식을 얻는 점)
地水師 ! 雷水解

財戌 //		申月 乙酉日
官申 //	應	
財丑孫午 X		
孫午 //		
財辰 /	世	
兄寅 //		

▶용신인 4효 午火 子孫이 월일에 휴수된 가운데 공망이다.

▶원신인 초효 寅木 兄은 月破되고 酉일의 克을 받으니 무력하다.

▶자식을 얻는 것은 숲에서 물고기를 구함과 같다.

(승진점)
地火明夷 ! 水火旣濟

兄子 //	應	申月 戊戌日
兄亥官戌 X		
父申 //		
兄亥 /	世	
官丑 //		
孫卯 /		

▶용신은 5효 戌土 官이다. 용신이 日辰을 帶하고 발동, 克世하니 매우 길하다.

▶3효 亥水 世는 申월의 生을 받아 旺하다.

▶오늘 중 좋은 소식이 있겠다.

** 子孫이 발동하면 求妻 · 求子에는 대길하다. 또 송사(訟事)에는 화해가 이뤄지므로 관청에 가지 않는다. 병자(病者)는 좋은 의사를 만나고 재앙은 물러간다. 그러나 求名 · 求官에는 흉하다.

(자기 병점) 坎爲水 ! 澤水困 父未 // 兄酉 / 兄申孫亥 ╳ 應 官午 // 父辰 / 財寅 // 世 戌月 丁丑日

▸용신인 寅木 世가 월일에 휴수되니 병이 심하다.

▸그러나 원신인 亥水 子孫이 4효에서 발동, 生世하니 절처봉생(絶處逢生)이다.

▸그런데 변효 申金 兄이 공망이라 亥水 子孫도 공망이다. 따라서 입동(入冬)이 지나 亥월에 접어들고 출공하는 甲申일이 되면 귀인을 만나 치유되리라.

(여자의 결혼점) 地風升 ! 水天需 財子 // 財亥兄戌 ╳ 孫申 // 世 兄辰 / 官寅 / 兄丑財子 ╳ 應 申月 壬戌日

▸여자가 묻는 결혼점에서는 官이 용신이다.

▸子孫은 夫를 克하는 기신이다. 따라서 子孫이 持世함은 官을 배척함이요, 지아비를 맞아들일 생각이 없다는 얘기다.

▸申월이 寅木 官을 冲破하는 가운데 5효에서 戌土 兄이 발동, 官의 원신인 亥·子水 財를 克한다.

▸용신과 원신이 둘 다 무력하니 어찌 결혼이 이뤄지겠는가.

(구관점) 火雷噬嗑 ! 火山旅 兄巳 / 孫未 // 財酉 / 應 孫辰財申 ╳ 兄午 // 官子孫辰 ╳ 世 巳月 辛未日

▸求官占에서는 子孫은 기신이다. 기신인 子孫이 持世하니 직장을 말할 필요도 없다.

▸또 초효 辰土 世가 발동해 화출한 子水 官이 巳월에 絶이 되고 日辰의 克을 받으니 무력하다.

＊＊ 財가 발동하면 만사를 경영하는데 대길(大吉)하고 처첩(妻妾)과 재물을 구하는 데도 좋다. 그러나 구명(求名)과 시험, 부모에게는 흉하다.

(언제부터 재수 있겠나)
風地觀 ! 水地比

官卯財子 ╳ 應
兄戌 /
孫申 //
官卯 // 世
父巳 //
兄未 //

亥月 己未日

▶용신인 6효 子水 財가 亥월의 도움을 받아 旺한 가운데 발동, 生世하니 길하다.

▶그러나 오늘은 3효 卯木 世가 日墓에 드니 묘(墓)를 沖하는 丑일부터 재수가 있겠다.

(시험점)
火雷噬嗑 ! 雷地豫

孫巳財戌 ╳
官申 //
孫午 / 應
兄卯 //
孫巳 //
父子財未 ╳ 世(子父)

亥月 甲子日

▶亥월은 용신 父가 旺한 달이라 길하다.

▶그러나 未土 財가 持世하니 내가 시험을 포기하거나 거부함과 같다.

▶게다가 財가 초효와 6효에서 교중돼 발동하니 합격은 기대하기 어렵겠다.

(父 병점)
雷火豊 ! 震爲雷

財戌 // 世
官申 //
孫午 /
父亥財辰 ╳ 應
兄寅 //
父子 /

午月 丁丑日

▶용신인 초효 子水 父가 午월에 月破되고 丑일의 克을 받으니 흉하다.

▶또 원신인 5효 申金 官도 午월의 克을 받은 중 공망이라 진공에 가깝다.

▶辰土 財가 발동, 克父하면서 입고시키니 辰일을 조심하라.

** 兄이 발동하면 克財하니 손재(損財)가 주위에서 머뭇거린다. 재수를 말하지 말라. 兄 動하면 求名 · 求官에도 좋지 않고, 구설(口舌)이 아니면 재앙(災殃)이 온다. 매매(賣買)나 求妻에도 기약이 없다. 다만 부모 병과 자손 일에는 길하다.

(재수점)
山水蒙 ! 火水未濟

兄巳 / 應
孫未 //
孫戌財酉 ╳
兄午 // 世
孫辰 /
父寅 //

巳月 戊辰日

▶3효 午火 兄이 持世하니 내가 재물을 거부한다는 얘기다.

▶4효 酉金 財가 발동, 日辰과 합되니 재물이 있더라도 남의 재물이다. 나와는 무관하다. 日辰은 남(타인)이다.

(부모 병점)
兌爲澤 ! 天雷无妄

財未財戌 ╳
官申 /
孫午 / 世
財辰 //
兄卯兄寅 ╳
父子 / 應

卯月 庚戌日

▶부모의 병에는 財가 발동함을 꺼리는데, 6효에서 戌土 財가 日辰을 帶하고 발동, 克父하니 병세가 중하다.

▶그러나 2효에서 寅木 兄이 발동해 진신이 되면서 財를 克하니 절처봉생(絶處逢生)이다.

▶공망인 寅木 兄이 寅일 출공하면 치유되리라.

(32) 육수 발동(六獸 發動)

** 청룡이 용신이나 길신에 臨하면 소원을 이루기 쉽다. 그러나 기신이나 구신에 臨하면 해(害)가 되니 주색이나 도박으로 인한 재앙을 당한다.

(정부로부터 금융지원을 받을 수 있겠는가)

風地觀 ! 水地比

青	官卯財子 X	應	亥月 丙子日
玄	兄戌 /		
白	孫申 //		
匕	官卯 //	世	
句	父巳 //		
朱	兄未 //		

▸정부는 應으로 본다.

▸子水 財가 6효에서 日辰과 청룡을 帶하고 발동, 生世하니 반드시 지원이 있겠다.

▸日辰이 6효에서 발동하니 오늘 결정되겠다.

**** 주작이 발동하면 구설시비가 인다. 그러나 길신(吉神)이 주작을 帶하고 발동, 生世하면 덕(德)이 된다.**

(처와의 관계가 어떻게 될까)

兌爲澤 ! 澤雷隨

玄	財未 //	應	亥月 乙丑日
白	官酉 /		
匕	父亥 /		
句	財辰 //	世	
朱	兄卯兄寅 X		
青	父子 /		

▸2효에서 寅木 兄이 주작을 帶하고 발동, 진신이 되면서 3효 辰土 世를 克하니 내년 1월과 2월에 부인과 싸움이 심하겠다.

▸2효는 宅효이고 또 妻의 자리이기 때문이다.

**** 구진이 발동하면 부동산에 근심이 생기고 일에 진척이 없다. 그러나 구진이 길신을 帶하고 발동, 용신을 生合하면 길하다.**

(이달 운수는 어떨까) 火天大有！火風鼎				
朱	兄巳	/		巳月 戊申日
青	孫未	//	應	
玄	財酉	/		
白	財酉	/		
匕	官亥	/	世	
句	官子孫丑	╳		

▶초효에서 丑土 子孫이 천을귀인인데다 구진을 帶하고 발동, 克世하니 반드시 논밭(땅)을 얻으리라.

▶丑일을 기다려라. 丑일에 應함은 丑土가 발동했기 때문이다.

＊＊ 등사가 官鬼에 臨하고 발동, 克世하면 근심이 얽키고 변괴가 일어난다. 그러나 길신을 帶하고 世를 生合하면 덕(德)이 크다.

(시험점) 天山遯！澤山咸				
匕	父戌父未	╳	應	子月 庚戌日
句	兄酉	/		
朱	孫亥	/		
青	兄申	/	世	
玄	官午	//		
白	父辰	//		

▶6효에서 未土 父가 발동, 진신이 되면서 3효 世를 生한다.

▶비록 6효에 등사가 臨하고 있으나 우수한 성적으로 합격하리라.

＊＊ 백호가 교중한 가운데 발동, 용신을 克하면 관재·소송이나 질병이 발생한다. 그러나 백호가 길신에 臨하여 발동, 世를 生合하면 꼭 불길하다 할 수 없다.

(동생 병점) 雷風恒 ! 雷山小過			
句	父戌 //		巳月 己丑日
朱	兄申 //		
青	官午 /	世	
玄	兄申 /		
白	孫亥官午 X		
七	父辰 //	應	

▸巳월에 용신 申金 兄이 무력하다.

▸2효와 4효에서 午火 官이 교중한 가운데 백호를 帶하고 발동, 용신을 克하니 흉하다.

▸게다가 申金 兄 용신이 日墓에 드니 대흉하다. 살아나기 어렵겠다.

▸巳일을 주의하라. 巳火가 2효 변효 亥水를 冲克하기 때문이다.

** 현무가 발동하여 克世하면 매사가 안개 속에 가려진 듯하고, 도적을 만나거나 흉사를 당한다. 그러나 유정(有情)하여 世를 生合하면 도리어 기쁨이 있다.

(오늘 출행하면 괜찮겠는가) 天火同人 ! 澤火革			
玄	官戌官未 X		午月 乙未日
白	父酉 /		
七	兄亥 /	世	
句	兄亥 /		
朱	官丑 //		
青	孫卯 /	應	

▸4효 亥水 世가 용신이다.

▸亥水 世가 午월에 絶이 된 가운데 未일 日辰이 6효에서 官鬼와 현무를 帶하고 발동, 克世하니 출행하면 흉하리라.

▸6효 官이 진신이 되니 흉은 더 할 것이다.

(33) 점 총결(占 總訣)

** 木이 用神일때 길성을 帶하면 봄에 즐거움이 있고, 火 官鬼가 발동하면 여름에 근심이 있다.

金이 財를 帶하고 나와 인연을 맺으면 가을에 재수가 있다.

水가 兄을 帶하고 나를 克하면 겨울에 손재(損財)를 당한다.

(승진점)
地火明夷 ! 地天泰

孫酉 // 應
財亥 //
兄丑 //
兄辰 / 世
兄丑官寅 X
財子 /

丑月 辛亥日

▶소원점에는 克世가 가장 좋다.

▶2효에서 寅木 官이 귀인을 帶하고 발동, 克世하니 寅월에 꼭 승진하리라.

(관재점)
火風鼎 ! 火地晋

官巳 /
父未 //
兄酉 / 世
兄酉財卯 X
孫亥官巳 X
父未 // 應

卯月 壬午日

▶4효 酉金 兄이 持世한 가운데 月破를 당하고 午일에 克을 받는 가운데 진공이 되니 매우 불길하다.

▶게다가 2효에서 巳火 官이 발동, 克世하니 巳월에 관재(官災)를 당하리라.

(재수점)
山風蠱 ! 火風鼎

兄巳 /
孫未 // 應
孫戌財酉 X
財酉 /
官亥 / 世
孫丑 //

巳月 己未日

▶2효 亥水 世가 月破를 당하고 未일의 克을 받으니 매우 난감한 처지다.

▶그러나 다행히 4효에서 酉金 財가 발동, 生世하니 절처봉생이다. 申, 酉월을 기다려라.

(재수점)
天水訟 ! 地水師

官戌父酉 X 應
父申兄亥 X
財午官丑 X
財午 // 世
官辰 /
孫寅 //

酉月 丙午日

▶3효 午火 財가 日辰을 帶하고 持世하니 현재 재수가 있는 괘상이다.

▶그러나 5효에서 亥水 兄이 발동, 持世한 財를 克하니 亥월에는 손재(損財)를 면하지 못하리라.

4. 쇄금부(碎金賦)

** 재수점에서 子孫이 발동하면 生財하니 좋다. 그러나 父動하면 흉하다. 용신 財를 克하는 兄을 生할 뿐 아니라, 財의 원신인 子孫을 克하기 때문이다.

兄動하면 財를 克하므로 흉하나 子孫이 발동하면 좋다. 兄이 子孫을 生하고, 子孫이 다시 財를 生하기 때문이다.

兄이 旺하면 財를 克해 나쁘지만 官이 발동하면 괜찮다. 그러나 다시 子孫이 발동해 官을 克하면 손재(損財)를 피하지 못한다.

坎爲水！澤水困
父未 //
兄酉 /
兄申孫亥 X 應
官午 //
父辰 /
財寅 // 世

▶초효에서 寅木 財가 持世하니 좋다.

▶4효에서 亥水 子孫이 발동해 申金 兄을 화출하니, 회두생(回頭生)을 받는다.

▶旺한 亥水 子孫이 寅木 財를 生하니 재수가 있다.

澤地萃！澤水困
父未 //
兄酉 /
孫亥 / 應
官午 //
官巳父辰 X
財寅 // 世

▶위의 예문 1과 같은 곤(困)괘이나 내용은 크게 다르다.

▶寅木 財가 持世하고 있으나 2효에서 辰土 父가 발동, 財의 원신인 4효 亥水 子孫을 克한다.

▶어찌 재수를 바랄 수가 있겠는가.

雷天大壯 ! 雷水解

財戌 //
官申 // 應
孫午 /
財辰孫午 X
財辰 / 世
父子兄寅 X

卯月 己酉日

▶2효에서 辰土 財가 持世해 좋은 상황이다.

▶그런데 초효에서 寅木 兄이 발동, 克財하니 좋지 않다고 보기 쉽다.

▶그러나 3효에서 午火 子孫이 발동하므로 초효 兄은 克財하지 않고 子孫을 生하고, 子孫은 다시 辰土 財를 生한다. 이를 탐생망극(貪生忘克)이라 한다.

▶따라서 재수는 있다.

火澤睽 ! 火水未濟

兄巳 / 應
孫未 //
財酉 /
兄午 // 世
孫辰 /
兄巳父寅 X

巳月 己酉日

▶3효 午火 兄이 持世하니 재수와는 거리가 멀다.

▶초효 寅木 父가 발동, 午火 兄을 生하니 매우 나쁜 상황이다.

▶그러나 亥子일이 되면 午火 兄이 冲動, 財를 克하니 손재(損財)를 면하기 어렵다.

兌爲澤 ! 震爲雷

財戌 // 世
官酉官申 X
孫午 /
財辰 // 應
兄卯兄寅 X
父子 /

辰月 甲申日

▶2효에서 寅木 兄이 발동, 진신이 되면서 財를 克하니 흉하다.

▶그런데 다행히 5효에서 日辰 申金 官이 발동, 寅木 兄을 克하니 괜찮다.

▶그러나 巳, 午월이 되면 5효 申金 官이 무력해지니 손재가 있겠다.

▶특히 子일을 주의하라. 子일이 되면 午火 子孫이 暗動, 약해진 官을 克하기 때문이다. 이 때 寅木 兄은 官의 제지를 받지 않고 마음껏 財를 克한다.

＊＊ 형제점에서 官動하면 兄을 克하므로 나쁘다. 그러나 官動하더라도 子孫이 발동하면 무사하다. 子孫이 官을 克하니, 官이 兄을 克하지 못하기 때문이다.

또 官動하더라도 父가 발동하면 괜찮다. 貪生忘克으로 官은 父를 生하고, 父는 다시 兄을 生하기 때문이다.

형제점에서는 財가 발동해도 좋지 않다. 발동한 財가 官을 生하기 때문이다. 財가 교중되고 官도 旺하면 兄은 심하게 克을 당하는 형국이라 매우 나쁘다.

澤地萃！雷水解

財戌 //
官酉官申 X 應
孫午 /
孫午 //
孫巳財辰 X 世
兄寅 //

▶2효에서 辰土 財가 발동, 5효 官을 生한다.

▶生을 받은 官이 발동, 초효 寅木 兄을 克하니 형제에게 문제가 있다.

▶그러나 財動, 生官하더라도 官이 발동하지 않으면 형제에게 아무런 문제는 없다.

(형제 병점)
山火賁！山天大畜

官寅 /
財子 // 應
兄戌 //
兄辰 /
兄丑官寅 X 世(午父)
財子 /

亥月 庚子日

▶3효에서 辰土 兄이 공망이니 용신이다.

▶용신 辰土 兄이 亥월에 무력하고 원신인 午火는 2효 寅木 官 아래 복신이다. 게다가 원신 午火는 亥월의 克과 子일의 破를 당해 완전히 무력해졌다. 日破를 당한 것이다.

▶이런 상황에서 월일의 힘을 얻은 2효 寅木 官이 발동, 용신을 克하니 대흉하다.

▶용신이 甲辰일 출공한 뒤 丙午일이면 일을 당한다. 伏者는 출현하는 날에 應하기 때문이다. 伏된 午火 원신이 丙午일에 출현하면 亥월의 克을 받고, 子일의 破를 당해 무력해지는 것이다.

(형제 병점)
雷火豊 ! 水火旣濟

兄子 // 應
父申官戌 X
財午父申 X
兄亥 / 世
官丑 //
孫卯 /

午月 己亥日

▶3효에서 亥水 日辰이 持世하니 亥水 兄이 용신이다.

▶亥水 兄이 午월에 절지를 만난 가운데 5효에서 戌土 官이 발동하니 매우 흉하다.

▶그러나 4효 申金 父가 발동하니 탐생망극 원칙에 따라 5효 戌土 官은 兄을 克하지 않고 父를 生한다.

▶문제는 발동한 4효 申金 父가 회두극을 당한 것이다. 스스로 지탱하기가 힘든 상황이기 때문이다.

▶따라서 이달을 넘기고 소서가 지나면 병세가 호전되고 입추 후 子일이 되면 쾌유한다고 본다.

▶그 이유는 이렇다. 소서가 지나면 4효 申金 父를 회두극하는 변효 午火 財가 무력해진다. 이어 申월이 되면 亥水 兄은 생기를 얻게 되고, 子일이면 더욱 힘이 강해지는데 반해 변효 午火 財는 완전히 무기력해지기 때문이다.

** 부모점에서 財가 旺하면 父를 克하는 여건이 되는데, 이때 兄이 발동하면 문제는 없다. 발동한 兄이 克財, 財가 父를 克하지 못하게 하기 때문이다.

그런데 財旺, 兄動 상황에서 子孫이 발동하면 兄은 子孫을, 子孫은 다시 財를 生하고, 生을 받은 財는 父를 克하므로 부모는 목숨을 보존하기 어렵다.

(숙모 병점)
天山遯 ! 風火家人

兄卯 /
孫巳 / 應
孫午財未 X
父亥 /
財丑 // 世
財辰兄卯 X

卯月 戊申日

▶숙모 병점에는 父가 용신이다.

▶3효 亥水 父가 卯월에 휴수(休囚)되는데 4효 未土 財가 발동, 克해오니 매우 나쁘다.

▶그러나 다행스런 것은 戊申 日辰이 父를 生하고, 卯월이 초효에서 발동해 父

의 귀살(鬼殺)인 財를 克하니 절처봉생(絶處逢生)이다. 亥일에 치유된다.

** 관을 用神으로 하는 점에서 子孫이 발동하면 官을 克하므로 흉하다. 그러나 財가 함께 動하면 괜찮다. 子孫이 官을 克하지 않고 財를 生하고, 財는 다시 官을 生하기 때문이다.

(관운)
火澤睽 ! 火風鼎

兄巳 /
孫未 // 應
財酉 /
孫丑財酉 X
官亥 / 世
兄巳孫丑 X

▸2효에서 亥水 官이 持世해 좋은 상황이다.

▸그런데 초효에서 丑土 子孫이 발동, 官을 克하니 나쁘다.

▸그러나 3효 酉金 財가 발동하니 발동한 子孫은 官을 克하지 않고 財를 生하고, 生을 받은 財는 다시 官을 生하니 앞날이 밝다.

** 신랑 병점에 官이 있으면 子孫이 교중 발동함을 꺼린다. 또 兄이 발동하면 子孫을 生하므로 흉하다.

(남편 병점)
水火旣濟 ! 天火同人

官子孫戌 X 應
財申 /
財申兄午 X
官亥 / 世
孫丑 //
父卯 /

午月 丁未日

▸3효 亥水 官이 용신이다.

▸용신이 午월의 絶地를 만나고, 2효에서 丑土 孫이 暗動하여 克世하고 6효에서 戌土 孫이 旺動하여 克世한다. 忌神이 內外卦에서 發動하여 克世하니 그 凶이 배가 된다.

▸설상가상으로 4효에서 午火가 月을 帶하고 旺動하여 忌神인 丑土와 戌土를 生하니 더더욱 凶하다.

▸오늘 巳시를 조심하라.

** 子孫점에서 父動하면 子孫을 克하니 나쁘지만, 兄이 함께 발동하면 아무런 문제가 없다. 탐생망극하기 때문이다.

그러나 父動하는데 官이 함께 발동하면 매우 흉하다. 발동한 官이 子孫의 귀살(鬼殺)인 父를 生하면서 子孫의 원신인 兄을 克하는 탓이다.

(자손 병점)
火天大有 ! 火水未濟

兄巳 / 應	卯月 壬午日
孫未 //	
財酉 /	
孫辰兄午 X 世	
孫辰 /	
官子父寅 X	

▸용신은 2효 辰土 子孫이다.

▸초효 寅木 父가 발동, 용신 子孫을 克해 나쁜 것 같다.

▸그러나 午火 兄이 발동하니 탐생망극이라 子孫에게 문제는 없다.

(자손 병점)
水天需 ! 水山蹇

孫子 //	巳月 丙寅日
父戌 /	
兄申 // 世	
兄申 /	
財寅官午 X	
孫子父辰 X 應	

▸6효 子水 子孫이 용신이다.

▸초효에서 辰土 父가 발동, 용신 子孫을 克하니 나쁜 상황이다. 게다가 2효 午火 官이 발동, 子孫의 원신인 申金 兄을 克하면서 辰土 父를 生하니 첩첩산중이다.

▸또 巳월과 寅일, 子孫의 원신인 申金 兄이 寅巳申 三刑을 이루니 子孫은 살아날 가망이 전혀 없다.

5. 천금부(千金賦)

＊＊ 陰陽이 움직이고 변함은 매우 복잡하나 이치는 오직 하나다. 사람에게는 현명하고 불초함이 있듯이 爻에는 太過함(넘침)과 不及함(부족)이 있으니, 넘치는 효는 절제하여 넘치지 않게 하고 부족한 효는 보완해야 한다. 부족한 효, 쇠한 효를 生扶하는 것은 제때에 비가 오는 것과 같고 형충극해(刑冲克害)하는 것은 초가을 오곡 위에 된서리가 내림과 같다.

(승진점)
雷水解 ! 雷風恒

財戌 // 應
官申 //
孫午 /
孫午官酉 X 世
父亥 /
財丑 //

卯月 丙午日

▸승진점에는 官이 용신이다.

▸3효에서 용신 酉金 官이 持世하니 관운이 있는 모양이다.

▸그러나 용신이 月破를 당하고 日辰에 회두극을 당하니 매우 흉하다.

▸승진은 꿈도 꾸지 마라. 승진은커녕 午월이면 파직될까 두렵다.

＊＊ 장생제왕(長生帝旺)은 일이 순조롭게 이뤄짐을, 사묘절공(死墓絶空)은 일이 이뤄지지 않음을 알려준다.

日辰은 육효를 주관하니 흉자(凶者)를 멸(滅)하고 길자(吉者)를 生扶할 수 있다.

또 월건(月建)은 만괘(萬卦)의 요강(要綱)이니 흉자(凶者)를 도우면 어찌 즐거움이 있으랴.

(승진점)
火風鼎 ! 山風蠱

兄寅 / 應
父子 //
官酉財戌 X
官酉 / 世
父亥 /
財丑 //

戌月 辛酉日

▸3효에서 酉金 官이 持世하니 승진과 인연이 있다.

▸4효에서 戌월 財가 발동, 용신을 生하는데 日辰이 持世하니 반드시 승진한다.

▸현재 원신인 초효 丑土 財가 공망이니 출공하는 丑월에 승진하리라.

** 태세(太歲)는 정(靜)함이 좋고 동(動)하면 좋지 않다. 또 太歲가 괘신을 生扶하면 길하고 克하면 흉하다.

世는 자신이요, 應은 타인이니 서로 합하면 매우 좋다. 動은 시작이요 변(變)은 끝이다.

(처 병점)
火天大有 ! 雷天大壯

父巳兄戌 X
孫申 //
父午 / 世
兄辰 /
官寅 /
財子 / 應

戌年 未月 甲子日

▸초효 子水 財가 용신이다.

▸6효에서 太歲 戌土가 발동, 용신을 克하는데 未월이 또 克하니 매우 흉하다.

▸그러나 현재는 日辰 子水가 財에 臨하니 무사하다. 戌월을 주의하라

** 용신이 生扶를 얻고 형충극해가 없으면 꾀하는 바가 다 이뤄지고, 용신이 형충극해를 만나 상(傷)하면 만사가 불성한다. 공망이 冲을 만나면 유용하나, 合이 破를 만나면 무용하다.

(재수점)
風地觀 ! 水地比

官卯財子 ∦ 應
兄戌 /
孫申 //
官卯 // 世
父巳 //
兄未 //

亥月 戊子日

▸財가 발동, 生世하니 재수가 있다.

▸世가 亥월의 生을 받아 旺한 가운데 6효에서 子水 財가 日辰을 帶하고 발동, 生世하니 大吉하다.

▸용신이 日月의 克害를 받지 않으니 재수대통(財數大通)이다.

(재수점)
天山遯 ! 天地否

父戌 / 應
兄申 /
官午 /
兄申財卯 ∦ 世
官巳 //
父未 //

寅月 丙申日

▸용신인 卯木 財가 持世하고, 寅월에 旺하니 길하다.

▸그러나 용신 卯木 財가 발동, 회두극을 당하고 日辰의 克을 받으니 매우 흉하다. 申월에 큰 손재(損財)가 있겠다.

** 동효(動爻)가 공망이고 변효(變爻)가 공망이면 자공화공(自空化空)이니 흉하다. 또 刑이 合되고 克이 合되면 결국 음흉한 일이 생긴다. 動효와 日辰이 合되면 일이 얽힌다. 정효(靜爻)가 旺한 상태에서 日辰의 冲을 만나면 暗動한다. 용신이 日辰이나 動효의 묘(墓)에 들어가면 克을 받지 않는다.

(남자 혼인점)
火風鼎 ! 雷風恒

孫巳財戌 ∦ 應
官申 //
孫午 /
官酉 / 世
父亥 /
財丑 //

亥月 庚子日

▸官이 持世하고 財가 應이라 좋다.

▸게다가 6효에서 應 財가 발동, 生世하니 금상첨화다.

▸그러나 자세히 살펴보면 6효 應 財가 발동, 공망인 巳火를 化出했다. 또 巳火는 月破를 당하고 日辰의 克을 받으니 매우 흉하다.

▸戌土 財가 무력해져 生世할 힘이 없어졌다.

▸뜻은 있으나 여자 쪽 사정으로 파혼된 괘다.

** 日辰이 生하면 쇠약하고 휴수돼도 길하다. 合을 얻고 生을 얻어도 日辰에 형충극해되면 불길하니 왕쇠를 분별하여 판단하라. 괘 중의 효에 日辰이 臨한 것을 병(併)이라 하고, 日辰이 冲함을 충(衝)이라 한다. 字眼은 괘 중에 日辰이 있음을 말한다. 괘중에 日辰이 動한 효에 冲을 받더라도 冲이 되지 않는 것을 충불충(冲不冲)이라 한다. 寅巳申, 丑戌未 三刑은 한 자(字)만 없어도 三刑이 되지 않는다.

(승진점)
地風昇 ! 雷風恒

財戌 // 應
官申 //
財丑孫午 X
官酉 / 世
父亥 /
財丑 //

午月 甲辰日

▸酉金 官이 持世하니 관운은 있다.

▸그런데 4효에서 午火 子孫이 월을 帶하고 발동, 克世하니 흉하다.

▸그러나 6효에서 戌土 財가 暗動하니 午火 子孫은 용신을 克하지 않고 財를 生하고, 財는 다시 용신을 生한다. 탐생망극(貪生忘克)이다.

▸게다가 日辰 辰土가 世와 生合(辰酉)하니 금상첨화(錦上添花)다. 戌월에 승진하리라.

(신랑 관재점)
地澤臨 ! 地水師

父酉 // 應
兄亥 //
官丑 //
財午 // 世
官辰 /
財巳孫寅 X

寅月 甲申日

▸2효 辰土 官이 용신이다.

▸초효 寅木이 월을 帶하고 발동, 용신을 克하니 흉하다.

▸여기에다 동효 寅木과 변효 巳火, 日辰 申이 三刑을 이루니 관재(官災)를 피하기 어렵겠다.

(아들 병점)

水風井 ! 水山蹇

孫子 //		申月 庚子日
父戌 /		
兄申 //	世	
兄申 /		
孫亥官午 X		
父辰 //	應	

▸용신은 6효 子水 子孫이다.

▸2효에서 午火 官이 발동해 용신을 沖하니 흉조(凶兆)다.

▸그러나 용신이 日辰을 帶하니 동효 午火가 沖하지 못한다. 不沖이다.

▸오히려 午火가 日辰의 沖을 받으니 충산(沖散)이라 힘을 잃는다. 게다가 회두극까지 당하니 무력하다.

▸鬼殺인 초효 辰土 父는 日月에 휴수돼 무력하다.

▸용신은 日月의 生扶를 받아 매우 旺하다. 따라서 亥일이면 나으리라.

** 영성(令星)은 월건(月建)을 말한다. 동효가 용신을 해(害)하고자 하나 月建이 용신을 生扶하거나 용신에 臨하면 害하지 못한다. 용신이 伏돼 있는데 공망을 만나면 만사가 허사가 된다. 또 용신이 伏돼 있고 월일의 生扶가 없으면 되는 일이 없다. 복신이 沖을 만나면 충개(沖開)되어 출현한다. 공망인 복신은 출현 후 旺해지는 날에 성사된다. 그러나 克을 받아 약한 용신이나 진공인 용신이면 만사 불성이다.

(딸 가출점)

火水未濟 ! 火澤睽

七	父巳 /		酉月 庚子日
句	兄未 //		
朱	孫酉 /	世	
青	兄丑 //		
玄	官卯 /		
白	官寅父巳 X	應	

▸용신은 4효 酉金 子孫이다.

▸용신이 월을 帶하고 持世하니 딸에게 별 일은 없다.

▸그러나 초효 巳火 父가 백호를 帶하고 발동, 회두생을 받으면서 강하게 용신을 克하니 딸이 무서워서 귀가하지 못한다.

▸그러나 甲辰 旬中에 변효 寅木 官이 공망을 만나면 巳火 父도 공망에 들어 무력해지니 그때 돌아오리라.

(친구 가출점) 雷天大壯 ! 地風升	
官酉 // 父亥 // 孫午財丑 ⅹ 世 官酉 / 父亥 / (寅兄) 父子財丑 ⅹ 應	卯月 乙巳日

▸2효에 복신인 寅木 兄이 용신이다.

▸용신은 비신인 亥水 父의 生을 받는다. 집안어른 집이나 부모 집에 숨어 있다.

▸日辰 巳火가 비신 亥水를 冲하니 寅木 兄이 출현하나 공망이다. 출공 후 冲이 되는 날인 申일에 찾는다. 정자(靜者)는 冲日을 기다리기 때문이다.

(신랑 가출점) ! 風天小畜	
兄卯 / 孫巳 / 財未 // 應 財辰 / (酉官) 兄寅 / 父子 / 世	卯月 戊寅日

▸용신은 3효 辰土 財 아래 복신인 酉金 官이다.

▸용신은 비신 辰土와 辰酉 合을 이루고 있다. 다른 여자의 사랑을 받고 있다는 얘기다.

▸또 용신은 月破를 당하고 日辰에는 絶이 된 가운데 공망을 만나니 진공(眞空) 상태다. 아무리 찾아도 찾지 못한다. 진공은 만사 불성(萬事 不成)이기 때문이다.

** 日辰이 爻를 克하면 화(禍)가 크나, 爻가 日辰을 克하면 아무 일이 없다. 그러나 爻가 日辰墓나 動墓, 化墓에 들면 무용지괘(無用之卦)가 된다. 世에 官이 臨하면 관직에 있는 사람을 빼고는 모두 좋지 않다.

(관재점) 地火明夷 ! 地天泰	
孫酉 // 應 財亥 // 兄丑 // 兄辰 / 世 兄丑官寅 ⅹ 財子 /	戌月 壬寅日

▸寅木 官이 발동, 克世하니 흉조(凶兆)다.

▸게다가 3효 辰土 世가 月破를 당하고 발동한 日辰의 克을 받으니 첩첩산중이다.

▸그러나 현재는 공망이라 화(禍)를 당하지 않는다. 辰土 世가 출공하는 甲辰일 관재(官災)가 있으리라.

** 合은 덕(德)을 말하니 合이 되면 쉽게 성사(成事)한다. 그러나 世에 기신이 臨하면 만사불성(萬事不成)이다. 용신이 기신의 克을 받으면 나쁘지만 日辰의 생조를 받으면 괜찮다. 용신은 휴수 또는 형충극해되거나 발동해 사묘절공(死墓絶空)됨을 꺼린다.

(아들 병점)
天澤履 ! 兌爲澤

父戌父未 〤 世		巳月 丙午日
兄酉 /		
孫亥 /		
父丑 // 應		
財卯 /		
官巳 /		

▸4효 子孫이 용신이다.

▸용신이 月破되고 日辰에 絶이 되니 흉조다.

▸게다가 6효 父가 일월의 生을 받아 발동, 진신이 되면서 용신을 克한다.

▸명의(名醫)를 찾을 수 없다. 살리기 어렵다.

** 용신이 動해 퇴신되거나 伏吟이 되면 못 쓴다. 공망이 발동, 공망으로 변하면 양공(兩空)이라 하는데 출공일에 유용하다. 용신이 旺하면 일이 순조롭고 사묘절공(死墓絶空)이면 어려움이 따른다.

(승진점)
澤風大過 ! 雷風恒

財戌 // 應		辰月 癸未日
官酉官申 〤		
孫午 /		
官酉 / 世		
父亥 /		
財丑 //		

▸용신은 3효 酉金 官이다.

▸5효에서 申金 官이 발동, 酉金 용신을 화출한다.

▸또 용신은 일월의 生扶를 받아 왕성하다.

▸申월에 꼭 승진하리라.

(승진점)
雷風恒！澤風大過

財未 //
官申官酉 ╳
父亥 / 世
官酉 /
父亥 /
財丑 // 應

寅月 己巳日

▸용신은 5효 官이다.

▸용신이 動해 生世하니 좋다.

▸그러나 용신이 퇴신이 되니 무력하다.

▸또 世는 월에 휴수되고 日辰의 冲을 받으니 日破다.

▸官도 世도 무력하니 이번에는 안 된다. 다음을 기약하라.

** 動효가 변효(變爻)의 克을 당하는 것을 회두극(回頭克)이라 한다. 용신이 발동, 應을 生하면 남을 도와주는 것이다. 약한 기신을 日月이 生扶하면 좋지 않다. 용신이 많이 나타나 있으면 일묘(日墓)나 동묘(動墓)에 들어감이 좋다. 기신이 世와 應의 중간에서 발동해 용신이나 世를 克하면 일에 장애가 많다. 世가 공망이면 내가 뜻이 없는 것이니 일이 이루어지지 않는다.

(재수점)
天山遯！天地否

父戌 / 應
兄申 /
官午 /
兄申財卯 ╳ 世
官巳 //
父未 //

未月 戊戌日

▸용신은 3효 卯木 財다. 財가 持世하니 일단 여건은 좋다.

▸그러나 용신 卯木 財가 未월에 입고(入庫)되고 日辰의 生도 받지 못한다.

▸게다가 용신이 스스로 발동해 申金 兄을 화출하면서 회두극을 당하니 대흉하다.

▸재수는 고사하고 사고를 주의하라.

▸申월에 변효 申金 兄이 역마를 帶하고 용신을 회두극하니 처와 본인이 교통사고를 당했다. 申은 戌일의 역마다.

(재수점) 風天小畜！巽爲風	
兄卯 / 世 孫巳 / 財未 // 官酉 / 應 父亥 / 父子財丑 ╳	丑月 辛巳日

▶용신은 초효 財다.

▶日辰의 生을 받은 용신 財가 발동, 3효 應을 生한다. 따라서 나와는 관계가 없다. 남이 재수 있을 것이다.

▶그러나 지금은 酉金 應이 공망이라 남도 별 볼일은 없다. 그 사람은 酉金이 출공하는 甲申일 재수가 있으리라.

(재수점) 地水師！地天泰	
孫酉 // 應 財亥 // 兄丑 // 父午兄辰 ╳ 世 官寅 / 官寅財子 ╳	亥月 庚子日

▶3효 兄이 持世하니 재수를 얘기하기 어렵다.

▶그러나 자세히 살펴보니 용신 財가 亥水, 子水, 日, 月 등 4개나 되고 旺하다.

▶3효에서 持世한 辰土 水庫가 발동, 괘상에 나와 있는 이들 財를 모두 입고(入庫)시키니 길하다. 천금(千金)을 얻을 괘상이다.

＊＊ 발동한 효(爻)의 교중(交重) 여부를 잘 살펴야 한다. 효가 動하면 진신인지, 퇴신인지를 잘 구분해야 한다. 귀살(鬼殺)은 기신을 말하는데 生世하면 불안하다. 용신은 克世해도 소원을 이룰 수가 있다. 그러나 용신이 生世하더라도 형해(刑害)를 받으면 좋지 않다. 특히 합처(合處)에 극상(克傷)을 당하면 더욱 나쁘다.

(처 병점) 水火旣濟！風火家人	
父子兄卯 ╳ 孫巳 / 應 財未 // 父亥 / 財丑 // 世 兄卯 /	亥月 己卯日

▶2효 財가 용신인데, 日月의 生扶가 없으니 무력하다.

▶게다가 귀살(鬼殺)인 兄은 초효, 6효에 교중돼 있는 데다, 월일의 生을 받으니 무척 旺하다. 교중되면 힘이 두 배 이상으로 커진다.

▸원신인 巳火 子孫은 月破를 당하나 日辰의 生을 받으니 무력하진 않다. 그러나 動하지 않으니 전혀 도움이 되지 않는다.

▸이런 상황에서 6효 兄이 발동, 용신을 克하니 백약(百藥)인들 무슨 소용이 있으랴.

(남자 결혼점)
離爲火 ! 火山旅

兄巳 /
孫未 //
財酉 / 應
財申 /
兄午 //
父卯孫辰 ✕ 世

寅月 丁卯日

▸世가 발동, 應과 生合하고 육합괘라 남자 쪽에서 혼인을 하고 싶어 한다.

▸그러나 여자 쪽인 應 酉金 財가 寅월에 絶이 되고 日辰의 冲을 받으니 이 결혼은 이뤄지지 않겠다.

** 용신이 형해(刑害)되거나 사절(死絶)되면 일이 이뤄지지 않는다. 용신이 動해도 日辰이 冲하면 冲散이니 일이 성사(成事)되지 않는다. 그러나 용신이 動하여 絶地에 빠져도 日辰이 生하면 일이 순조롭게 이뤄진다. 용신이 合되면 冲일에 성사(成事)되고, 휴수되면 生을 받아 旺한 날에 성사된다.

(신랑 병점)
火雷噬嗑 ! 離爲火

兄巳 / 世
孫未 //
財酉 /
孫辰官亥 ✕ 應
孫丑 //
父卯 /

午月 己卯日

▸3효 亥水 官이 午월에 絶地인 데다 발동해 회두극을 당하니 매우 흉하다.

▸오늘은 日辰 卯木이 회두극하는 변효 辰土를 克하니 괜찮다.

▸그러나 내일 辰일엔 무사하지 못하리라.

(아들 병점) 天風姤 ! 乾爲天	
父戌 / 世 兄申 / 官午 / 父辰 / 應 財寅 / 父丑孫子 ✕	申月 乙亥日

▸용신은 초효 子水 子孫이다.

▸용신이 발동해 丑土 父로 변하면서 회두극을 당하나, 申월이 生하고 亥일이 도우니 무사하리라.

▸寅일이 되면 귀살(鬼殺) 丑土 父가 제거되니 완치되리라.

****** 소원점에서 용신이 발동해 克世하면 가장 빨리 이뤄지고, 生世하면 느리게 이뤄진다. 괘 중에 父가 破되면 일의 두서가 없고 子孫이 복신되면 일이 이뤄지지 않는다. 官은 화(禍)가 되나 은복파절(隱伏破絶)되면 거리낄 게 없다. 子孫은 복덕신(福德神)이나 태과(太過)하면 도리어 공(功)이 없다. 父로 일의 순서를 정하고, 官으로 재앙을 논한다. 財는 재록(財祿)의 神이니 兄이 교중한 가운데 발동하면 꾀하는 일이 이뤄지지 않는다.

(승진점) 山澤損 ! 山天大畜	
官寅 / 財子 // 應 兄戌 // 兄丑兄辰 ✕ (申孫) 官寅 / 世 財子 /	亥月 壬午日

▸2효에서 寅木 官이 持世하니 관운이 좋다.

▸용신이 亥월의 生을 받고, 초효에서 暗動한 원신 子水 財의 生을 받으니 매우 旺하다.

▸기신은 3효에 복신인 申金 子孫이다. 월에 휴수되고 午일의 克을 받는 중 공망을 만나니 진공이다. 전혀 힘이 없다.

▸3효 辰土 兄은 구신인데, 발동해 퇴신이 되니 원신을 치지 못한다.

▸용신 · 원신은 旺하고 기신 · 구신은 무력하니 반드시 승진하리라. 子월을 기다려라.

(언제 자식이 있겠는가)
水地比 ! 澤地萃

父未 //
兄酉 / 應
兄申 孫亥 X
財卯 //
官巳 // 世
父未 //

子月 甲午日

▶4효에서 亥水 子孫이 子월의 生을 받는 가운데 발동, 2효 巳火 世를 克하니 이 달 중에 꼭 잉태하리라.

(처 병점)
山澤損 ! 山雷頤

兄寅 /
父子 //
財戌 // 世
財辰 //
兄卯 兄寅 X
父子 / 應

未月 丁卯日

▶귀살(鬼殺)인 寅木 兄이 2효와 6효에서 교중된 가운데 발동, 용신 4효 戌土 財를 克하니 대흉하다.

▶그러나 현재는 戌土 財가 공망이라 괜찮다.

▶그러나 출공하는 甲戌일에 흉사(凶事)를 당하리라.

** 卦身이나 世가 교중되면 사(事)와 체(體)가 서로 연관됨을 뜻한다. 백호가 흉신(凶神)이긴 하나 길신(吉神)이 臨하면 도리어 길하며, 청룡이 길신이지만 흉신이 臨하면 오히려 흉하다. 兄은 파패(破敗)의 신으로 기신이지만 천희(天喜)가 臨하면 길하다. 그러나 흉살이 臨하면 당연히 비사(悲事)가 된다.

(농산물 유통)
雷風恒 ! 地風升

官酉 //
父亥 //
孫午 財丑 X 世
官酉 /
父亥 /
財丑 // 應

卯月 乙巳日

▶효의 교중은 사(事)와 체(體)의 관련은 물론 상대방과의 동업(同業) 관계에 많이 나온다.

▶丑土 財가 世와 應으로 교중된 가운데 4효에서 발동, 회두생을 받는 데다 巳일이 生하니 길하다.

▶그러나 현재는 卯월이라 財가 克을 당하므로 별 소득이 없다. 巳午未월이면 크게 길하리라.

(재수점)
山地剝 ! 山火賁

朱	官寅 /	申月
青	財子 //	
玄	兄戌 // 應	戊子日
白	官卯財亥 X	
七	兄丑 //	
句	兄未官卯 X 世	

▶3효에서 亥水 財가 월일의 生扶를 받는 가운데 발동, 生世하니 반드시 득재(得財)하리라.

▶백호는 비록 흉신이나 재수점의 길신인 財를 帶하고 있으니 어찌 흉하다 하겠는가.

(재수점)
火地晋 ! 天地否

朱	父戌 / 應	戌月
青	父未兄申 X	
玄	官午 /	戊辰日
白	財卯 // 世	
七	官巳 //	
句	父未 //	

▶5효에서 申金 兄이 월일의 生을 받은 가운데 길신인 청룡을 帶하고 발동한다.

▶그러나 재수점에서는 兄이 흉신이라 재수를 말하기 어렵다. 반드시 손재(損財)가 있으리라.

** 출행(出行)에 공망됨을 꺼리는데 길신을 帶하면 결국은 이득을 얻는다. 모든 점사(占事)는 길흉신살(吉凶神殺)의 많고 적음으로 논(論)하는데 이것이 생극제화(生克制化)의 이치다.

(지방순회 판매의 재수점)
坎爲水 ! 澤水困

父未 //	申月
兄酉 /	
兄申孫亥 X 應	甲辰日
官午 //	
父辰 /	
財寅 // 世	

▶초효에서 寅木 財가 持世한 가운데 원신인 4효 亥水 子孫이 발동, 生世하니 반드시 재물을 얻으리라.

▶그러나 현재는 초효 寅木 財가 月破를 당하고 공망이므로 별 소득이 없다.

▶亥子월에 크게 재수가 있으리라.

제4편

신산육효학의 각점론

1. 천시점(天時占)

**** 父는 비(雨)요, 兄은 바람(風), 子孫은 태양이다. 財는 맑음(晴)이요, 官은 구름 · 우레(雲 · 雷)다.
父로 비를 삼고, 財로 맑음을 삼는다. 따라서 父動하면 비가 오고, 財旺하면 맑다(晴).**

! 澤水困	
父未 //	巳月 丁丑日
兄酉 /	
孫亥 / 應	
官午 //	
父辰 /	
財寅 // 世	

▶巳월에 未土 父가 旺한데 日辰 丑이 沖하니 暗動한다. 따라서 현재 비가 오고 있다.

▶寅木 財가 旺한 寅일 비가 멈추고 맑으리라. 아니면 甲申일 맑으리라. 甲申일(甲申 旬中)에는 未土 父가 공망이 되기 때문이다.

**** 천시점에서 6효는 天門이다. 父가 6효에 있으면서 발동하면 바로 비가 온다.**

天澤履 ! 兌爲澤	
父戌父未 ╳ 世	午月 乙未日
兄酉 /	
孫亥 /	
父丑 // 應	
財卯 /	
官巳 /	

▶午월에 6효 未土 父가 旺하다.

▶게다가 日辰을 대하고 발동, 진신이 되니 바로 비가 내린다.

▶日辰이 父를 대하고 발동하면 당일 비가 온다고 본다.

** 世는 만물(萬物)의 주(主)요, 應은 만물(萬物)의 體다. 따라서 世와 應이 日月이나 동효의 克을 받으면 천변(天變) 발생이 우려된다. 천변(天變)이란 태풍, 지진, 해일, 낙뢰, 재해, 수재, 화재, 해충으로 인한 인명 피해나 농작물의 재앙 등을 말한다.

水火既濟！風火家人

父子兄卯	X		卯年
孫巳	/	應	
財未	//		未月
父亥	/		
財丑	//	世	戊寅日
兄卯	/		

▶太歲 卯木이 초효와 6효에서 兄으로 교중하면서 발동, 克世하니 매우 흉하다.

▶또 未월이 世를 月破하는 데다 日도 克한다.

▶따라서 바람의 피해로 온 국민이 큰 피해를 입는다.

** 父가 발동하고 日辰의 生을 받으면 큰비가 있다. 父가 발동하나 日辰의 克을 받으면 비는 오지 않는다. 日辰은 그날을 주관하기 때문이다.

天澤履！兌爲澤

父戌父未	X	世	
兄酉	/		卯月
孫亥	/		
父丑	//	應	甲寅日
財卯	/		
官巳	/		

▶6효 未土 父가 발동, 진신이 되니 비가 내릴 상황이다.

▶그러나 卯월이 克하고 寅일이 克하니 卯월에는 비가 내리지 않는다. 월건은 월을 주관하기 때문이다.

** 陽 子孫은 해(日)요, 陰 子孫은 달(月)이다. 子孫이 日月의 生扶를 받으면 맑고, 공망이거나 복신이면 흐리다. 日月에 絶이 되어도 흐리다.

山地剝 ! 坤爲地

官寅孫酉 X 世
財亥 //
兄丑 //
官卯 // 應
父巳 //
兄未 //

未月 辛丑日

▶6효 酉金 子孫이 日月의 生을 받아 旺한데 발동하니 날이 맑을 것 같다.

▶그러나 子孫이 발동, 寅木 絶地에 빠지고 丑일에 입고되니 태양이 숨어버리는 형국이다. 따라서 날은 흐린다.

▶초효 未土 兄이 월의 生과 일의 沖을 받으니 암동(暗動)한다. 兄이 발동하니 바람이 강하게 분다.

▶따라서 하루 종일 흐리고 바람이 거세게 분다.

** 兄은 바람이다. 兄이 발동해 子孫으로 변하면 순풍(順風)이요, 兄이 발동, 官鬼를 화출하면 역풍이다. 바람이 귀신으로 변한 것이다.

風雷益 ! 水雷屯

孫卯兄子 X
官戌 / 應
父申 //
官辰 //
孫寅 // 世
兄子 /

酉月 丁卯日

▶6효 子水 兄이 발동, 일진 卯木 子孫을 화출하니 순풍(順風)이다.

地風升 ! 山風蠱

官酉兄寅 X 應
父子 //
財戌 //
官酉 / 世
父亥 /
財丑 //

亥月 辛未日

▶6효 寅木 兄이 亥월의 生을 받아 旺한데 발동까지 하니 바람이 거세다.

▶또 寅木 兄이 발동, 酉金 官을 화출하니 官鬼(귀신)가 바람을 타고 앉은 형국이다. 어찌 順風일 수 있으랴.

**** 父가 動해 兄을 화출하면 비가 내린 뒤 바람이 분다. 兄이 動해 父를 화출하면 바람이 분 뒤 비가 내린다.**

水風井 ! 巽爲風

父子兄卯 ╳ 世
孫巳 /
財未 //
官酉 / 應
父亥 /
財丑 //

亥月 乙亥日

▸6효 卯木 兄이 日月의 生을 받아 旺한 데다 발동까지 하니 바람이 강하게 분다.

▸兄이 발동, 子水 父를 화출하고 亥일이 父가 되니 바람이 분 뒤 비가 내린다.

**** 父가 動해 子孫을 화출하면 비 내린 뒤 무지개를 본다(우후장홍이다). 兄이 발동, 子孫을 화출하면 바람은 불어도 해와 달은 본다. 흐리거나 비는 내리지 않는다는 얘기다.**

乾爲天 ! 天風姤

父戌 /
兄申 /
官午 / 應
兄酉 /
孫亥 /
孫子父丑 ╳ 世

申月 丁卯日

▸亥水 · 子水 子孫이 申월의 生을 받으니 旺하다.

▸초효 丑土 父가 발동, 子水 子孫을 화출하니 태양에 물을 뿌린 형국이다. 무지개가 선다.

火澤睽 ! 山澤損

官寅 / 應
財子 //
孫酉兄戌 ╳
兄丑 // 世
官卯 /
父巳 /

亥月 丙戌日

▸4효 일진 戌土 兄이 발동하니 바람이 거세다.

▸兄이 발동, 酉金 子孫으로 변하니 날은 맑다.

＊＊ 官鬼가 震宮에서 발동, 진신이 되면 천동(天動)이 있다. 그러나 卦 중에 父가 없으면 비는 내리지 않는다.

澤雷隨 ! 震爲雷

財戌 // 世
官酉官申 ╳
孫午 /
財辰 // 應
兄寅 //
父子 /

申年 辰月 丁未日

▸5효 申金 太歲 官鬼가 발동, 진신이 되니 매우 旺하다.

▸旺한 官鬼가 2효 寅木 兄, 人口를 冲克하니 寅木 兄이 힘이 없다. 게다가 寅木 兄의 원신인 초효 子水 父가 日月의 克을 받으니 寅木 兄은 무력하다.

▸낙뢰로 인한 피해가 크다.

＊＊ 삼합 財局이면 비는 내리지 않는다. 삼합 父局이면 비가 내린다.

地山謙 ! 火山旅

財酉兄巳 ╳
孫未 //
孫丑財酉 ╳ 應
財申 /
兄午 //
孫辰 // 世

辰月 乙巳日

▸辰월이 子孫을 帶하고 있다.

▸게다가 4효 酉金 財와 6효 巳火 兄이 발동, 巳酉丑 財局을 이룬다.

▸가뭄으로 국민의 고생이 많다.

火地晉 ! 離爲火

兄巳 / 世
孫未 //
財酉 /
父卯官亥 ╳ 應
孫丑 //
孫未父卯 ╳

卯月 癸亥日

▸초효 卯木 父가 월을 帶하고 발동하고 3효 亥水 官鬼도 발동, 亥卯未 父局을 이룬다.

▸또 父局은 2효 丑土 子孫, 人口를 克하니 未월에 수재(水災)로 인한 피해가 크겠다.

** 父와 兄이 함께 발동하면 바람과 비(風雨)가 있다. 동(動)은 중(重)하고 변(變)은 경(輕)하다.

澤水困 ! 坎爲水

兄子 // 世
官戌 /
兄亥父申 X
財午 // 應
官辰 /
孫寅 //

申月 丁亥日

▶4효 申金 父가 월을 帶하고 발동하니 申월에 비가 많이 내린다.

▶父가 발동, 兄을 화출하니 비가 바람을 대동한다. 비가 내리는데 바람도 함께 분다는 얘기다.

水火旣濟 ! 澤火革

官未 //
父酉 /
父申兄亥 X 世
兄亥 /
官丑 //
孫卯 / 應

未月 己亥日

▶4효 亥水 兄이 日辰을 帶하고 발동하니 당일 바람이 분다.

▶또 兄이 발동, 申金 父를 화출하니 바람에 비가 섞여 내린다.

** 日月이 兄을 帶하고 발동하면 광풍(狂風)이 인다.

天山遯 ! 風山漸

官卯 / 應
父巳 /
父午兄未 X
孫申 / 世
父午 //
兄辰 //

未月 丁未日

▶4효 未土 兄이 월일을 帶하고 발동하니 바람이 거세다.

▶그러나 발동한 兄이 2효 人口나 世를 克하지 않으니 재해는 없다.

＊＊ 日月이 父를 帶하고 발동하면 장마다. 비가 계속 내린다.

天澤履 ! 兌爲澤

父戌父未 X 世
兄酉 /
孫亥 /
父丑 // 應
財卯 /
官巳 /

未月 戊戌日

▶6효 未土 父가 월을 帶하고 발동, 진신이 되니 비가 많이 내릴 형국이다.

▶또 4효 亥水 子孫은 월일과 동효의 克을 받아 무력하니 未月에는 장마가 진다.

▶입추가 지나고 申월에 접어 들어 子孫이 生을 받으면 그친다.

＊＊ 子孫이 官鬼로 변하거나, 子孫이 형해(刑害)를 받으면 일식 · 월식이 있다. 양효(陽爻)는 일식이요, 음효(陰爻)는 월식이다.

山雷頤 ! 地雷復

官寅孫酉 X
財亥 //
兄丑 // 應
兄辰 //
官寅 //
財子 / 世

未月 甲子日

▶6효 酉金 子孫이 음효(陰爻)라 子孫은 달이다.

▶子孫(月)이 발동, 官鬼를 화출하니 달이 官鬼를 帶하고 있는 형국이다. 달에 탈이 붙은 모습으로 월식이 있다는 애기다.

雷風恒 ! 巽爲風

財戌兄卯 X 世
官申孫巳 X
孫午財未 X
官酉 / 應
父亥 /
財丑 //

申月 癸卯日

▶5효 巳火 子孫이 양효(陽爻)로 子孫은 태양이다.

▶子孫(태양)이 발동, 官鬼를 화출하니 태양에 탈이 있다. 巳일에 일식이 있으리라.

**** 財와 官이 함께 발동하면 안개가 많다. 財는 맑음이요, 官은 구름이기 때문이다.**

風雷益 ! 火雷噬嗑	
孫巳 /	午月 壬寅日
孫巳財未 X 世	
財未官酉 X	
財辰 //	
兄寅 // 應	
父子 /	

▶財가 발동하면 生官하고, 官이 발동하면 生父한다.

▶財官이 함께 발동하면 맑음과 구름이 뒤섞인다는 얘기다.

▶5효 未土 財와 4효 酉金 官이 발동하니 도로에 안개가 낀다.

▶안개가 끼는 때는 未시부터 酉시까지다.

**** 巽宮에서 兄이 발동하면 태풍이 있고, 坎宮에서 父가 발동하면 폭우가 있다. 巽은 바람이요, 坎은 물이기 때문이다.**

水風井 ! 巽爲風	
父子兄卯 X 世	未月 乙卯日
孫巳 /	
財未 //	
官酉 / 應	
父亥 /	
財丑 //	

▶巽宮은 바람을 주관한다.

▶여기에 6효 卯木 兄이 日辰을 帶하고 발동하니 당일 큰 바람이 분다.

**** 震宮에서 官이 발동하면 뇌성이 있다.**

澤雷隨 ! 震爲雷	
財戌 // 世	申年
官酉官申 ※	
孫午 /	未月
財辰 // 應	
兄寅 //	戊申日
父子 /	

▸震宮은 우뢰를 주관한다.

▸5효 申金 官이 太歲를 帶하고 발동, 진신이 되니 매우 旺하다. 太歲가 발동함은 1년이 발동한다는 뜻이다.

▸발동한 官이 2효 寅木 兄 '백성의 자리'를 冲克하니 우뢰로 인한 피해 · 사고가 많다.

▸특히 2효 寅木 兄이 공망인데 太歲의 冲破를 받으니 진공이라 설상가상 격이다.

2. 연시점(年時占)

** 수재와 한해, 질병 등 각종 재난과 정치 · 경제 · 사회의 여러가지 변화 등을 육효로 판단할 수 있다.

6효 하늘(天)	5효 君王	4효 九卿上司
3효 府縣 官僚	2효 백성	초효 萬物

** 應은 하늘(天)이요, 世는 땅(地)이다. 應이 剋世하면 무방하다. 그러나 世가 應을 克하면 천심(天心)이 불순(不順)하다.

山地剝 ! 山火賁

官寅 /
財子 //
兄戌 // 應
官卯財亥 X
兄丑 //
兄未官卯 X 世

寅月 乙亥日

▶초효 卯木 官鬼가 持世하고 발동, 4효 戌土 兄 應을 克한다. 이는 하극상이다.

▶일에 두서가 없고 연중 일이 번잡하다.

** 世가 공망이면 재난이 많고, 應이 공망이면 천심(天心)이 무심하다.

天火同人 ! 天山遯

父戌 /
兄申 / 應
官午 /
兄申 /
官午 // 世
財卯父辰 X

子年 辰月 丁亥日

▶世가 공망이니 우리가 서 있는 자리가 함몰됨과 같다.

▶子년이 克世하는 중 다시 日辰이 克世하니 대형 사고가 많다.

巽爲風！地澤臨

官卯孫酉 X
父巳財亥 X 應
兄丑 //
孫酉兄丑 X
官卯 / 世
兄丑父巳 X

申年 寅月 戊申日

▶우선 卦가 난동(亂動)하니 즐겁지 않다.

▶6효에서 酉金 子孫이 발동, 克世한다. 특히 초효와 3효가 함께 발동해 巳酉丑 子孫局을 이루니 世는 강하게 克을 당한다.

▶게다가 2효 世가 진공이니 어찌 즐거운 일이 있겠는가.

▶초효 巳火가 발동하니 4월에 많은 살상지사가 있었다.

** 초효는 만물이라 사절(死絶)을 만나면 불길하고 生旺하면 대길(大吉)하다. 또 초효가 財나 子孫이면 길하고, 兄이나 官이면 불길하다.

天山遯！火山旅

兄巳 /
財申孫未 X
財酉 / 應
財申 /
兄午 //
孫辰 // 世

午年 寅月 乙巳日

▶子孫은 귀살(鬼殺), 질병, 재앙을 쫓는 신이다.

▶초효에 子孫이 있는데 午년이 生하고 日辰도 生하니 일년이 화기(和氣)하다. 농수축산이 풍년이니 길한 해라 하겠다.

水山蹇！山火賁

財子官寅 X
兄戌財子 X
兄戌 // 應
財亥 /
兄丑 //
兄辰官卯 X 世

亥年 寅月 辛酉日

▶官은 재앙의 신이다.

▶6효 寅木 官이 亥년의 生을 받고 寅월의 도움을 얻어 旺한데 초효 卯木 官과 함께 발동, 2효 백성을 克하니 좋지 않다.

▶인명 피해가 많겠다.

**** 2효는 백성의 자리다. 따라서 2효가 子孫이면 길하고, 官이면 연중 불길 · 불안하다.**

地火明夷 ! 水火旣濟

兄子 // 應
兄亥官戌 X
父申 //
兄亥 / 世
官丑 //
孫卯 /

午年 巳月 丁未日

▸5효 戊土 官이 발동, 克世하는데 2효 丑土 官이 暗動해 또 克世한다.

▸재앙이 물결을 타고 번지는 것과 같다.

地澤臨 ! 地雷復

孫酉 //
財亥 //
兄丑 // 應
兄辰 //
官卯官寅 X
財子 / 世

寅月 辛酉日

▸백성의 자리인 2효 寅木 官이 발동, 진신이 되니 불길하다.

▸게다가 초효 子水 世가 공망을 만나니 더욱 흉하다.

**** 3효는 부현(府縣) 관료(官僚)다. 3효가 世와 生合하면 애민(愛民)한다는 뜻이다. 또 3효에 子孫이 臨하면 청렴정직하고, 官이 臨하면 잔혹하고 인자하지 못하다. 兄이 臨하면 세금 · 공금을 횡령한다.**

雷地豫 ! 雷水解

財戌 //
官申 // 應
孫午 /
孫午 //
孫巳財辰 X 世
兄寅 //

寅月 庚子日

▸3효에서 午火 子孫이 暗動, 生世하니 지방 수령이 주민을 위해 진심으로 봉사함을 나타내는 괘다.

雷山小過 ! 雷地豫	
財戌 //	
官申 //	寅月
孫午 / 應	
官申 兄卯 X	戊申日
孫巳 //	
財未 // 世	

▸3효에서 兄이 발동, 克世하니 기관장이 주민의 재물을 착취할 괘다.

▸그러나 다행스러운 것은 3효 兄이 발동, 회두극을 당해 현재는 무사하나 申월이면 파직되리라.

** 4효는 구경상사(九卿上司)다. 4효에 子孫이 있고 世를 生合하면 치국우민(治國憂民)하고 정직청렴한 장관(長官)이다.

地水師 ! 雷水解	
財戌 //	
官申 // 應	申月
財丑 孫午 X	
孫午 //	乙酉日
財辰 / 世	
兄寅 //	

▸4효에서 午火 子孫이 발동, 生世하니 본성이 청렴한 관리다.

▸그러나 午火는 발동해 진공에 빠지는데다 원신인 초효 寅木 兄은 月破, 日克을 당하니 午火 子孫은 무력하다.

▸공무(公務)에는 뜻이 없고 주색(酒色)을 탐하는 사람이다. 午火는 도화살이다.

地澤臨 ! 雷水解	
財戌 //	
官申 // 應	寅月
財丑 孫午 X	
孫午 //	己巳日
財辰 / 世	
孫巳 兄寅 X	

▸寅월이 초효에서 발동해 4효 午火 子孫을 生하고, 午火 子孫은 발동해 2효 世를 生하니 우민(憂民)하고 청렴한 상사라 하겠다.

▸午火가 도화를 帶함은 풍류(風流)를 알고 즐기는 사람임을 나타낸다.

山天大畜 ! 火天大有	
官巳 / 應 父未 // 父戌兄酉 X 父辰 / 世 財寅 / 孫子 /	寅月 癸酉日

▸4효 酉金 兄이 寅월에는 絶地이나 日辰을 帶하고 발동, 회두생이 되니 매우 旺하다.

▸발동한 酉金 兄은 2효의 寅木 財를 克한다. 재물을 탐한다는 얘기다. 불량한 관리다.

** 5효는 군왕(君王)의 자리다. 5효에 財나 子孫이 臨하여 生世하면 君王의 사랑이 백성에 미친다. 父를 帶하고 克世하면 부역이 많고, 官을 帶하고 克世하면 국민이 고통스럽고 도탄에 빠진다.

! 風雷益	
兄卯 / 應 孫巳 / 財未 // 財辰 // 世 兄寅 // 父子 /	寅月 乙亥日

▸5효 子孫이 寅월의 生을 받아 旺한 중 亥일의 冲을 받으니 暗動한다.

▸暗動한 子孫이 生世하니 애민(愛民)하는 집권자다.

地火明夷 ! 水火旣濟	
兄子 // 應 兄亥官戌 X 父申 // 兄亥 / 世 官丑 // 孫卯 /	寅月 甲戌日

▸5효에서 戌土 官이 발동, 3효 亥水 世를 克하니 괘상이 불량하다.

▸돌아오는 4월에 亥水가 月破 당하면 민가에 큰 화가 있으리라. 과연 4월에 남쪽에서 많은 사람이 참살 당했다.

** 6효는 하늘(天)이니 공망이면 연중 괴이한 일이 많다. 應도 하늘(天)이니 공망이면 天心이 불순하고, 世는 땅(地)이니 공망이면 인물(人物)에 재앙이 많다.

天火同人 ! 乾爲天

父戌 / 世
兄申 /
官午 /
父辰 / 應
父丑財寅 ╳
孫子 /

寅月 戊辰日

▶寅월이 2효에서 발동, 6효 世를 克하는데 辰일이 다시 沖하니 6효는 日破를 당했다.

▶게다가 6효는 공망에 빠지니 연중 재앙이 많겠다.

(내년 연시점)
風澤中孚 ! 巽爲風

兄卯 / 世
孫巳 /
財未 //
財丑官酉 ╳ 應
父亥 /
孫巳財丑 ╳

丑月 乙巳日

▶내괘에서 초효, 3효가 발동, 巳酉丑 官局을 이루어 6효 世를 克한다.

▶내년 4월부터 12월까지 큰 사고가 많이 발생하겠다.

** 太歲는 1년을 주관한다. 子孫이나 財를 帶하면 이로움이 있다. 그러나 兄을 帶하고 발동하면 바람이 많고, 발동한 兄이 克世하면 바람으로 인한 재난이 있다.

太歲가 木官을 帶하면 질병이 많다.

土官이 발동, 克世하면 전염병이 만연하고, 金官이 발동하면 낙뢰로 인한 사고가 있다.

火官은 화재요, 水官은 수재다.

風澤中孚 ! 巽爲風	
兄卯 / 世 孫巳 / 財未 // 財丑官酉 X 應 父亥 / 孫巳財丑 X	申年 辰月 己巳日

▶申년 太歲가 鬼殺인데 초효, 3효가 발동, 巳酉丑 官局을 이루어 克世하니 흉한 징조다.

▶또 백성의 자리인 2효 亥水 父가 辰월의 克을 받는 중, 日破를 당하는 데다 공망에 빠지니 4월이 불안하리라.

▶과연 4월에 남쪽에서 큰 살상이 있었다.

雷風恒 ! 雷天大壯	
兄戌 // 孫申 // 父午 / 世 兄辰 / 官寅 / 兄丑財子 X 應	丑年 寅月 辛巳日

▶丑년이 초효 子水 財를 克한다. 또 財는 월에 휴수되고 일에는 絶地가 되니 무력하다.

▶財의 원신인 5효 申金 子孫은 군왕(君王)의 자리에 있으나 月破, 日克을 당하고 진공에 빠져 전혀 힘을 발휘하지 못한다.

▶게다가 申金 子孫은 월일과 三刑을 이룬다.

▶財와 원신인 子孫이 무력한 상황에서 父가 持世하니 국가 재정은 바닥나고 국민의 고충은 컸다. 父는 노고(勞苦)의 神이기 때문이다.

澤火革 ! 風火家人	
財未兄卯 X 孫巳 / 應 父亥財未 X 父亥 / 財丑 // 世 兄卯 /	寅月 癸亥日

▶초효와 6효에 兄이 교중돼 있는 가운데 4효, 6효가 발동, 亥卯未 兄弟局을 이루어 2효 丑土 世를 克하니 매우 흉하다.

▶4효에서 未土 財가 발동, 亥水로 변하면서 木局을 이루니 未월에 태풍이 불어 인명 피해가 많겠다.

** 土鬼가 발동, 克世하면 전염병이 만연하며 병으로 죽는 사람이 많다.

地火明夷！水火旣濟

玄	兄子 //	應	戌年
白	兄亥官戌 X		寅月
匕	父申 //		乙未日
句	兄亥 /	世	
朱	官丑 //		
青	孫卯 /		

▸戌년 太歲가 백호를 帶하고 발동, 克世하니 未월에 전염병이 만연했다.

▸未월이 子孫을 입고시키고 다시 世를 克하기 때문이다.

**** 현무 鬼가 克世하면 도적이 많다.**

山水蒙！風水渙

青	父卯 /		子年
玄	官子兄巳 X	世	寅月
白	孫未 //		丙子日
匕	兄午 //		
句	孫辰 /	應	
朱	父寅 //		

▸5효에서 子년 太歲와 子일이 현무를 帶하고 世를 회두극하니 불량한 도적이 많았다.

**** 등사는 괴이한 일을 주관한다. 등사가 艮宮에서 발동, 克世하면 산이나 건물이 붕괴하는 사고가 있다.**

水澤節！山澤損

青	財子官寅 X	應	卯年
玄	兄戌財子 X		寅月
白	兄戌 //		丁卯日
匕	兄丑 //	世	
句	官卯 /		
朱	父巳 /		

▸卯년과 卯일이 2효에서 官을 帶하고 있는 중 寅월이 6효에서 발동, 克世하니 산이 무너져 인명 피해가 있었다.

** 천재지변(천변)이 일어나는 방향은 지지로 판단한다. 子=북, 午=남, 卯=동, 酉=서, 土=중앙이다.

震爲雷 ! 水雷屯

兄子 //
父申官戌 ╳ 應
財午父申 ╳
官辰 //
孫寅 // 世
兄子 /

申月 癸酉日

▶申월이 4효에서 발동, 克世하니 불길하다.

▶변효 午火 財가 申金 父를 회두극하나 午火를 生扶하는 자가 없으니 안타깝다. 이달(申월) 甲申 旬中이 되면 午火가 공망이 되므로 무방하다.

▶그러나 甲午 旬中에 들면 午火가 출공하는데 戌일이 되면 午火가 입고되기 때문에 申金이 寅木 世를 친다.

▶寅木은 동쪽, 또는 동북쪽이다. 영동지방에 큰 수재가 있었다.

** 연시점에서 財와 子孫이 旺하면 1년이 풍성하다. 연월일이 官를 帶하고 克世하면 놀랄 일(驚事)과 좋지 않은 일(陰事)이 있다.

兄과 官은 공망이면 길하다. 兄은 파재(破財)의 神이요, 官은 질병 · 화란(禍亂)의 신(神)이기 때문이다.

육효를 한 번 쳐 모든 것을 판단하는 것은 무리다. 한 분야씩 나누어(分占) 알고자 하는 점의 목적에 따라 신(神)의 가르침을 받아야 한다. 만물(萬物)은 초효, 2효는 백성 등으로 보는데 어찌 한 번의 점으로 두 가지를 다 판단할 수 있겠는가. 만물과 백성 일은 각각 분점 · 별점으로 판단해야 한다.

3. 구관·구명·구직점(求官·求名·求職占)

**** 시험을 봐서 관직(일자리)을 얻는 점에서는 財動을 꺼린다. 財가 발동하면 父(시험)를 克하여 시험에 불리하기 때문이다. 그러나 경력·경륜으로 발탁되는 관직은 財의 발동을 기뻐한다. 官이 강해지기 때문이다.**

(입사 시험점)
水地比 ! 風地觀

孫子財卯 乂		卯月 戊子日
官巳 /		
父未 //	世	
財卯 //		
官巳 //		
父未 //	應	

▸4효 未土 父가 持世하니 시험에 인연이 있다.

▸그러나 6효 卯木 財가 발동, 克世하니 이번에는 안 된다. 다음 기회를 기다려라.

(승진점)
火風鼎 ! 雷風恒

孫巳財戌 乂	應	未月 辛丑日
官申 //		
孫午 /		
官酉 /	世	
父亥 /		
財丑 //		

▸3효 酉金 官이 持世하니 일단 관운은 있다고 본다.

▸월일의 生을 받아 매우 旺한 6효 戌土 財가 발동, 生世하므로 반드시 승진한다.

▸그러나 현재 6효의 변효 巳火가 공망이어서 戌土 財도 공망이라 生世할 수 없다. 따라서 출공일인 乙巳일 승진하리라.

**** 별정직이거나 발탁으로 얻는 자리는 官이 발동, 克世하면 바로 구해진다.**

地火明夷 ! 水火既濟			
朱	兄子 //	應	申月
靑	兄亥官戌 X		
玄	父申 //		戊戌日
白	兄亥 /	世	
匕	官丑 //		
句	孫卯 /		

▶5효 戌土 청룡 官이 日辰을 帶해 旺한 가운데 발동, 克世하니 당일 발탁됐다.

地火明夷 ! 水火既濟		
兄子 //	應	未月
兄亥官戌 X		
父申 //		辛巳日
兄亥 /	世	
官丑 //		
孫卯 /		

▶5효 戌土 官이 발동, 克世하니 관운이 있는 것 같다.

▶그러나 未월이 3효 世를 克하고 日辰이 日破시키니 매우 흉하다.

▶발탁되기를 기다리다 상심해 쓰러지고 말았다.

** 官이 旺하면 높은 자리요, 官이 휴수사절(休囚死絶)되면 말단직이다.

火風鼎 ! 雷風恒			
匕	孫巳財戌 X	應	戌月
句	官申 //		
朱	孫午 /		辛卯日
靑	官酉 /	世	
玄	父亥 /		
白	財丑 //		

▶3효 酉金 청룡 官이 持世하니 관운은 좋다고 본다.

▶6효 戌土 財가 발동, 生世하는 데다 世는 월의 生 · 일의 沖을 받아 暗動하니 상당히 높은 자리에 있는 사람이다.

雷水解 ! 雷風恒					
七		財戌	//	應	巳月 辛卯日
句		官申	//		
朱		孫午	/		
青	孫午	官酉	X	世	
玄		父亥	/		
白		財丑	//		

▶3효 酉金 청룡 官이 持世하니 일단 관운은 있는 형국이다.

▶그러나 巳월이 克世하는 데다, 卯일이 冲하니 충산이다.

▶따라서 관운이 있을 수 없다.

**** 財와 官, 둘 중 하나가 발동하고 日月의 生扶를 받으면 승진하거나 영전한다.**

澤水困 ! 兌爲澤				
	父未	//	世	巳月 甲寅日
	兄酉	/		
	孫亥	/		
	父丑	//	應	
	財卯	/		
財寅	官巳	X		

▶초효 巳火 官이 월을 帶하고 발동, 生世하니 꼭 승진하리라.

▶언제 승진하는가. 丁巳일이다. 이는 초효 巳火가 발동했기 때문이다.

火風鼎 ! 山風蠱				
	兄寅	/	應	未月 辛巳日
	父子	//		
官酉	財戌	X		
	官酉	/	世	
	父亥	/		
	財丑	//		

▶3효 酉金 官이 持世하니 일단 관운은 좋다고 본다.

▶게다가 未월이 生世하는 데다, 4효 戌土 財가 발동, 生世하니 꼭 승진한다.

▶그러나 현재는 酉金 官이 공망이라 9월(戌월)에 승진하리라. 이는 戌土 財가 발동, 生世하기 때문이다.

(승진점)
火雷噬嗑 ! 天雷无妄

財戌 /
財未官申 X
孫午 / 世
財辰 //
兄寅 //
父子 / 應

戌月 甲申日

▸日月의 生을 받아 旺한 5효 申金 官이 발동, 世를 生하는 것이 아니라 應을 生한다.

▸따라서 내가 아니라 남이 승진한다.

▸한편 4효 午火 子孫 世는 戌월에 입고되고 진공에 빠져 있는데 원신인 2효 寅木마저 日破를 당했다.

▸홧김에 사직하고 말았다. 子孫은 官을 克하는 神, 官을 거부하는 神이다.

** 子孫이 발동하면 재직자(在職者)는 반드시 파직(罷職) 당한다. 그러나 子孫과 財가 함께 발동하면 도리어 승진한다.

火澤睽 ! 火風鼎

兄巳 /
孫未 // 應
財酉 /
孫丑財酉 X
官亥 / 世
兄巳孫丑 X

午月 己巳日

▸2효 亥水 官이 持世하나 월에 絶이 되고 日破를 당하니 현재는 매우 불길하다.

▸그러나 초효 丑土 子孫이 발동한 가운데, 3효 酉金 財가 발동해 生世하니 酉월이 되면 승진하리라.

火天大有 ! 火風鼎

兄巳 /
孫未 // 應
財酉 /
財酉 /
官亥 / 世
官子孫丑 X

午月 己巳日

▸괘상은 앞의 예문과 비슷하나 내용은 전혀 다르다.

▸2효 亥水 官이 持世하니 관운은 있는 듯하다.

▸그러나 世가 5月에 휴수되고 日破를 당한 가운데 초효 丑土 子孫이 발동, 克하니 승진을 기대하기 어렵다.

** 太歲가 世를 生扶하면 위(상급기관)에서 발탁한다. 그러나

공망이면 기다리지 말라.

風地觀 ! 水地比

官卯財子 X 應	子年
兄戌 /	
孫申 //	寅月
官卯 // 世	
父巳 //	甲戌日
兄未 //	

▸子년이 6효에서 발동, 生世하니 반드시 상급기관에서 발탁한다.

▸그러나 현재는 卦身(7월괘)이 실기(失期)해 무력하니 卦身이 생부를 받는 7월(申월)에 발탁되리라.

水雷屯 ! 水地比

財子 // 應	申年
兄戌 /	
孫申 //	申月
官卯 // 世	
父巳 //	己酉日
財子兄未 X	

▸3효 卯木 官이 持世하니 관운이 있는 듯하다.

▸그러나 연월일이 子孫을 帶하고 克世하니 삼전극이다.

▸게다가 世가 진공을 만난 중 초효 未土 兄이 발동, 世를 입고시키니 매우 좋지 않다.

▸승진은 고사하고 과거의 부정이 드러나 구속된 괘다.

＊＊ 世가 공망이면 불안하다. 生扶가 없으면 대란(大亂)을 만나고 심하면 사망한다.

地火明夷 ! 水火旣濟

兄子 // 應	巳年
兄亥官戌 X	
父申 //	卯月
兄亥 / 世	
官丑 //	己巳日
孫卯 /	

▸한 사람이 찾아와 "상급기관의 발탁을 기다리고 있는 친구가 이 괘를 얻었다. 5효 戌土 官이 발동, 克世하니 꼭 발탁되지 않겠는가"라고 물었다.

▸그러나 아니다. 巳년이 世를 치고, 日辰이 또 日破시키는데 世는 진공에 빠졌다. 게다가 5효 戌土 官이 발동, 克世하

니 설상가상이다.

▶발탁은 고사하고 4월에 교통사고를 조심하라. 3효 世 亥水는 巳일의 역마이기 때문이다.

＊＊ 日辰이 世를 冲克하면 비난을 받는다. 이때 世가 兄을 帶하면 뇌물로 인함이요, 財를 帶하면 재물과 관련됨이다. 또 子孫을 帶하면 태만(怠慢) · 호주(好酒) 때문이요, 父를 帶하면 일의 중복 · 번잡 탓이요, 官鬼를 帶하면 동료와의 불화 때문이다.

火澤睽 ! 火水未濟

兄巳 / 應
孫未 //
財酉 /
兄午 // 世
孫辰 /
兄巳父寅 X

申月 壬子日

▶冲과 暗動은 잘 구분해야 한다. 약한 효가 日辰의 冲을 만나면 日破라 하고, 강한 효가 日辰의 冲을 만나면 暗動이라 한다. 暗動은 강한 것이다.

▶午火 兄 世가 申월에 무력한 중 日辰의 冲을 받으니 아름답지 못하다.

▶兄은 뇌물을 탐하는 신이다. 뇌물로 인한 구설을 면하기 어렵겠다.

山雷頤 ! 山地剝

財寅 /
孫子 // 世
父戌 //
財卯 //
官巳 // 應
孫子父未 X

子月 乙未日

▶日辰 未土가 초효에서 발동, 克世하니 남의 비난을 받는 괘상이다.

▶이유는 世가 子孫과 도화(桃花)를 帶하니 여자로 인한 문제다.

▶그러나 子월이 世를 도우니 별 일은 없겠다. 상부의 아는 사람이 도와줘 별 탈은 없었다.

＊＊ 일월 官이 持世하면 결제권이 있는 사람이다.

離爲火 ! 天火同人	
孫戌 / 應	亥月 辛亥日
孫未財申 ⚹	
兄午 /	
官亥 / 世	
孫丑 //	
父卯 /	

▶亥水 일월 官이 持世하니 기관장임을 알 수 있다.

** 지방관리직은 문무직(文武職) 모두 財가 旺하고, 육효가 안정됨을 요한다. 만일 官이 발동, 世나 應을 克하면 시끄러운 일(騷擾)이 있다.

天山遯 ! 天火同人	
孫戌 / 應	巳年 寅月 己卯日
財申 /	
兄午 /	
官亥 / 世	
孫丑 //	
孫辰父卯 ⚹	

▶5효 申金 財가 巳년의 克을 받고 月破를 당한 가운데 진공을 만났다.

▶게다가 財의 원신인 2효 丑土 子孫이나 6효 戌土 子孫도 월일과 초효 卯木의 克을 받으니 무력하다.

▶재정(財政)이 고갈될 것인 바 부임하여 어찌 편안하랴.

地澤臨 ! 地雷復	
孫酉 //	卯年 卯月 乙卯日
財亥 //	
兄丑 // 應	
兄辰 //	
官卯官寅 ⚹	
財子 / 世	

▶연월일 卯木이 4효 丑土 兄 應을 克하니 삼전극이다.

▶또 寅木 官이 2효에서 발동, 진신이 되면서 應을 克하니 꼭 시끄러운 일이 있으리라. 과연 그해 소값 파동으로 전국적으로 축산 농가의 소요가 있었다.

** 공명(功名)을 묻는 점에서는 父로써 시험(문서)을 삼고, 官鬼로 관직(官職)을 삼는다. 따라서 父와 官이 손상되면 공명(功名)은 기대하기 어렵다.

! 澤風大過

財未 //
官酉 /
父亥 / 世
官酉 /
父亥 /
財丑 // 應

亥月 辛巳日

▶亥월이 4효에서 父를 帶하고 持世한 가운데 暗動하니 우수한 성적으로 합격하리라.

▶그러나 애석하게도 관운은 없다. 3효 酉金 官이 亥월에 휴수되고 巳일의 克을 받은 중 진공이 되니 무력하기 때문이다.

** 父가 旺하면 문장(시험성적)이 좋고, 官이 旺하면 공명이 유망하다. 시험 합격 여부는 父로 보고, 공명의 성취 여부는 官鬼로 판단한다.

(평생점)
雷火豊 ! 雷天大壯

兄戌 //
孫申 //
父午 / 世
兄辰 /
兄丑官寅 X
財子 / 應

寅月 壬子日

▶寅월이 2효에서 官을 帶하고 발동, 生世한다.

▶게다가 4효 午火 世는 暗動하니 평생 문장(文章)과 공명(功名)이 뛰어나겠다.

** 시험점과 공명점(功名占)에는 財와 子孫이 악살(惡殺)이다. 財는 父를 克하고 子孫은 官을 克하기 때문이다.

!雷風恒

財戌 // 應
官申 //
孫午 /
官酉 / 世
父亥 /
財丑 //

▸3효 酉金 官이 持世함은 관운이 있음을 말한다.

▸현재 관직자는 財가 발동함을 기뻐한다. 財가 발동하면 生官하기 때문이다.

▸그러나 子孫이 발동하면 불안하다. 克官하기 때문에 자리에 문제가 생긴다.

!巽爲風

兄卯 / 世
孫巳 /
財未 //
官酉 / 應
父亥 /
財丑 //

▸시험 합격 여부는 父를 위주로 판단한다. 父가 持世, 生世, 克世하면 유망하다. 그러나 世와 父가 관계가 없으면 안 된다.

▸또 父는 財의 발동을 꺼린다. 財가 발동하면 克父하기 때문이다. 子孫이 발동해도 안 된다. 父의 원신인 官이 극상(克傷)되기 때문이다.

** 구명점(求名占)에서는 日月이 兄을 帶하거나 兄이 발동하면 나의 표를 빼앗아 가는 것과 같으니 명성을 얻음에 불리하다.

(국회의원 출마)
雷火豊 ! 地火明夷

句	父酉 //	子月 己亥日
朱	兄亥 //	
靑	財午官丑 ⅹ 世	
玄	兄亥 /	
白	官丑 //	
匕	孫卯 / 應	

▸육효를 아는 사람이 찾아와 "내년에 국회의원에 출마하려 하는 이의 당선 여부를 점쳐 이 괘를 얻었다. 청룡 官이 持世하고 발동, 스스로 旺하니 틀림없이 당선되지 않겠는가"라고 물었다.

▸아니다. 4효 丑土 官이 持世·발동했으나 官의 원신인 변효 午火 財가 子월에 月破되고 亥일의 克을 받았다. 게다가 子월과 亥일이 應을 生하니 남이 당선되리라.

＊＊ 본괘에 父가 없으면 文章(시험)을 논(論)할 수 없고, 官이 없으면 관운을 얘기할 수 없다.

(시험점)
火地晋 ! 雷地豫

孫巳財戌 X
官申 //
孫午 / 應
兄卯 //
孫巳 //
財未 // 世

子月 丁亥日

▶日月이 父를 帶하였으나 본괘에 父가 없고, 6효 戌土 財가 발동한 가운데 초효 未土 財가 持世하니 文章(시험)과는 인연이 멀다.

(승진점)
艮爲山 ! 火山旅

兄巳 /
孫未 //
孫戌財酉 X 應
財申 /
兄午 //
孫辰 // 世

亥月 甲子日

▶日月이 官을 帶하나, 본괘에 官이 없고 초효 辰土 子孫이 持世하니 내가 官을 수용할 뜻이 없음이다.

＊＊ 官이 持世했는데 월이 발동, 克世하면 재앙이 따른다.

山地剝 ! 艮爲山

官寅 / 世
財子 //
兄戌 //
官卯孫申 X 應
父午 //
兄辰 //

申月 癸未日

▶申월이 3효에서 발동, 克世하는 가운데 世가 日墓에 드니 흉한 징조다.

▶이달 중 파직되고 바로 구속된다.

火風鼎 ! 天火同人	
孫戌 / 應 孫未財申 ╳ 兄午 / 官亥 / 世 官亥孫丑 ╳ 孫丑父卯 ╳	丑月 庚申日

▸丑월이 2효에서 발동, 克世하니 불길하다.

▸그러나 다행하게도 5효 申金 財가 日을 帶하고 발동, 生世하니 도리어 승진한다.

▸丑월이 발동하나 亥水 官 世를 克하지 않고 申金 財를 生함은 탐생망극하기 때문이다.

**** 太歲는 有情함을 가장 좋아하니 官鬼에 臨하여 生世하면 군신(君臣)이 상봉한 형상이라 반드시 높이 오른다.**

澤水困 ! 兌爲澤		
玄 白 匕 句 朱 青	父未 // 世 兄酉 / 孫亥 / 父丑 // 應 財卯 / 財寅官巳 ╳	巳年 巳月 甲辰日

▸巳년이 초효에서 青龍 官鬼를 帶하고 발동, 生世하니 참으로 길조(吉兆)다.

▸현재는 초효의 변효 寅木 財가 공망이므로 출공하는 甲寅일 좋은 소식이 있으리라. 과연 그랬다.

**** 日辰이 世를 克하고 世가 공망을 만나면 매우 흉하다.**

(승진점) 坎爲水 ! 水火旣濟	
兄子 // 應 官戌 / 父申 // 財午兄亥 ╳ 世 官辰官丑 ╳ 孫寅孫卯 ╳	午月 乙丑日

▸3효 亥水 世가 午월에 절지가 되고 丑일이 2효에서 발동, 克世하는 중 世가 진공이니 어떻게 승진을 바랄 수 있으랴. 승진은 고사하고 재앙을 예방하라.

▸2효 丑土 官이 발동, 진신이고 3효 亥水 世가 午火 財를 화출하니 未월에 횡령으로 구속됐다.

(승진점)
雷火風 ! 水火旣濟

兄子 // 應
父申官戌 X
財午父申 X
兄亥 / 世
官丑 //
孫卯 /

申月 辛未日

▶未일이 3효 亥水 世를 克하고 世가 공망을 만나니 흉조(凶兆)다.

▶그러나 자세히 살펴보면 그렇지 않다. 5효 戌土 官이 발동, 4효 申金 父를 生하고 4효 父는 다시 발동해 生世하니 절처봉생이다.

▶출공 후 巳일에 승진했다. 静者는 冲일에 성사(成事)되기 때문이다.

** 父는 旺하나 官이 공망이면 등용되지 못한다. 官이 生扶를 받아 旺하면 비록 父는 약하더라도(학문은 부족하더라도) 꼭 뜻을 이룬다.

乾爲天 ! 天風姤

父戌 /
兄申 /
官午 / 應
兄酉 /
孫亥 /
孫子父丑 X 世

子月 己丑日

▶父가 초효에서 持世한 가운데 일진을 帶하고 발동하니 시험은 좋은 성적으로 합격한다.

▶그러나 4효 午火 官이 月破 당하고 공망에 빠지니 관운은 기대하기 어렵다.

雷天大壯 ! 雷風恒

財戌 // 應
官申 //
孫午 /
官酉 / 世
父亥 /
父子財丑 X

丑月 庚辰日

▶丑월이 초효에서 발동, 2효 亥水 父를 克하니 학문은 없다 하겠다.

▶그러나 3효 酉金 官이 持世한 가운데 월일의 生을 받으니 특채된 뒤 대발(大發)했다.

** 父와 官이 발동하여 화절(化絶)되면 합격을 기대하기 어렵다. 官鬼가 日月을 帶하고 應에서 발동, 生世하면 돈을 주고 관직을 살 수 있다.

山澤損 ! 風澤中孚	
官卯 /	亥月 乙未日
財子父巳 ╳	
兄未 // 世	
兄丑 //	
官卯 /	
父巳 / 應	

▸巳火 父가 5효에서 발동, 生世하니 길조(吉兆)다.

▸그러나 巳火 父가 月破를 당한 가운데 발동, 화절(化絶)되니 시험에 좋은 점수를 얻기 어렵다.

地風升 ! 天風姤	
兄酉父戌 ╳	午月 甲午日
孫亥兄申 ╳	
父丑官午 ╳ 應	
兄酉 /	
孫亥 /	
父丑 // 世	

▸월일이 4효에서 官을 帶하고 발동, 生世하니 父와 官이 모두 旺하다.

▸반드시 관직을 얻을 수 있으리라.

4. 재수점(財數占), 구재점(求財占)

**** 財는 本이요, 子孫은 이(利)가 된다. 따라서 이 둘이 沖破되면 求財에는 불리하다.**

! 水火旣濟

兄子 // 應
官戌 /
父申 //
兄亥 / 世(午財)
官丑 //
孫卯 /

▸兄이 持世하고 財가 복신이라 재물과는 인연이 없다.

▸世가 약할 경우는 財가 발동해 世를 生合하면 길하고, 世가 旺할 때는 財가 발동해 克世하면 큰 재물을 얻을 수 있다.

▸財가 持世하면 財와 인연이 있으니 財가 旺하는 시기에 재물을 얻을 수 있다.

▸재물과 인연이 있다 함은 財가 持世하거나 財가 발동해 生世, 또는 克世함을 말한다.

坎爲水 ! 澤水困

父未 //
兄酉 /
兄申孫亥 ╳ 應
官午 //
父辰 /
財寅 // 世

亥月 壬子日

▸財가 持世하니 재수와 인연이 있다.

▸4효에서 亥水 子孫이 발동, 生世하니 곧 재수가 있겠다.

▸그러나 현재는 寅木 財가 공망이므로 출공하는 甲寅일부터 재수가 있으리라.

天水訟 ! 澤水困

父戌父未 ╳
兄酉 /
孫亥 / 應
官午 //
父辰 /
財寅 // 世

未月 乙巳日

▸위의 卦와 비슷하나 내용은 매우 다르다.

▸초효 寅木 財가 持世하니 재수가 있는 괘상이다.

▸그러나 6효에서 未土 父가 월을 帶하고 발동, 진신이 되면서 원신인 亥水 子

孫을 克한다. 또 子孫은 日破를 당하니 전혀 힘이 없다.

▶게다가 持世한 寅木 財가 월일에 휴수돼 약한데, 未월 동묘(動墓)에 입고(入庫)되니 재수는커녕 재물로 인한 구설(口舌)만 있겠다.

＊＊ 兄動하면 財를 克한다. 그러나 본괘에 財가 없고 子孫만 있으면 도리어 財源이 旺해지니 재수가 유망(有望)하다.

天澤履 ! 火澤睽

父巳 /
孫申 兄未 X
孫酉 / 世
兄丑 //
官卯 /
父巳 / 應

▶財가 괘 중에 있는데 兄이 발동하면 克財하니 흉하다.

▶그러나 財가 없으면 克財할 곳이 없으니 자연히 子孫을 生한다. 子孫은 財의 원천이요, 財의 생산처라 生을 받아 旺해지면 길하다.

＊＊ 兄이 動하지 않더라도 旺하면 재수가 없다. 그러나 官이 발동하면 괜찮다.

! 天地否

父戌 / 應
兄申 /
官午 /
財卯 // 世
官巳 //
父未 //

未月 甲申日

▶어떤 사람이 "5효 申金 兄이 월일의 生을 받아 旺하나, 3효 卯木 財가 持世하니 재수가 있지 않겠는가"라고 물었다.

▶그러나 그렇지 않다. 申일이 현재는 5효에서 발동하지 않으나 며칠 뒤 庚寅일이 되면 충동해 財를 克한다.

▶게다가 兄을 누르는 午火 官이 공망이니 어찌 재수를 말하랴.

＊＊ 財는 있으나 子孫이 없으면 재물을 얻기 어렵고, 財와 子孫이 둘 다 없으면 산에서 바다고기를 찾는 것과 같다.

!天地否

父戌 / 應
兄申 /
官午 /
財卯 // 世
官巳 //
父未 // (子孫)

未月 丁巳日

▶財가 持世함은 현재 내가 어느 정도의 재물을 소유하고 있음을 말한다.

▶원신 子孫이 없으면 財를 生하는 근원이 없는 것과 같으므로 앞으로의 재수를 말하기 어렵다.

▶만일 5효 申金 兄이 발동, 克世하면 큰 손재를 입게 된다.

▶초효 未土 아래 子水 子孫이 복신인데 未월이 克하고 巳일에 絕되니 財의 원천은 완전히 고갈된 것과 같다.

** 父와 兄이 함께 발동하면 절대 재수를 말하지 말라. 父는 財의 원신인 子孫을 克하고, 兄은 파재(破財)의 神이기 때문이다.

水火旣濟 ! 風火家人

父子兄卯 X
孫巳 / 應
財未 //
父亥 /
財丑 // 世
兄卯 /

卯月 甲子日

▶財가 持世하면 반드시 괘 중에 官이 있어 兄을 제압해야 길하다.

▶만일 兄이 발동하면 官도 발동해 兄을 克해야 손재를 피할 수 있다.

▶卯월 兄이 초효와 6효에서 교중돼 발동했는데 이를 억누를 자(者)가 전혀 없다. 도산한 사람의 괘다.

** 월이 財가 되면 괘 중에 財가 없더라도 日辰이 財가 되는 날 득재(得財)한다.

巽爲風 ! 天風姤

父戌 /
兄申 /
父未官午 X 應
兄酉 /
孫亥 / (寅財)
父丑 // 世

卯月 丙寅日

▶寅木 財가 2효 亥水 子孫 아래 복신이나 월일이 財가 되니 財가 旺하다.

▶伏者는 旺한 날 성사(成事)된다.

▶또 초효 丑土 父가 持世하고 있는데 월일이 克世하니 무력한 듯하다.

▸그러나 4효에서 午火 官이 월일의 生을 받아 旺한 가운데 발동, 生世하니 전혀 문제가 없다.

▸寅木 日辰이 克世하니 오늘 재수가 있겠다.

! 水火旣濟

兄子 // 應
官戌 /
父申 //
兄亥 / 世(午財)
官丑 //
孫卯 /

午月 辛巳日

▸午火 財는 3효 亥水 兄 아래 복신이다. 午월과 巳일도 財다.

▸위의 예문과 괘상은 비슷한 듯하나 내용은 전혀 다르다. 재수는 고사하고 재앙을 방지해야 한다.

▸3효 亥水 世가 午월에 絶地가 되고 日破를 당하니 무력하다. 世의 원신 申金 父도 월일의 克을 받아 전혀 힘이 없다.

▸신상에 재앙이 있을까 두렵다.

** 財가 많이 나타나 있으면 묘고(墓庫)에 입고돼야 길하다. 특히 재고(財庫)가 持世하면 큰 재물을 얻을 수 있다.

地水師 ! 地天泰

孫酉 // 應
財亥 //
兄丑 //
父午兄辰 X 世
官寅 /
官寅財子 X

亥月 庚子日

▸辰土 兄이 持世한 가운데 발동하니 재물과는 인연이 없는 것 같다.

▸그러나 그렇지 않다. 亥월, 子일 財가 괘 중에 나와 旺하긴 하나 財가 4개나 돼 흐트러져 있음과 같다.

▸이때 財를 끌어 모으는 辰土 재고(財庫)가 持世하고 발동, 財를 끌어모으니 큰 재물을 얻을 괘다.

** 世가 求財의 주인이니 財가 持世하거나 生世, 克世하지 않으면 世와 財는 전혀 관계가 없다. 어찌 재수를 말하랴.

！澤水困
父未 //
兄酉 /
孫亥 / 應
官午 //
父辰 /
財寅 // 世

▶財가 持世하므로 재물과 인연이 있다고 하겠다.

風天小畜！山天大畜
官寅 /
父巳財子 X 應
兄戌 //
兄辰 /
官寅 / 世
財子 /

▶財가 발동, 生世하니 財와 인연이 있다.

澤天夬！澤風大過
財未 //
官酉 /
父亥 / 世
官酉 /
父亥 /
父子財丑 X 應

▶財가 발동해 克世하므로 재수 대길하다.

** 子孫이 발동해 財를 生하고, 다시 財가 발동해 世를 生하면 재수가 끊기지 않는다.

風地觀 ! 水地比

官卯財子 ⩙ 應
兄戌 /
孫申 //
官卯 // 世
父巳 //
兄未 //

戊月 甲寅日

▸申金 子孫이 4효에서 暗動, 6효 子水 財를 生하고 다시 6효 財가 발동, 生世하니 사업이 날로 번창할 괘다.

坎爲水 ! 澤水困

父未 //
兄酉 /
兄申孫亥 ⨉ 應
官午 //
父辰 /
財寅 // 世

亥月 乙丑日

▸寅木 財가 초효에서 持世하니 재수가 있다 하겠다.

▸4효에서 亥水 子孫이 월을 帶하고 발동, 生世하니 財源이 무한하다 하겠다.

**** 兄이 持世한 가운데 발동해 官鬼로 변하면 구설(口舌)이 분분하고 재물을 잃는다. 회두극을 당한 것이다.**

水雷屯 ! 水火旣濟

兄子 // 應
官戌 /
父申 //
官辰兄亥 ⨉ 世
官丑 //
孫卯 /

寅月 辛丑日

▸世와 應이 둘 다 兄이니 재수와는 거리가 멀다.

▸3효 亥水 兄이 寅월에 휴수되고 丑일에 日破를 당하니 괘상이 나쁘다.

▸게다가 亥水 世가 발동, 회두극이 되니 매우 나쁘다.

▸辰월에 사업실패를 비관, 운전 중 강으로 투신자살했다. 亥는 丑일의 역마이기 때문이다.

**** 太歲 兄이 持世하고 발동하면 일년 간 재수가 없다. 月建**

兄이 持世하고 발동하면 몇 달 동안 무재(無財)다.

水風井 ! 巽爲風

父子兄卯 X 世
孫巳 /
財未 //
官酉 / 應
父亥 /
財丑 //

卯年 辰月 辛卯日

▶卯년이 6효에서 兄을 帶한 가운데 持世하니 일년 중 재물을 전혀 얻지 못할 괘다.

＊＊財가 발동해 世를 生合하면 재물을 쉽게 얻는다. 그러나 財가 日辰이나 다른 효를 生合하면 그 사람이 득재(得財)한다. 다른 효가 父면 尊長(윗어른)이요, 兄이면 형제(兄弟)나 친구다.

雷澤歸妹 ! 雷風恒

財戌 // 應
官申 //
孫午 /
財丑官酉 X 世
父亥 /
孫巳財丑 XX

午月 乙丑日

▶한 사람이 찾아와 "지금까지 주식투자를 해 큰 손해를 봤다. ○○주식을 사면 손해를 만회할 수 있겠는가"라고 물어나온 괘다.

▶午월이 초효 丑土 財를 生하고, 다시 丑土 財는 발동해 生世하니 참으로 吉兆다. 무엇을 망설일 것인가.

(동업)
水天需 ! 巽爲風

父子兄卯 X 世
孫巳 /
財未 //
官酉 / 應
父亥 /
父子財丑 XX

亥月 乙丑日

▶6효 卯木 兄이 持世한 가운데 발동하니 동업은 안 된다.

▶초효에서 丑土 財가 발동하나 應을 生하니 나와는 전혀 무관(無關)한 재수다.

**** 世와 應이 둘 다 財이면 유리하다. 그러나 兄이 발동하면 반드시 손재한다. 兄은 정(靜)해야 길하고, 動하면 불길하다.**

(동업)
！地風升

官酉 //
父亥 //
財丑 // 世
官酉 /
父亥 /
財丑 // 應

午月 乙未日

▸4효 世와 초효 應이 比和함은 나와 상대방의 뜻이 같다는 애기다.

▸午월이 世와 應을 生하고 未일이 暗動시키니 財가 매우 旺하다. 재수대길한 괘다.

雷澤歸妹！震爲雷

財戌 // 世
官申 //
孫午 /
財辰 // 應
兄卯兄寅 X
父子 /

寅月 己卯日

▸世와 應이 둘 다 財라 좋은 듯하다.

▸그러나 육충괘에다 寅월이 2효에서 兄을 帶하고 발동, 진신이 되면서 世應을 克하니 큰 손재를 면하기 어렵다.

▸게다가 卯일도 兄을 돕는다.

▸兄이 발동하면 官이 발동해 兄을 克하거나, 子孫이 발동해 탐생망극시켜야 길하다.

**** 사채(私債)는 世와 應이 둘 다 兄이거나, 財가 쇠절(衰絶)되면 받지 못한다. 世와 應이 둘 다 공망이면 더욱 받기 어렵다.**

(수금)
天水訟！澤水困

父戌父未 X
兄酉 /
孫亥 / 應
官午 //
父辰 /
財寅 // 世

未月 庚戌日

▸초효 寅木 財가 持世하니 재수가 있는 괘상이다.

▸그러나 6효에서 未土 父가 발동, 진신이 되면서 財의 원신인 4효 亥水 子孫을 克하고, 寅木 財를 입고시킨다..

▸게다가 寅木 財가 공망이니 돈을 받기는 어렵겠다.

(수금) !水火旣濟		
兄子 // 應		亥月
官戌 /		
父申 //		甲申日
兄亥 / 世(午財)		
官丑 //		
孫卯 /		

▶午火 財가 3효 亥水 世 아래 복신인데 亥월의 克을 받는데다 진공이다. 따라서 돈을 받는 데 어려움이 많겠다.

▶게다가 6효에서 應이 兄을 帶하고 있으니 상대방이 돈을 줄 뜻이 전혀 없다.

** 현무가 官鬼를 帶하고 克世하면 도난을 당한다.

	地火明夷	!水火旣濟	
靑		兄子 // 應	午月
玄	兄亥	官戌 X	
白		父申 //	丁丑日
匕		兄亥 / 世	
句		官丑 //	
朱		孫卯 /	

▶3효 亥水 世가 午월에 絶地가 되고 日辰의 克을 받아 무력하다.

▶5효에서 戌土 官이 월일의 生扶를 받아 旺한 가운데 현무를 帶하고 발동, 克世하니 도적을 주의하라.

▶戌일에 골목길에 세워둔 차를 잃어버린 괘다. 亥水 兄이 丑일의 역마이기 때문이다.

** 매매점에서 應이 世를 克合하면 상대방이 내 물건을 탐(貪)함이요, 生合하면 내 물건에 관심이 있다는 얘기다. 그러나 應이 世를 刑克하면 매매는 성사되기 어렵다.

(주택 매매)
坎爲水 ! 澤水困

父未 //
兄酉 /
兄申孫亥 X 應
官午 //
父辰 /
財寅 // 世

午月 甲戌日

▸4효 亥水 應이 발동해 生世하고, 財가 持世하니 매매에 길조(吉兆)다.

▸2효에서 辰土 父가 暗動하니 가택 문제가 분명하다.

▸그러나 亥水 應이 발동해 申金을 화출하면서 공망에 빠지니 현재는 성사(成事)가 안 된다.

▸申金이 출공한 뒤 丁亥일에 성사되리라. 亥일에 성사(成事)됨은 動者는 행동하는 者이기 때문이다.

山地剝 ! 艮爲山

官寅 / 世
財子 //
兄戌 //
官卯孫申 X 應
父午 //
兄辰 //

子月 乙巳日

▸어떤 사람이 집을 사고 싶다며 성사 여부를 물어 나온 괘다.

▸3효 申金 應이 6효 寅木 世를 冲克하는 괘상이라 매매는 어렵겠다.

▸寅木 世는 子월에 旺하나 공망을 만나니 내 마음을 감춤과 같다.

▸申金 應은 子월에 휴수되고 日辰의 克을 받는 가운데 발동해 卯木을 화출하면서 공망에 빠졌다. 따라서 상대방 뜻도 알 수 없다 하겠다.

▸따라서 이 매매는 이뤄지지 않는다.

▸출공 후 應이 克世하므로 홍정을 하다 시비만 오고 갔다.

** 財가 태과(太過)하면 물건이 많고, 財가 불급(不及)이면 물건이 적다. 공망은 물건이 이미 떠난 뒤요, 伏은 본래 물건이 없다는 얘기다. 농수축산물을 子孫으로 봄은 子孫이 財의 원신이기 때문이다.

風雷益 ! 山火賁	
官寅 /	寅月 丙辰日
父巳財子 ╳	
兄戌 // 應	
兄辰財亥 ╳	
兄丑 //	
官卯 / 世	

▶청과물 도매업을 하는 사람이 여름 과일을 입도선매하면 어떻겠느냐고 물어 나온 괘다.

▶財가 발동해 生世하니 재수가 있는 듯하다.

▶그러나 5효에서 발동한 子水 財는 絶을 만나고, 3효에서 발동한 亥水 財는 化墓, 日墓에 드니 무력하다.

▶財가 둘이나 발동하나 모두 힘을 잃어 生世하지 못하니 절대 안 된다.

! 山火賁	
官寅 /	申月 辛巳日
財子 //	
兄戌 // 應	
財亥 /	
兄丑 //	
官卯 / 世	

▶申월에 3효 亥水 財가 暗動, 生世하니 길조(吉兆)다.

▶10월에 많은 돈을 벌리라.

5. 가택점(家宅占)

＊＊ 2효는 宅효요, 5효는 人口효다. 日辰이나 月建 동효가 應에 臨하여, 父를 帶하고 宅효를 상생(相生)하면 조상으로부터 택지(宅地)를 물려 받는다.

!山雷頤		
兄寅 /		子月 甲午日
父子 //		
財戌 //	世	
財辰 //		
兄寅 //		
父子 /	應	

▶子월에 宅효 寅木 兄이 旺하다.

▶초효에서 子水 應이 暗動, 宅효를 生하니 부모로부터 집을 상속받을 괘다.

▶그러나 宅효에 兄이 붙어 있으니 비싼 집은 아니다.

天澤履！地澤臨		
兄戌孫酉 X		寅月 癸亥日
孫申財亥 X	應	
父午兄丑 X		
兄丑 //		
官卯 /	世	
父巳 /		

▶5효에서 亥水 應이 발동, 宅효를 生하니 부모에게서 상속 받은 집을 가지고 있다.

▶旺한 財(應)가 世(宅효)를 生하니 비싼 집이다.

＊＊ 宅효에 子孫이 있으면 그 집은 편안한 집이요, 財가 있으면 재수가 있는 집이다. 그러나 兄이 있으면 손재(損財)가, 官이 있으면 관재 · 질병이 있는 집이다.

!天水訟

孫戌 /
財申 /
兄午 / 世
兄午 //
孫辰 /
父寅 // 應

巳月 己酉日

▶宅효에 子孫이 있고, 5효 人口효를 生하는 관계에 있으니 길한 괘다.

▶오래 살아도 별탈 없이 편안하겠다.

▶그러나 兄이 持世하니 득재(得財)는 어렵다.

天澤履 ! 天雷无妄

財戌 /
官申 /
孫午 / 世
財辰 //
兄卯兄寅 X
父子 / 應

寅月 癸亥日

▶寅木 兄이 월을 帶하고 宅효에서 발동하니 손재(損財)가 크다.

▶그 집에 입주해 살다 파산한 사람의 괘다.

水地比 ! 坎爲水

兄子 // 世
官戌 /
父申 //
財午 // 應
財巳官辰 X
孫寅 //

巳月 丙辰日

▶日辰 辰土 官이 宅효에서 旺한 가운데 발동, 克世하니 참으로 불미스럽다.

▶온 식구가 질병으로 고생한 사람의 괘다.

＊＊ 2효 宅효가 발동해 5효 人口효를 克하면, 집이 식구를 克함과 같으니 흉하다. 그러나 반대로 5효 人口효가 2효 宅효를 克하는 관계에 있으면, 그 집에 살고 있는 사람이 집을 누르고 있는 모습이라 무방하다. 그러나 발동해 克하면 흉하다.

水澤節 ! 水雷屯

兄子 //		亥月 甲子日
官戌 / 應		
父申 //		
官辰 //		
孫卯孫寅 X 世		
兄子 /		

▶宅효에서 子孫이 발동하니 편안한 괘상인 듯하다.

▶그러나 자세히 살펴보면 宅효에서 子孫이 旺한 가운데 발동, 5효 人口효를 克하니 흉조(凶兆)다.

▶게다가 5효 戌土 官은 월일에 휴수되고 공망인 데다 원신은 복신이라 무력하다.

▶그 집에 살다 큰 아들(長子)이 사망했다.

** 靑龍이 교중해 宅효를 生하면 집을 고칠 일이 있다. 이때 청룡이 父를 帶하면 부모가 살 집이거나 서재다. 財를 帶하면 주방이요, 兄을 帶하면 담장이나 문호(門戶)다. 子孫이면 거실이요, 官이면 神이나 조상을 모시는 곳이다.

! 水天需

玄	財子 //	亥月 甲午日
白	兄戌 /	
匕	孫申 // 世	
句	兄辰 /	
朱	官寅 /	
靑	財子 / 應	

▶子水 財가 초효와 6효에서 교중된 상태에서 暗動한다.

▶또 暗動한 財가 청룡을 帶하고 宅효를 生하니 주방을 손질하는 일이 있겠다.

! 雷水解

匕	財戌 //	寅月 庚子日
句	官申 // 應	
朱	孫午 /	
靑	孫午 //	
玄	財辰 / 世	
白	兄寅 //	

▶午火 子孫이 3효와 4효에서 청룡을 帶하고 교중해 있다.

▶또 午火 子孫이 暗動, 宅효를 生하니 거실을 수리하려고 한다.

＊＊ 日辰이 持世하고 발동, 宅효를 克하면 집이 편안하지 못하고 파재(破財)한다. 또 宅효가 日破되거나, 日辰 동효의 克을 받으면 재앙이 생긴다.

艮爲山 ! 山火賁

官寅 /		亥月
財子 //		
兄戌 //	應	己卯日
財亥 /		
兄丑 //		
兄辰官卯 X	世	

▶초효에서 卯木 日辰 官이 持世하고 발동, 宅효를 克한다.

▶卯木 官은 月의 生을 받아 旺하다.

▶스스로 가정을 파괴한 사람의 괘다.

天風姤 ! 巽爲風

兄卯 /	世	巳月
孫巳 /		
孫午財未 X		乙未日
官酉 /	應	
父亥 /		
財丑 //		

▶4효에서 日辰 未土 財가 발동, 宅효를 克하는 가운데, 초효에서 丑土 財가 暗動해 宅효를 또 克하니 흉조(凶兆)다.

▶게다가 宅효 亥水는 月破를 당하고 日辰의 克을 받으니 대흉(大凶)하다.

▶가장이 사업에 실패해 집은 채권자에게 넘어가고 화병으로 사망한 괘다.

＊＊ 宅효에 應이 있으면 응비입택(應飛入宅)이라 하는데, 다른 성을 가진 사람이 동거하고 있음을 뜻한다. 宅효가 발동, 生世하면 가까운 장래에 이사하게 된다.

澤風大過 ! 水風井

父子 //		未月
財戌 /	世	
父亥官申 X		甲申日
官酉 /		
父亥 /	應	
財丑 //		

▶應이 宅효에 있고, 宅효 亥水 父는 발동한 日辰 申金의 生을 받으니 旺하다.

▶남편의 뜻에 따라 시이모를 모시고 있는 여자의 괘다.

風山漸 ! 巽爲風

兄卯 / 世
孫巳 /
財未 //
官酉 / 應
孫午父亥 X
財丑 //

亥月 癸酉日

▸宅효에서 亥水 父가 발동, 生世한다.

▸집 문서를 가질 괘다.

＊＊ 문정(門庭)은 3효다. 3효가 연월일로부터 三傳克(三破)을 당하면 패가한 집이다. 또 宅효가 日辰 동효의 克을 받는 가운데 진공을 만나도 그 집은 황폐한 집이다. 살던 사람이 도망했거나 일가가 몰살한 경우다.

澤雷隨 ! 澤火革

官未 //
父酉 /
兄亥 / 世
官辰兄亥 X
官丑 //
孫卯 / 應

丑年 未月 戊辰日

▸3효 문정(門庭)에서 亥水 兄이 丑년과 未월의 克을 받으니 흉조(凶兆)다.

▸게다가 兄은 日辰墓가 되면서 日辰克 · 회두극을 받으니 三傳克이다.

▸사업 실패 후 처가 가출하자 비관, 일가족이 음독자살한 괘다.

震爲雷 ! 水雷屯

兄子 //
父申官戌 X 應
財午父申 X
官辰 //
孫寅 // 世
兄子 /

酉年 未月 戊申日

▸寅木 世가 宅효에 臨했다.

▸宅효 寅木을 酉년이 克하고, 未월이 입고시키는데 4효에서 日辰 申金이 발동해 克하니 매우 흉하다.

▸여기에다 寅木 世가 공망이니 진공이다.

▸가장이 사업에 실패한 뒤 일가족이 차 안에서 음독자살했다. 寅은 申일의 역마다.

** 兄이 괘 중에 있는데 官이 없으면 兄을 견제하는 자가 없어 손재가 따르고 처(妻)가 불안하다. 또 官이 발동하는 것도 바람직하지 못하다. 특히 괘 중에 子孫이 없는데 官이 발동, 克世하면 그 재앙은 크다.

水火旣濟 ! 風火家人	
父子兄卯 Ⅹ	卯月 庚申日
孫巳 / 應	
財未 //	
父亥 /	
財丑 // 世	
兄卯 /	

▶卯木 兄이 초효와 6효에서 교중된 상태에서 발동, 克世한다.

▶旺한 兄을 누를 官이 없으니 兄의 횡포가 심하다.

▶파산 후 처가 가출한 괘다.

水澤節 ! 風澤中孚	
財子官卯 Ⅹ	亥月 辛卯日
父巳 /	
兄未 // 世	
兄丑 // (申孫)	
官卯 /	
父巳 / 應	

▶官이 발동하면 子孫이 함께 발동해야 길하다.

▶여기서는 子孫이 복신인데다, 휴수돼 무력하니 흉하다.

▶6효에서 亥월의 生을 받은 卯木 官이 日辰을 帶하고 발동, 克世하니 전혀 구출될 여지가 없다. 당일 사망한 괘다.

** 問卜者(문복자 · 점을 보러 온 사람)의 納音五行이 官을 克하면 官이 발동해도 괜찮다.

水澤節 ! 風澤中孚	
財子官卯 Ⅹ	亥月 辛巳日
父巳 /	
兄未 // 世	
兄丑 //	
官卯 /	
父巳 / 應	

▶問卜者는 癸酉생이다.

▶6효 卯木 官이 亥월의 生을 받아 旺한 가운데 발동, 克世하니 불미스럽다.

▶그러나 巳일이 生世하니 절처봉생(絶處逢生)이다.

▶더욱 다행스러운 것은 問卜者의 납음오행이 검봉금(劍鋒金)이라, 金克木해

官을 克함에 있다.

水澤節 ! 風澤中孚	
財子官卯 ╳	亥月 辛卯日
父巳 /	
兄未 // 世	
兄丑 //	
官卯 /	
父巳 / 應	

▶問卜者는 丙子생이다.

▶6효에서 卯木 官이 旺한 가운데 발동, 克世하고 日辰도 克世하니 매우 흉하다.

▶게다가 問卜者의 納音五行이 간하수(澗下水)라 卯木 官을 도와주니 구제될 여지는 전혀 없다.

** 백호 官이 발동, 가족 중 납음명인(納音命人)을 克하면 그 사람이 재앙을 당한다.

山地剝 ! 山火賁		
七	官寅 /	子月 庚寅日
句	財子 //	
朱	兄戌 // 應	
靑	官卯財亥 ╳	
玄	兄丑 //	
白	兄未官卯 ╳ 世	

▶초효 卯木 官이 亥卯未 官局을 이루고 발동, 4효 戌土 兄을 克한다.

▶형제가 흉하다고 했더니 형제가 없다고 했다. 그러면 가족 중의 土命人에게 문제가 있겠다고 했다. 아버지가 辛未생이었다.

▶辛未생은 納音五行이 노방토(路傍土)다. 부친이 사망한다 했더니 아버지의 병점을 보러 왔다고 했다.

** 관직자는 官이 持世한 가운데 財가 발동, 회두생을 받으면서 生世하면 관운이 대길하다. 그러나 관직자가 아니면 도리어 흉하다.

火風鼎 ! 雷風恒	
孫巳財戌 〤 應	酉月 丁卯日
官申 //	
孫午 /	
官酉 / 世	
父亥 /	
財丑 //	

▸3효 酉金 官이 持世했다.

▸6효에서 戌土 財가 발동, 巳火 子孫의 회두생을 받으면서 官을 生하니 길조다.

▸승진은 물론 앞으로의 관운도 좋겠다.

** 日辰 官이 천을귀인을 帶하고 世에 臨하여 발동하면 영전한다. 그러나 破克을 당하면 도리어 좌천된다.

雷澤歸妹 ! 雷風恒	
財戌 // 應	戌月 丁酉日
官申 //	
孫午 /	
財丑官酉 〤 世	
父亥 /	
孫巳財丑 〤	

▸丙, 丁의 천을귀인은 亥, 酉다.

▸3효 日辰 酉金 官이 천을귀인인데, 持世한 가운데 巳酉丑 官局을 이뤄 발동한다.

▸남보다 승진이 빠른 괘다.

雷水解 ! 雷風恒	
財戌 // 應	巳月 丁酉日
官申 //	
孫午 /	
孫午官酉 〤 世	
父亥 /	
財丑 //	

▸앞의 예문과 괘상은 비슷하나 내용은 매우 다르다.

▸日辰 酉金 官이 천을귀인이고 持世한 가운데 발동하니 관운이 있는 듯하다.

▸그러나 酉金 官이 巳월의 克을 받고, 회두극을 당하니 흉하다.

▸午월에 퇴직한 괘다.

** 여자가 시가(媤家)를 점할 때 財가 月破되고 兄이 발동, 財를 克하면 시가(媤家)가 망한다. 財는 官의 원신이기 때문이다.

雷山小過！艮爲山

兄戌官寅 X 世
財子 //
父午兄戌 X
孫申 / 應
父午 //
兄辰 //

午月 戊戌日

▶5효 子水 財가 午월에 月破를 당한 가운데 4효 戌土 兄이 발동, 克하니 시가(媤家)가 망한다.

▶과연 결혼 후 5년을 넘기지 못하고 媤家가 망했다.

**** 兄이 교중(交重)해 발동하면 처(妻)에게 문제가 생긴다.**

水火旣濟！風火家人

父子兄卯 X
孫巳 / 應
財未 //
父亥 /
財丑 // 世
兄卯 /

亥月 甲寅日

▶亥월에 卯木 兄이 旺한데 초효와 6효에서 교중된 상태에서 발동, 克財하니 흉하다.

▶현재는 6효 변효 子水와 2효 丑土 財가 공망이라 괜찮지만 출공하는 子월이면 일을 당하리라.

▶과연 子월 卯일에 처(妻)가 사망했다.

**** 日辰 世가 宅효에 臨하고 교중하면 내가 남의 집을 빌려 산다.**

！天山遯

父戌 /
兄申 / 應
官午 /
兄申 /
官午 // 世
父辰 //

寅月 甲午日

▶午火 日辰이 宅효에서 持世하고 교중한다.

▶남의 집을 빌려 살고 있다. 日辰은 남이다.

＊＊ 여자점에서 世와 應이 生合하고 두 개의 官이 내외괘에서 日月의 生을 받아 旺하면 남자가 둘 있다.

天火同人 ! 澤火革

官戌官未 ╳
父酉 /
兄亥 / 世
兄亥 /
官丑 //
孫卯 / 應

午月 丁巳日

▸2효 丑土 官과 6효 未土 官이 월일의 生을 받아 旺하다.

▸내괘 官은 신랑이요, 외괘 官은 정부(情夫)다.

▸6효에서 未土 官이 발동, 亥卯未 子孫局을 이뤄 2효의 丑土 官을 克하니 남편(正夫)을 버리려 한다.

▸그러나 현재는 안 된다. 亥월이 돼야 한다. 亥월이 되면 子孫은 더욱 旺해지고 丑土 官은 휴수되기 때문이다.

▸과연 亥월에 이혼했다.

＊＊ 世應 財가 相冲하면 부부가 생이별한다.

雷火豊 ! 震爲雷

財戌 // 世
官申 //
孫午 /
父亥財辰 ╳ 應
兄寅 //
父子 /

午月 丙辰日

▸육충괘는 결별의 의미가 있다.

▸世와 應이 서로 상충하니 뜻을 같이 할 수 없다는 애기다.

＊＊ 世가 사절(死絶)을 만나고 日辰 기살(忌殺)이 발동, 世를 克하면 사망하는 불상사가 있다.

澤火革 ! 風火家人	
財未兄卯 ╳	亥月 癸卯日
孫巳 / 應	
父亥財未 ╳	
父亥 /	
財丑 // 世	
兄卯 /	

▸2효 丑土 世가 월일에 휴수돼 약하다.

▸또 日辰 卯木이 초효와 6효에서 교중해 발동, 亥卯未 兄弟局을 이뤄 克世하니 대흉하다.

▸오늘도 불안하나 오늘을 넘기면 잠시 숨을 돌릴 수 있다. 甲辰 旬中으로 들어가 기살인 卯木 兄이 공망이 되기 때문이다.

▸그러나 출공일인 寅卯일을 넘기기는 어렵다.

** 三刑이면 불안하나 괘 중에 양인이 없으면 형화(刑禍)가 크지 않다. 그러나 양인과 형살(刑殺)이 克世하면 그 화가 매우 크다.

雷水解 ! 雷澤歸妹	
父戌 // 應	寅月 丙子日
兄申 //	
官午 /	
父丑 // 世	
財卯 /	
財寅官巳 ╳	

▸육효에서 三刑이란 세 글자가 모두 있어야 성립한다.

▸5효 申金 兄이 초효 巳火 官의 克을 받는다.

▸申金 兄은 초효 巳火와 변효 寅木과 寅巳申 三刑을 이루니 더욱 흉하다.

▸게다가 4효에서 丙일의 양인인 午火 官이 暗動, 克兄하니 兄을 구하기 어렵겠다.

▸丑일에 사망했다. 丑은 申金 兄의 묘고(墓庫)다.

** 官이 持世한 가운데 日辰 양인(陽刃)을 帶하고 발동, 다른 효를 克하면 내가 남을 살해할 마음을 갖는다. 반대로 다른 효의 官이 日辰 양인(陽刃)을 帶하고 발동, 克世하면 남이 나를 살해할 나쁜 마음을 갖는다.

山地剝 ! 山火賁

官寅 /
財子 //
兄戌 // 應
官卯財亥 X
兄丑 //
兄未官卯 X 世

卯月 甲子日

▶官이 持世하면 관직자에게는 길하다. 그러나 보통 사람에게는 관재나 질병이 있음을 뜻한다. 그렇지 않으면 내가 나쁜 생각을 품고 있다는 얘기다.

▶초효에서 卯木 월이 持世한 가운데 발동, 亥卯未 官局을 이뤄 兄을 克한다.

▶卯木 官이 甲일의 양인(陽刃)이니 내가 크게 미워하는 사람이 있다.

風澤中孚 ! 巽爲風

兄卯 / 世
孫巳 /
財未 //
財丑官酉 X 應
父亥 /
孫巳財丑 X

未月 庚戌日

▶현재 재판 중인 사람이 "상대방의 요구에 응해야 하는지"를 물어 나온 괘다.

▶6효 卯木 世가 未월에 입고되고 戌일에 휴수돼 무력하니 몸과 마음이 고달프다.

▶더욱 꺼림칙한 것은 3효 官이 발동, 巳酉丑 官局을 이뤄 克世하는데 應 酉金이 庚일의 양인을 帶하고 있음이다.

▶상대방의 요구에 전혀 응하지 않자, 그 쪽에서 살의(殺意)를 가지고 있다. 丁巳일을 주의하라.

▶현재는 世가 공망이라 상대방이 나를 찾지 못하나, 출공하면 나의 행적이 잡힌다.

▶丁巳일은 三合 官局 중 발동하지 않은 巳가 성사(成事)일이 되기 때문이다.

** 4개의 백호가 연월일을 帶하고 괘 중에서 발동하면 집안에 사망하는 사람이 생긴다. 백호의 克을 받는 사람이 죽는다.

澤水困 ! 澤地萃		
句	父未 //	午年
朱	兄酉 / 應	午月
青	孫亥 /	己巳日
玄	財卯 //	
白	父辰官巳 ✕ 世	
匕	父未 //	

▶연월일이 官鬼인데, 2효에서 日辰 官鬼 巳火가 백호를 帶하고 발동하니 대흉한 일이 있겠다.

▶5효 酉金 兄이 克을 받으니 형제에게 불상사가 있으리라. 집안의 納音五行이 金命人인 사람도 불길하다.

▶이 때 4효 亥水 子孫이 旺한 가운데 발동하면 官을 누르니 괜찮을 수도 있다.

＊＊ 世가 삼전극(三傳克)을 당하면 가족에게 재액이 생긴다. 太歲는 일년지환이요, 月建은 수개월의 화(禍)다.

地火明夷 ! 水火旣濟	
兄子 // 應	戌年
兄亥官戌 ✕	未月
父申 //	甲戌日
兄亥 / 世	
官丑 //	
孫卯 /	

▶戌년과 戌일이 5효에서 발동, 克世하고 未월도 克世하니 三傳克이다.

▶일년 내내 나와 형제가 모두 상해(傷害)를 입고 자식도 좋지 않았다. 자손은 水命人이었다.

＊＊ 초효가 水 父이면 그 집에 우물이 있다.

! 山雷頤		
玄	兄寅 /	申月
白	父子 //	甲子日
匕	財戌 // 世	
句	財辰 //	
朱	兄寅 //	
青	父子 / 應	

▶초효 子水가 申월의 生을 받고 日辰을 帶하니 수원(水源)이 풍부하다.

▶여기에 청룡이 臨하니 좋은 우물이 있겠다.

火雷噬嗑 ! 震爲雷

孫巳財戌 ╳ 世
官申 //
孫午 /
財辰 // 應
兄寅 //
父子 /

午月 戊辰日

▶초효 子水가 月破를 당하고 日墓에 드니 水源이 약하다.

▶게다가 6효에서 戌土 財가 발동, 子水를 克하니 그 우물은 방치되고 무너져 못쓴다.

** 초효에 官이 있고 父가 발동하면 자손이 사망한다. 초효에 父가 있고 兄이 발동하면 처(妻)에게 불미스런 일이 생긴다.

天澤履 ! 兌爲澤

父戌父未 ╳ 世
兄酉 /
孫亥 /
父丑 // 應
財卯 /
官巳 /

巳月 乙未日

▶초효 巳火 官이 月을 帶하고 旺하니 불길한 징조다.

▶6효에서 日辰 未土 父가 발동, 4효 亥水 子孫을 克하니 오늘 중 자손에게 재앙이 있겠다.

火地晋 ! 澤地萃

官巳父未 ╳
父未兄酉 ╳ 應
孫亥 /
財卯 //
官巳 // 世
父未 //

酉月 甲申日

▶未土 父가 초효와 6효에서 교중된 가운데 발동, 5효 酉金 兄을 生하고, 酉金 兄은 3효 卯木 財를 冲克한다.

▶게다가 3효 財는 월일의 克까지 받으니 견디지 못한다. 처가 가출한 괘다.

** 초효에 子孫이 있고 財가 발동, 克父하면 부모가 크게 상(傷)한다. 父가 陽효이면 父요, 陰효이면 母다.

地風升 ! 地水師	
父酉 // 應	卯月 壬午日
兄亥 //	
官丑 //	
父酉財午 X 世	
官辰 /	
孫寅 //	

▶3효 午火 財가 卯월의 生을 받아 旺한 가운데 日辰을 帶하고 발동, 克父하니 부모에게 우환이 있다.

▶또 6효 酉金 父는 月破를 당한데다 일의 克을 받으니 더욱 흉하다.

▶丑일을 주의하라. 丑은 酉金 父의 묘고(墓庫)이기 때문이다.

▶현재는 공망이라 괜찮겠지만 출공하는 酉일이 두렵다.

** 초효에서 木官이 발동, 宅효를 克하면 그 집에 나무 뿌리가 침범한 것이다.

艮爲山 ! 山火賁	
官寅 /	亥月 癸卯日
財子 //	
兄戌 // 應	
財亥 /	
兄丑 //	
兄辰官卯 X 世	

▶日辰 卯木 官이 초효에서 발동, 宅효를 克한다.

▶그 집에 木根이 침입했다. 집안의 土命人이 불길하다.

** 주작이 2효 官에 臨하고 旺한 가운데 발동, 克世하면 관재 · 소송사가 있다.

水地比 ! 坎爲水			
玄	兄子 //	世	巳月 乙未日
白	官戌 /		
七	父申 //		
句	財午 //	應	
朱	財巳 官辰 ╳		
青	孫寅 //		

▸2효에서 辰土 官이 주작을 帶하고 발동, 世를 克하면서 입고시키니 관재가 있다.

▸또 6효 子水 世는 巳월에 絶이 되고 日辰의 克을 받으니 더욱 난감하다.

▸지금은 2효 辰土가 공망이라 괜찮지만 출공일인 甲辰일에 구금되리라.

** 5효에 水가 있고, 그 水가 宅효나 世를 生合하면 물이 집 주변을 두르고 있다.

! 山雷頤		
兄寅 /		申月 甲午日
父子 //		
財戌 //	世	
財辰 //		
官寅 //		
父子 /	應	

▸초효와 5효에서 子水가 교중된 상태에서 暗動, 宅효를 生한다.

▸수원(水源)이 깊은 개울이 집 주위를 흐르고 있다.

▸申월이 子水를 生하고, 子水가 暗動하니 수원(水源)이 깊다.

** 초효에 子水가 있고 백호가 臨하면 집 주변에 다리가 있다. 그러나 冲破되면 파괴된 다리다.

! 山天大畜			
七	官寅 /		戌月 辛酉日
句	財子 //	應	
朱	兄戌 //		
青	兄辰 /		
玄	官寅 /	世	
白	財子 /		

▸초효에 子水가 있고 백호와 財를 帶하니 집 주위에 다리가 있다.

▸財와 子孫은 晴, 태양의 神이다. 물 위에 건조하고 메마른 기운이 뜨니 다리로 본다.

巽爲風 ! 風天小畜	
兄卯 /	戌月
孫巳 /	
財未 // 應	庚午日
財辰 /	
兄寅 /	
財丑父子 X 世	

▶초효 子水가 월의 克을 받고 日破를 당한 가운데 회두극을 받고 있다.

▶집 주위에 부서진 다리가 있다.

＊＊ 亥水가 4효나 5효에서 역마 子孫과 백호를 帶하면 다리 밑에서 살고 있다. 아니면 집 주변에 육교나 고가도로가 있다.

	! 澤水困	
青	父未 //	亥月
玄	兄酉 /	
白	孫亥 / 應	丁酉日
匕	官午 //	
句	父辰 /	
朱	財寅 // 世	

▶亥월이 4효에서 백호를 帶하니 다리가 하늘에 높이 떠 있는 듯하다.

▶丁酉일에 亥가 역마이니 차량 통행이 있다고 본다.

6. 신명점(身命占)

** 모든 점에 世와 身이 공망됨을 꺼린다. 공망이면 만사(萬事)가 이뤄지지 않기 때문이다. 世와 身이 입묘(入墓)하면 평생 술에 취한 듯, 꿈을 꾸는 듯 사니 일을 계획하더라도 결과가 없다.

山水蒙 ! 火水未濟	
兄巳 / 應	戌月 乙酉日
孫未 //	
孫戌財酉 X 命	
兄午 // 世	
孫辰 /	
父寅 // 身	

▶3효에서 兄이 持世하니 재물과는 인연이 먼 운명이다.

▶약한 午火 世가 공망이고, 초효 寅木 身爻가 日辰의 克을 받으니 평생 재운이 없다.

▶그러나 酉金 財가 戌월의 生을 받고 日辰을 帶하니 처(妻)에게는 재물이 있다.

** 육충괘(六冲卦)는 하는 일의 시작은 있으나 끝이 없다. 육합괘는 만사가 순조롭게 이뤄진다. 충중봉합(冲中逢合)은 처음에는 실패하나 뒤에 가서 뜻을 이루고, 합처봉충(合處逢冲)은 시작은 좋으나 끝에 가서 실패하고 만다.

(결혼점) 天火同人 ! 天雷无妄	
財戌 /	子月 甲申日
官申 /	
孫午 / 世	
父亥財辰 X	
兄寅 //	
父子 / 應	

▶남자 쪽에서 물어 얻은 괘다.

▶4효 午火 世가 月破를 당하고 진공이 되니, 내가 이 결혼에 자신이 없다.

▶초효 子水 應은 월을 帶하고 日辰의 生을 받아 旺하니 여자 쪽은 반듯한 집안이다.

▶世와 應 중간에서 辰土 財가 발동, 應을 입고시키니 여자 쪽 중매인이 이 결혼을 막는다.

▶육충괘에서 世와 應이 상충함은 서로 뜻이 다르다는 얘기다.

(결혼점)
! 天地否

父戌 / 應
兄申 /
官午 /
財卯 // 世
官巳 //
父未 //

辰月 丁酉日

▶육합괘라 결혼점에 좋다.

▶그러나 3효 卯木 世가 월에 휴수된 가운데 日辰의 沖을 받고, 應은 月破를 만나니 합처(合處)에 봉충(逢沖)이다.

▶이 결혼은 이뤄지지 않는다.

(결혼점)
天地否 ! 天雷无妄

財戌 /
官申 /
孫午 / 世
財辰 //
兄寅 //
財未父子 ╳ 應

未月 丁丑日

▶육충괘가 육합괘로 변해 충중봉합(冲中逢合)인 괘다.

▶그러나 이 결혼은 이뤄지지 않는다.

▶초효 子水 應이 월일의 克을 받는 가운데 회두극을 당해 완전히 무력하기 때문이다.

▶육합괘라고 일이 꼭 성사되고, 육충괘라고 반드시 不成하는 것은 아니다. 대체적으로 육합이면 순조롭게 이뤄지고, 육충이면 不成한다고 볼 뿐이다.

****** 世가 연월일의 生을 받지 못한 가운데 스스로 발동하면 자수성가한다. 힘이 없는 효가 日月이나 동효의 生扶를 얻으면 남의 도움으로 성가(成家)한다.

坎爲水 ! 水澤節

兄子 //
官戌 /
父申 // 應
官丑 //
孫卯 /
孫寅財巳 ╳ 世

子月 丙申日

▶子월이 초효 巳火 世를 克하고, 申일이 世의 원신인 卯木 子孫을 克하니 巳火 世는 무력하다.

▶그런데 巳火 世가 스스로 발동, 회두생이 되니 평생 수만금을 모았다.

▶그러나 평생 송사 · 분쟁이 그치질 않았다. 4효 申金 應과 巳火 世, 변효 寅木

이 寅巳申 三刑을 이루었기 때문이다.

天澤履 ! 地澤臨	
兄戌孫酉 ⨳	酉月 癸亥日
孫申財亥 ⨳ 應	
父午兄丑 ⨳	
兄丑 //	
官卯 / 世	
父巳 /	

▸2효 卯木 世가 月破를 당해 흉하다.

▸그러나 월파라 하지 않는다.

▸6효에서 酉월이 발동, 5효 亥水 財를 生하고, 5효 財는 다시 발동, 世를 生하니 처가로부터 기업을 이어받아 대사업가가 된 괘다.

**** 청룡 子孫이 持世하면 반드시 입노(入老)하고 평생 편안하다. 그러나 명예나 공명(功名)을 이루기는 어렵다.**

! 火山旅	
兄巳 /	午月 乙巳日
孫未 //	
財酉 / 應	
財申 /	
兄午 //	
孫辰 // 世	

▸子孫은 질액(疾厄), 관재를 내쫓는 신이다.

▸子孫이 持世하면 재앙이 나를 두려워 한다는 뜻이다.

▸그러나 子孫은 官을 克하므로 명예나 공명(功名)은 없다.

▸평생 병이 없이 안락하게 지낸 괘다.

**** 父가 持世하면 평생 피곤하고, 父가 발동하면 子孫이 傷한다.**

天澤履 ! 兌爲澤	
父戌父未 ⨳ 世	未月 辛未日
兄酉 /	
孫亥 /	
父丑 // 應	
財卯 /	
官巳 /	

▸父가 持世하면 재운이 좋다고 할 수 없다. 財의 원신인 子孫을 克하기 때문이다.

▸父는 연구하고 노력하는 神이라, 명예를 얻고 학문을 하는데 유망하다.

▸6효에서 未土 父가 월일을 帶하고 발동, 진신이 되면서 子孫을 克한다.

▶여기에다 4효 亥水 子孫은 일월의 克을 받는 중 진공이 되니 대흉하다.

▶子孫이 巳년에 불효했다.

▶兌宮에서 艮宮으로 변하니 음변양(陰變陽)이요, 亥水 子孫이 양(陽)이므로 아들을 잃었다고 본다.

**** 官은 재앙이다. 官을 만나면 질병을 얻거나 관재를 초래한다.**

雷天大壯 ! 雷風恒

財戌 // 應
官申 //
孫午 /
官酉 / 世
父亥 /
父子財丑 ╳

午月 辛巳日

▶관직자를 빼고는 官이 持世하거나 官이 발동하면 흉하다.

▶官이 持世함은 재앙과 질병이 내 주위에 머물고 있다는 얘기다.

▶午월이 3효 酉金 官을 克한 가운데 日辰이 다시 克하니 나에게 어려움이 많다.

▶게다가 酉金 官이 진공을 만나고 초효에서 丑土 금고(金庫)가 발동하니 관재를 면하기 어렵다.

▶지금은 酉金 世가 공망이라 괜찮지만 출공하면 불쾌한 일을 당하리라. 과연 乙酉일 구속됐다.

**** 福은 子孫이요, 財는 妻다. 子孫과 財, 둘이 사묘절공(死墓絶空)을 만나면 妻子가 상(傷)한다.**

風天小畜 ! 地天泰

官卯孫酉 ╳ 應
父巳財亥 ╳
兄丑 //
兄辰 / 世
官寅 /
財子 /

午月 辛巳日

▶6효 酉金 子孫이 월일의 克을 받는 가운데 발동, 반음(反吟)이 되니 불길하다.

▶5효 亥水 財는 日破를 당한 중 발동, 絶地에 빠지니 흉조다.

▶申, 酉, 戌, 亥일을 주의하라.

▶酉일에 가족나들이 갔다가 처와 자식이 해를 입은 괘다. 자식은 그 자리에서

숨지고, 처는 병원에서 치료를 받다가 戌일에 사망했다.

▸戌일에 사망함은 戌일이 3효 辰土 兄을 冲動시켜 財를 입고시키기 때문이다.

** 천을귀인, 녹마(祿馬)가 世에 臨하고 日月의 生扶를 받으면 출장입상(出將入相)하며 부귀한다.

山風蠱！火風鼎		
兄巳 /		亥月 丁酉日
孫未 //	應	
孫戌財酉 X		
財酉 /		
官亥 /	世	
孫丑 //		

▸2효에서 月建 亥水 官이 持世하고, 日辰 酉金 財가 발동, 生世하니 관운이 좋다.

▸또 亥水 官에 日辰의 역마와 천을귀인이 臨하니 대길하다.

▸일찍 고시에 합격, 현재 상당히 높은 자리에 있는 사람의 괘다.

** 子孫은 희열의 神이요, 주작은 말을 잘 하는 神이다. 子孫이나 주작이 世에 臨하고 應이 生合해오면 남의 환영을 받는 형국이므로 연예인이다.

澤天夬！水天需			
七	財子 //		子月 辛酉日
句	兄戌 /		
朱	財亥孫申 X	世	
青	兄辰 /		
玄	官寅 /		
白	財子 /	應	

▸4효에서 申金 子孫이 持世하고 발동, 應을 生合하니 내가 상대방과 한 무리를 이룸과 같다.

▸주작이 持世하니 연예인이다.

**** 金父가 백호를 帶하고 持世하면 정육점 일을 하는 사람이다. 父는 子孫을 克하는 神이요, 子孫은 육축(六畜)으로 보기 때문이다.**

澤火革 ! 雷火豊

玄		官戌 //	未月 甲戌日
白	父酉	父申 ╳ 世	
匕		財午 /	
句		兄亥 /	
朱		官丑 // 應	
青		孫卯 /	

▸5효에서 申金 父가 백호를 帶하고 持世한 가운데 발동, 초효 卯木 子孫을 克한다.

▸卯木 子孫은 甲일의 양인이니 이 사람은 정육을 취급하는 사람이다.

▸양인은 살상(殺傷)의 神이기도 하다.

**** 현무는 도적의 神이다. 兄이 현무를 帶하고 발동, 官에 臨하면 양상군자(樑上君子)다.**

地風升 ! 巽爲風

玄	官酉	兄卯 ╳ 世	亥月 乙卯日
白	父亥	孫巳 ╳	
匕		財未 //	
句		官酉 / 應	
朱		父亥 /	
青		財丑 //	

▸日辰이 발동함은 오늘 실천한다는 의미다.

▸兄은 탈재(奪財)의 神이요, 극처(克妻)하는 神이다. 官은 도적이거나 도적의 마음이다.

▸6효에서 卯木 兄이 발동, 회두극을 당한 꼴이다.

▸그러나 이 경우는 회두극이 아니다. 卯木이 日辰을 帶하고 월의 生을 받아 매우 旺한 반면 酉金은 월에 휴수되고 日破를 만나 힘이 없기 때문이다. 어찌 酉金이 卯木을 克하랴.

▸卯木 兄에 酉金 官이 붙어 있거나, 卯木 兄이 酉金 官을 데리고 있다고 보라.

▸따라서 탈재(奪財)의 神인 兄이 현무가 臨한 가운데 도적의 마음 官을 가지고 행동하니 바로 도적이다.

**** 世가 旺하면 財가 발동, 克世하는 것이 가장 길하다. 그러나 世가 약하면 財 발동, 生世해야 좋다.**

乾爲天 ! 風天小畜	
兄卯 /	申月 乙亥日
孫巳 /	
孫午財未 X 應	
財辰 /	
兄寅 /	
父子 / 世	

▸초효 子水 父가 持世했는데 원신이 없어 아쉽다. 그러나 申월이 生하고 亥일이 도우니 旺하다.

▸4효에서 未土 財가 발동, 克世하니 천금(千金)을 모으리라.

	乾爲天 ! 風天小畜	
靑	兄卯 /	巳月 丙辰日
玄	孫巳 /	
白	孫午財未 X 應	
匕	財辰 /	
句	兄寅 /	
朱	父子 / 世	

▸초효 子水 父가 持世했는데, 巳월에 絶이 되고 辰일의 克을 받으니 매우 약하다.

▸4효 未土 財가 월일의 生을 받아 旺한 가운데 발동, 克世하니 재수는 커녕 재앙이 두렵다.

▸未월에 금전관계로 여자에게 살해당한 괘다. 未土가 백호와 午火 양인을 帶하고 발동했기 때문이다.

**** 중년운은 子孫과 財의 동향을 잘 살펴야 한다. 財가 持世하면 子孫의 발동을 要하고, 官이 持世하면 財의 발동을 기다린다.**

! 地風升	
官酉 //	亥月 甲子日
父亥 //	
財丑 // 世(午孫)	
官酉 /	
父亥 /	
財丑 // 應	

▸4효에서 財가 持世하니 재운이 있다 하겠다.

▸그러나 財의 원신인 子孫이 복신인데, 월일의 克을 받으니 재원(財源)이 고갈된 형국이다.

▸큰 재물은 없겠다.

坎爲水！澤水困

父未 //
兄酉 /
兄申孫亥 X 應
官午 //
父辰 /
財寅 // 世

亥月 乙丑日

▸초효에서 寅木 財가 持世하고 亥월의 生을 받는다.

▸4효 亥水 子孫이 발동, 生世하니 재원(財源)이 끊기지 않는다.

▸중년 이후 무역업으로 대사업가가 된 괘다. 亥는 丑일의 역마다.

＊＊ 子孫이 묘절공망(墓絶空亡)을 만나면 불안하다. 그러나 日月 동효가 生扶하면 길하다.

(아들을 얻는 점)
山火賁！風火家人

兄卯 /
父子孫巳 X 應
財未 //
父亥 /
財丑 // 世
兄卯 /

酉月 丙申日

▸5효에서 巳火 子孫이 월일에 휴수된 가운데 발동, 회두극을 당했다.

▸원신인 卯木 兄은 月破를 만나고 일의 克을 받으니 子孫은 무력하다.

▸어찌 아들을 얻을 수 있겠는가. 딸도 얻지 못한다.

(자식 운)
水火旣濟！風火家人

朱 父子兄卯 X
青 孫巳 / 應
玄 財未 //
白 父亥 /
匕 財丑 // 世
句 兄卯 /

巳月 戊寅日

▸5효 巳火 子孫이 월일의 生을 받아 旺한데 6효에서 卯木 兄이 발동, 子孫을 生하니 참으로 길하다.

▸여기에다 청룡이 子孫에 臨하니 금상첨화다.

▸팔 남매를 두었는데 인물이 다 좋고 재주도 뛰어났다. 子孫이 도화(卯木)의 生을 받았기 때문이다.

∗∗ 世는 인생의 本이요, 應은 평생의 반려이니 世와 應이 生合하면 부부가 화합하고, 冲克하면 불화한다.

(결혼점)
雷風恒 ! 雷天大壯

兄戌 //
孫申 //
父午 / 世
兄辰 /
官寅 /
兄丑財子 X 應

午月 辛巳日

▸초효 子水 應이 月破를 당하고 일에 絶이 된다.

▸원신인 5효 申金 子孫이 월일의 克을 받는 가운데 진공이 되니 應은 무력하다.

▸이 결혼은 이뤄지지 않는다.

▸부득이한 사정으로 혼사가 성사됐으나 결혼한 해에 처가 자살한 괘다.

(처 운)
雷風恒 ! 地天泰

青 孫酉 // 應
玄 財亥 //
白 父午兄丑 X
匕 兄辰 / 世
句 官寅 /
朱 兄丑財子 X

午月 丁巳日

▸3효에서 辰土 兄이 持世했다.

▸4효에서 丑土 兄이 백호를 帶하고 발동, 財를 克한다.

▸초효에서 子水 財가 발동했으나 회두극이 되니 처가 견디지 못한다.

▸평생 6명의 처를 뒀으나 말년에는 단 한 명도 없었다.

∗∗ 財가 발동하면 父가 傷하고, 子孫이 발동하면 官을 克한다.

雷風恒 ! 地風升

官酉 //
父亥 //
孫午財丑 X 世
官酉 /
父亥 /
財丑 // 應

巳月 丙寅日

▸亥水 父가 月破를 당하고 진공에 빠졌다.

▸4효에서 丑土 財가 발동, 克父하니 구제될 여지가 없다.

▸父가 출공하는 乙亥일이 불길하리라.

(결혼점)
天地否！風山漸

朱 官卯 / 應
青 父巳 /
玄 父午兄未 X
白 官卯孫申 X 世
匕 父午 //
句 兄辰 //

未月 戊申日

▶여자가 물은 괘다. 여자쪽 결혼점에서는 子孫 발동이 가장 흉하다.

▶3효에서 申金 子孫이 백호를 帶하고 발동, 克官하니 이 결혼은 절대 안 된다.

▶결혼 전에 신랑이 될 사람이 사망한 괘다.

＊＊ 괘 중에 父가 있고, 世가 발동해 父를 화출하면서 生合하면 父母를 둘 모신다.

澤雷隨！澤山咸

父未 // 應
兄酉 /
孫亥 /
父辰兄申 X 世
官午 //
孫子父辰 X

巳月 甲辰日

▶외괘 6효에 父가 있고 내괘 초효에 父가 있다.

▶3효에서 申金 兄이 持世하고 발동, 辰土 父를 화출하니 世와 父가 相生한다.

▶두 사람을 母로 모셨다.

▶兌가 陰宮인데다 초효, 6효의 父가 다 음효(陰爻)라 母로 본다.

＊＊ 괘 중 子孫이 내괘와 외괘에 둘 있는데, 世가 발동 子孫을 화출하면서 회두생을 받으면 외방(外房)에 子孫을 둔다.

雷山小過！雷水解

財戌 //
官申 // 應
孫午 /
官申孫午 X
孫午財辰 X 世
兄寅 //

巳月 戊午日

▶3효와 4효에 子孫이 교중해 있다.

▶2효에서 辰土 財가 持世하고 발동, 子孫을 화출하면서 회두생이 되니 외방(外房)子孫이 있겠다.

▶본처와 첩 사이에 칠 남매를 둔 괘다. 火의 후천수는 二·七인데 午火가 旺하

므로 七로 본다.

＊＊ 父와 世가 음효(陰爻)이면 반드시 서출(庶出)이다.

地風升 ! 地水師	
父酉 // 應	寅月 癸酉日
兄亥 //	
官丑 //	
父酉財午 X 世	
官辰 /	
孫寅 //	

▶6효에 있는 酉金 父가 음효(陰爻)이고, 3효 午火 世도 음효(陰爻)다.

▶午火 世가 발동, 酉金 父를 화출하니 분명 서출이다.

＊＊ 현무는 음란, 도적의 신이다. 현무 財가 발동, 應과 生合하면 그 처가 부정하다.

風澤中孚 ! 巽爲風		
白	兄卯 / 世	寅月 癸酉日
七	孫巳 /	
句	財未 //	
朱	財丑官酉 X 應	
青	父亥 /	
玄	孫巳財丑 X	

▶내괘 財는 본처요, 외괘 財는 애인이다.

▶초효 丑土 財와 3효 酉金 應이 서로 발동해 相合하니 본처가 부정한 짓을 하고 있다.

▶특히 초효 丑土 財에는 현무가 臨하고 있으며, 酉金 應은 日辰을 帶하고 있다.

火澤睽 ! 地風升		
朱	孫巳官酉 X	午月 戊子日
青	父亥 //	
玄	官酉財丑 X 世	
白	財丑官酉 X	
七	父亥 /	
句	孫巳財丑 X 應	

▶4효 현무 財가 持世한 가운데 발동, 내외괘(3효, 6효, 4효 변효)의 官과 상합(相合)하니 음란지명(淫亂之命)이다.

＊＊ 世와 應이 음효(陰爻)이고 본괘와 변괘도 음궁(陰宮)인데, 應이 발동, 世와 生合하면 동성애를 즐긴다.

風水渙！水地比	
官卯財子 〤 應	亥月 己卯日
兄戌 /	
孫申 //	
官卯 // 世	
兄辰父巳 〤	
兄未 //	

▸世와 應이 둘 다 亥월의 生을 받아 旺하다.

▸6효 子水 應이 발동, 卯木 官을 화출하면서 世와 生合할 뿐 아니라 子卯 刑을 이룬다.

▸世應이 둘 다 陰일 뿐 아니라 본괘도 陰宮, 변괘도 陰宮이니 분명 동성애에 빠진 여자다.

＊＊ 청룡 官이 旺한 가운데 발동, 世와 生合하면 夫가 현달(顯達)한다. 청룡 財가 旺한 가운데 발동, 世와 生合하면 현처(賢妻)를 얻는다.

兌爲澤！澤風大過		
匕	財未 //	申月 辛巳日
句	官酉 /	
朱	父亥 / 世	
青	財丑官酉 X	
玄	父亥 /	
白	孫巳財丑 〤 應	

▸4효에서 亥水 父가 持世했다.

▸酉金 官이 청룡을 帶하고 발동, 生世하니 신랑이 현달한다.

▸현직 장관 부인의 괘다.

火風鼎！雷風恒			
青	孫巳財戌 X	應	午月 丙子日
玄	官申 //		
白	孫午 /		
七	官酉 /	世	
句	父亥 /		
朱	財丑 //		

▶6효에서 戌土 財가 청룡을 帶하고 발동, 生世하니 처덕(妻德)이 매우 크다.

▶그러나 世는 午월의 克을 받고 공망을 만나니 진공이다.

▶본인은 평생 실패만 거듭했으나 처가 식당을 운영해 많은 돈을 모았다.

** 父가 持世하면 子孫에게 재앙이 있다. 子孫을 키우기도 어렵다. 子孫에게는 父가 귀살(鬼殺)이기 때문이다.

(자손점) 天澤履！兌爲澤		
父戌父未 X	世	午月 癸卯日
兄酉 /		
孫亥 /		
父丑 //	應	
財卯 /		
官巳 /		

▶6효 未土 父가 午월의 生을 받아 旺한 가운데 持世하고 발동, 4효 亥水 子孫을 克하니 흉조다.

▶또 亥水 子孫은 午월에 絶이 되어 약하다.

▶오늘은 卯일이라 未土 父를 억제하니 괜찮지만 내일은 불안하다. 辰일은 水庫이기 때문이다.

7. 결혼점

**** 인연이 있어야 결혼한다. 남자 집에서 점할 때는 世가 陽, 應이 陰이어야 길하다. 반대로 여자 집에서 점할 때는 世는 陰, 應은 陽이어야 좋다. 남자는 陽, 여자는 陰이기 때문이다.**

風地觀 ! 水地比

七	官卯財子	X	應	申月 庚子日
句	兄戌	/		
朱	孫申	//		
靑	官卯	//	世	
玄	父巳	//		
白	兄未	//		

▸6효에서 應이 발동, 生世하니 여자 집에서 결혼하자고 서두른다.

▸3효 卯木 官이 持世한 가운데 日辰의 生을 받고 청룡을 帶하니 신랑감이 준수하고 총명하다.

▸應도 申월과 子일의 生扶를 받아 旺한 가운데 발동, 生世하니 좋은 인연이라 하겠다.

**** 남자 집에서 점할 때 世가 陰이고, 應이 陽이면 陰陽이 서로 바뀐 것이니 결혼하더라도 결국은 좋지 않다.**

火風鼎 ! 天風姤

父戌	/		未月 乙巳日
父未兄申	X		
官午	/	應	
兄酉	/		
孫亥	/	(寅財)	
父丑	//	世	

▸世가 陰이고, 應이 陽이니 결혼점에는 바람직하지 않다.

▸초효 丑土 世가 月破를 당했으나 日辰의 生을 받으니 혼사(婚事)는 진행된다.

▸그러나 寅木 財가 2효에 복신인 가운데 공망이라 신부감이 여자로 보이지 않는다.

▸戌월에 應 午火가 입고되고 辰일에 戌이 암동하므로 그 여자가 스스로 물러났다.

** 財가 발동하면 시부모와 불화하고, 官이 발동하면 시형제와 불화한다. 父가 발동하면 자손이나 조카와 불화하고, 兄이 발동하면 재물이나 여자 문제로 불화한다.

澤火革 ! 澤地萃

父未 //
兄酉 / 應
孫亥 /
孫亥財卯 X
官巳 // 世
財卯父未 X

亥月 辛卯日

▶財가 발동하면 克父한다.

▶이 괘는 3효 卯木 財가 亥월에 旺한 가운데 초효와 함께 발동, 亥卯未 財局을 이루어 6효 未土 父를 克害한다.

▶시부모의 사랑을 받지 못하고 살아가는 여자의 괘다.

** 六合卦는 一陰一陽이 配合, 조화를 이루기 때문에 성혼한다. 그러나 六冲卦는 純陰이 아니면 純陽이라 陰陽의 배합(配合)이 안되므로 성혼하더라도 결국은 파경을 맞는다.

雷山小過 ! 雷地豫

財戌 //
官申 //
孫午 / 應
官申兄卯 X
孫巳 //
財未 // 世

寅月 壬午日

▶여자 집에서 본 혼인점이다.

▶世는 陰이요, 應은 陽이며 六合卦라 반드시 성혼(成婚)된다.

▶그러나 5효 申金 官이 月破를 당하고 日辰의 克을 받는 중 공망을 만나니 진공이다. 官이 무력하다. 신랑을 지키기 어렵다.

▶六合卦가 길하고, 六冲卦가 불길하다 함은 보통 그렇다는 얘기일 뿐 절대적인 사항이 아님을 명심하라.

** 남자 집에서 점할 때 世가 應을 生하면 남자 집에서 먼저 청혼하고, 應이 世를 生하면 여자 집에서 먼저 청혼한다.

!火山旅

兄巳 /
孫未 //
財酉 / 應
財申 /
兄午 //
孫辰 // 世

午月 己卯日

▶世가 應을 生하니 남자 집에서 청혼할 의사가 있다.

▶그러나 世가 움직이지 않으므로 실제 청혼은 하지 않은 상태다.

▶오는 戌일이 되면 초효 辰土 世가 暗動하니 청혼할 것이다.

＊＊ 世와 應이 比和되고 월일이 世와 應을 生하거나, 간효(間爻)가 발동해 世와 應을 生하면 중매로 성혼(成婚)한다.

!風地觀

財卯 /
官巳 /
父未 // 世
財卯 //
官巳 //
父未 // 應

午月 乙亥日

▶世와 應이 초효와 4효의 未土 父로 比和된 가운데 午월의 生을 받고 있다.

▶2효, 5효에서 比和된 巳火 官이 暗動, 世와 應을 각각 生하니 중매인이 혼사를 서둘러 시키려 하고 있다.

▶그러나 이 결혼은 안 된다.

▶財와 官이 둘 다 比和 · 중복(重複)돼 있으니, 이는 처(妻)와 신랑이 각각 둘이란 뜻이다.

▶재혼이라면 좋은 괘이지만 초혼이라면 흉한 괘다.

＊＊ 父가 持世하거나, 父가 발동하면 자손을 키우기 어렵다.

!乾爲天

父戌 / 世
兄申 /
官午 /
父辰 / 應
財寅 /
孫子 /

午月 甲戌日

▶父는 자손을 극상(克傷)하는 神이다.

▶父가 持世함은 내가 자손을 배척하고 있음과 같다.

▶만일 父가 발동한다면 현재 키우고 있는 자손도 나쁘게 된다.

風雷益 ! 山地剝

財寅 /
官巳孫子 X 世
父戌 //
財卯 //
官巳 // 應
孫子父未 X

午月 癸未日

▶5효 子水 子孫이 月破를 당하고 日辰의 克을 받는 가운데 발동, 絶地에 빠졌다.

▶초효에서 未土 父가 월일의 生扶를 받으면서 발동, 5효 子孫을 克하니 자손을 얻기 어렵다.

▶시험관 아기도 얻을 수 없다.

** 남자가 점할 때 財를 여자로 삼는다. 世가 발동, 財와 합하거나, 財가 발동해 世와 합하면 성혼(成婚)한다. 그러나 財가 발동, 다른 효(爻)나 日辰과 합하면 다른 사람과 결혼한다.

火雷噬嗑 ! 火山旅

兄巳 /
孫未 //
財酉 / 應
孫辰財申 X
兄午 //
官子孫辰 X 世

酉月 庚辰日

▶초효에서 日辰 世가 발동, 酉金 財(應)와 합하니 남자 쪽에서 상대 여자를 원하고 있다.

▶그러나 酉金 財가 공망이라 현재는 여자 쪽에서 결정하지 않은 상태다.

▶酉金이 출공 후 卯일을 기다려라. 반드시 좋은 소식이 있으리라. 卯일에는 旺한 酉金을 冲動하기 때문이다.

火澤睽 ! 火風鼎

兄巳 /
孫未 // 應
財酉 /
孫丑財酉 X
官亥 / 世
兄巳孫丑 X

亥月 乙丑日

▶3효에서 酉金 財가 발동, 生世하니 길한 듯하다.

▶그러나 그렇지 않다. 초효에서 日辰이 발동, 酉金 財를 生合하니 그 여자는 나의 처가 아니라 남의 처다.

＊＊ 財나 官이 刑冲克害를 당하면 부부(夫婦)가 불화(不和)하고 해로(偕老)하기 어렵다.

(남자 결혼점)
澤山咸！澤地萃

父未 //
兄酉 / 應
孫亥 /
兄申財卯 X
官巳 // 世
父未 //

丑月 戊戌日

▶丑월에 卯木 財가 약한 가운데 발동, 회두극을 받으니 매우 불길하다.

▶이 결혼은 해서는 안된다.

▶그러나 이 혼사(婚事)는 부득이한 사정으로 이뤄졌는데, 다음해 申월에 처가 교통사고를 당했다. 申이 戌일의 역마이기 때문이다.

＊＊ 父가 旺한 가운데 발동하더라도 子孫이 공망이면 자식을 얻을 수는 있다. 그러나 子孫이 출현하는 해에 문제가 생긴다.

(자식을 얻는 점)
天澤履！兌爲澤

父戌父未 X 世
兄酉 /
孫亥 /
父丑 // 應
財卯 /
官巳 /

巳月 丁卯日

▶6효에서 未土 父가 持世하고 발동, 진신이 되니 자손(子孫)을 얻기가 참으로 힘들겠다.

▶그러나 4효 亥水 子孫이 공망이라 申년에 결혼, 酉년에 아들을 낳았으나 亥년에 잃었다. 亥년은 子孫 亥水가 출공하는 해였다.

▶그리고 그 뒤 잉태 소식이 없는 사람의 괘다.

(출산)
乾爲天！兌爲澤

父戌父未 X 世
兄酉 /
孫亥 /
父辰父丑 X 應
財卯 /
官巳 /

戌月 丁丑日

▶丑일 日辰이 발동하니 오늘의 문제다.

▶3효와 6효에서 父가 발동, 진신이 되면서 4효 亥水 子孫을 克하니 흉중흉이다.

▶巳시에 출산했으나, 자식이 바로 죽었다.

** 남편이 처를 점할 때는 財가 용신이고, 처가 남편을 점할 때는 官이 용신이다. 財가 진공이면 처를 잃고, 官이 진공이면 남편을 잃는다.

(여자 결혼점)
風地觀 ! 風山漸

官卯 / 應
父巳 / (子財)
兄未 //
官卯孫申 ╳ 世
父午 //
兄辰 //

酉月 庚戌日

▶子孫이 持世함은 官을 용납하지 않는다는 뜻이다.

▶3효에서 申金 子孫이 持世하고 발동, 6효 卯木 官을 克한다.

▶6효 卯木 官은 月破를 당하고 日辰에 휴수된 가운데 공망을 만나니 진공이다.

▶게다가 원신인 子水 財는 5효 巳火 父 아래 복신이라 무력하다.

▶남편에게 문제가 생기겠다. 결국 卯년에 죽었다. 卯년은 卯木 官이 출공하는 해다.

(남자 결혼점)
火雷噬嗑 ! 火地晋

官巳 /
父未 //
兄酉 / 世
財卯 //
官巳 //
孫子父未 ╳ 應

酉月 丁未日

▶兄이 持世하면 妻財를 용납하지 않는다.

▶3효에서 卯木 財가 月破를 당하고 日辰 동효에 입고되니 이 결혼은 안 된다.

** 財가 진공이면서 官 아래 복신이면 결혼 전에 남자가 사망한다. 반대로 官이 진공이고 財 아래 복신이면 성혼 전에 여자가 죽는다.

水雷屯 ! 風雷益

父子兄卯 ╳ 應
孫巳 /
財未 //
財辰 // 世(酉官)
兄寅 //
父子 /

午月 戊寅日

▸酉金 官이 3효 辰土 財 아래 복신이다.

▸官이 午월의 克을 받고 日辰에 絶이 된 가운데 공망이니 진공이다.

▸酉월에 결혼할 예정이었는데 결혼하기 전에 여자가 죽은 괘다.

! 水山蹇

孫子 //
父戌 /
兄申 // 世
兄申 /
官午 // (卯財)
父辰 // 應

未月 己酉日

▸卯木 財가 2효 午火 官 아래 복신이다.

▸財가 未월에 입고되고 日破를 당한 가운데 공망을 만나니 진공이다.

▸결혼 전에 남자가 사망한 괘다.

** 官이 財아래 복신이면서 공망이 아니면 남자에게 처(여자)가 있다. 이 때 日辰 동효가 世를 冲克하면 뒷날 반드시 분쟁이 있다.

風澤中孚 ! 風雷益

兄卯 / 應
孫巳 /
財未 //
財辰 // 世(酉官)
兄卯兄寅 ╳
父子 /

亥月 甲寅日

▸酉金 官이 3효 辰土 財 아래 복신인데 辰과 酉가 합을 이룬다. 이는 남자가 여자의 치마폭에 숨어 있는 것과 같다.

▸이 때 2효에서 寅木 兄이 발동, 3효 辰土 世를 克하니 결혼 후 반드시 송사가 있으리라.

▸과연 戌년에 결혼했는데, 寅년에 파경에 이른 괘다.

＊＊ 남자가 여자를 점할 때 괘 중에 財가 둘 있거나, 여자가 남자를 점할 때 官이 둘 있으면 반드시 재취재가(再聚再嫁)한다.

澤風大過 ! 雷風恒	
財戌 // 應 官酉官申 XX 孫午 / 官酉 / 世 父亥 / 財丑 //	未月 丙申日

▶3효 내괘의 官은 본남편이요, 5효 외괘의 官은 情夫다.

▶情夫가 발동, 진신이 되니 뒤에 꼭 이 사람을 따르리라.

水山蹇 ! 風地觀	
孫子財卯 X 官巳 / 父未 // 世 兄申財卯 XX 官巳 // 父未 // 應	申月 甲子日

▶3효 내괘의 財는 본처(本妻)요, 6효 외괘의 財는 外妻(後妻 · 첩)이다.

▶내괘 卯木 본처는 申월의 克을 받고, 외괘 후처는 日辰의 生을 얻으니 후처종사(後妻縱事)하리라.

▶申년에 본처와 헤어지고, 子년에 새 장가간 괘다.

＊＊ 괘 중에 두 개의 父가 발동하면 主婚者가 많아 혼사(婚事)가 이뤄지기 어렵게 된다.

澤雷隨 ! 天地否	
父未父戌 X 應 兄申 / 官午 / 財卯 // 世 官巳 // 孫子父未 XX	午月 庚辰日

▶六合卦라 혼사(婚事)가 쉽게 이뤄지는 것이 당연한 듯하다.

▶그러나 초효에서 未土 父가 발동해 財의 원신인 子水 子孫을 화출하니 이 혼사는 이뤄지지 않는다.

＊＊ 日辰 父가 발동, 生世하면 결혼일이 결정된다.

離爲火 ! 澤火革

財巳官未 乂
官未父酉 乂
兄亥 / 世
兄亥 /
官丑 //
孫卯 / 應

未月 丁酉日

▸5효에서 酉일이 父를 帶하고 발동, 生世하니 결혼일이 결정된다.

▸남자 쪽에서 급히 택일(擇日)한 괘다.

＊＊ 결혼점에서 六合卦면 무조건 혼사(婚事)가 이뤄지고, 六冲卦이면 무조건 불성(不成)한다고 판단해서는 안 된다.

! 火山旅

兄巳 /
孫未 //
財酉 / 應
財申 / (亥官)
兄午 //
孫辰 // 世

巳月 戊辰日

▸六合卦가 안정돼 있으니 무조건 결혼이 이뤄진다고 볼 수 있으나, 그렇지 않다.

▸亥水 官이 3효에 복신인데 月破를 당하고 日墓에 든 데다 공망이니 진공이다.

▸남자가 무력하기 짝이 없는데 어찌 이 결혼이 좋다고 할 수 있으랴.

8. 산육점(産育占)

＊＊ 天地 理氣의 음양(陰陽)이 배합(配合)해 생성되는 결정체가 태(胎)다. 그리고 태(胎)가 세상에 나타나야 비로소 자손이 된다.

火風鼎 ! 雷風恒

孫巳財戌 〤 應
官申 //
孫午 /
官酉 / 世
父亥 /
財丑 //

子月 甲戌日

▸3효 酉金 官鬼가 胎효인데, 이 경우는 鬼胎라 한다.

▸鬼胎이나 6효에서 戌일이 발동해 生하니 괜찮다.

▸그러나 4효 午火 子孫이 月破를 당하고, 6효 日辰 동효에 입고되니 매우 흉하다.

▸靜者는 冲일에 應하니 卯일에 출산(出産)한 뒤 甲申일에 절명(絶命)했다. 甲申일은 午火 子孫이 진공이 되는 날이다.

＊＊ 태아의 남녀 구분은 괘가 陽에서 陽으로, 또는 陰에서 陽으로 변하면 남자다. 반대로 陰에서 陰으로, 또는 陽에서 陰으로 변하면 여자다.

水澤節 ! 坎爲水

兄子 // 世
官戌 /
父申 //
財午 // 應
官辰 /
財巳孫寅 〤

▸坎爲水괘는 坎宮이니 陽이다.

▸초효가 발동해 水澤節로 변하는데, 절괘도 坎宮으로 陽이다.

▸괘가 陽에서 陽으로 변하니 아들이다.

澤水困 ! 坎爲水

兄子 // 世
官戌 /
兄亥父申 ╳
財午 // 應
官辰 /
孫寅 //

▶坎爲水가 困卦로 변했는데, 困卦는 兌宮으로 陰이다.

▶괘가 陽에서 陰으로 변하니 딸이다.

** 쌍둥이는 쌍태(雙胎)와 쌍자손(雙子孫)으로 본다. 괘 중에 쌍태와 쌍자손이 있으면 쌍둥이를 낳는다.

! 天水訟

孫戌 /
財申 /
兄午 / 世
兄午 //
孫辰 /
父寅 // 應

午月 壬子日

▶胎효는 子水다.

▶그러나 쌍태와 쌍자손이 함께 있는 괘는 없다.

▶여기서 壬水 일간을 기준으로 하면 午火가 胎효가 된다.

▶子孫이 둘이고, 태(胎)도 둘인데 암동(暗動)하니 쌍둥이가 분명하다.

▶辰과 戌土 쌍자손이 午월의 生을 받아 旺하므로 未일에 출산했다. 子孫이 발동할 때 출산한다.

** 신랑이 처를 점할 때 財는 産母요, 胎는 胎兒요, 子孫은 자식이다. 이 셋은 日月의 生扶를 받으면 길하나, 刑冲克害를 받으면 불길하다.

山風蠱！地風升

兄寅官酉 X
父亥 //
財丑 // 世
官酉 /
父亥 /
財丑 // 應

午月 乙巳日

▶酉金 官이 胎효가 되니 鬼胎다.

▶6효 胎효가 월일의 克을 받아 흉한 가운데 발동해 絶地에 빠지니 흉중흉이다.

▶산모인 4효 丑土 財는 日月의 生을 받아 旺하니 건강하나, 태아(胎兒)가 염려된다.

▶변효 寅木 兄이 출공하는 甲寅일 유산되고 말았다.

＊＊ 백호는 혈상(血傷)의 神이다. 백호가 子孫이나 胎효에 克害를 입히면 자식을 얻기 어렵다.

澤雷隨！澤地萃

七 父未 //
句 兄酉 / 應
朱 孫亥 /
青 財卯 //
玄 官巳 // 世
白 孫子父未 X

未月 辛酉日

▶초효에서 未월이 백호를 帶하고 발동, 3효 卯木 胎효를 입고시키니 흉하다.

▶게다가 胎효는 未월에 휴수되고 日破되니 설상가상이다.

▶戌일에 낙태한 괘다. 冲者는 合日에 應한다.

雷水解！澤風大過

玄 財未 //
白 官申官酉 X
七 父亥 / 世
句 孫午官酉 X
朱 父亥 /
青 財丑 // 應

午月 乙卯日

▶3효, 5효 酉金 官이 胎효다.

▶胎효가 午월의 克을 받고 日破를 만난 가운데 발동, 퇴신이 됐다.

▶甲子 旬中 辛未일에 유산했다. 초효 丑土 金庫가 공망이므로 출공 후 暗動일에 應한 것이다.

＊＊ 胎효가 日月 동효의 克冲을 만나면 낙태한다.

天水訟 ! 地水師	
官戌父酉 ╳ 應	亥月 壬子日
父申兄亥 ╳	
財午官丑 ╳	
財午 // 世	
官辰 /	
孫寅 //	

▸胎효는 3효 午火다.

▸午火 胎효는 월의 克을 받고 日破를 당하니 무력하다.

▸5효에서 亥월이 발동, 회두생을 받아 胎효를 克하는데, 일진도 克하니 흉중흉이다.

▸乙亥일에 유산했다.

** 子孫이 발동한 가운데 月建이 胎효를 冲하면 그달에 출산하고, 日辰이 胎효를 冲하면 그날에 출산한다.

水地比 ! 澤地萃	
父未 //	亥月 辛酉日
兄酉 / 應	
兄申孫亥 ╳	
財卯 //	
官巳 // 世	
父未 //	

▸4효에서 亥水 子孫이 발동하니 자식이 나오려 한다.

▸3효 胎효 卯木이 暗動하는 것은 胎가 움직인다는 얘기다.

▸戌시에 출산했다. 冲者는 合일에 성사된다.

** 兄이 발동하면 克妻하고, 父가 발동하면 子孫을 克한다.

火天大有 ! 乾爲天	
父戌 / 世	申月 己巳日
父未兄申 ╳	
官午 /	
父辰 / 應	
財寅 /	
孫子 /	

▸5효에서 申金 兄이 월을 帶하고 발동, 2효 寅木 財를 克하니 처가 불안하다.

▸겨울철에 자식을 낳은 뒤 출산 후유증으로 고생이 많았다.

▸그러나 죽지는 않았다. 바로 木旺節인 정월이 다가왔기 때문이다.

!火天大有

官巳 / 應
父未 //
兄酉 /
父辰 / 世
財寅 /
孫子 /

午月 甲戌日

▶초효 子水 子孫이 月破를 당한데다 3효에서 辰土 父가 暗動, 克해오니 매우 흉하다.

▶출산된 직후 자식이 바로 숨을 거둔 괘다.

**** 財가 도화 · 현무를 帶하고 應이나 다른 효와 三合하면 혼외(婚外) 임신, 또는 야합(野合)으로 인한 임신이다.**

山雷頤 !艮爲山

青 官寅 / 世
玄 財子 //
白 兄戌 //
匕 兄辰孫申 X 應
句 父午 //
朱 財子兄辰 X

申月 丁卯日

▶5효 財가 도화 · 현무를 帶하고 있는데 3효 申金 子孫이 발동, 申子辰 財局을 이루니 정상적인 임신은 아니다.

▶또 5효 財가 현무를 帶하고 日辰 卯와 子卯 刑이 되니 분명히 正夫(본 남편)가 아닌 남자에 의해 이뤄진 임신이다.

**** 여자가 점할 때 官이 진공인 가운데 묘절(墓絶)되면 신랑이 이미 죽은 사람이니 아이는 유복자(遺腹子)다.**

!山雷頤

兄寅 /
父子 // (巳孫)
財戌 // 世
財辰 // (酉官)
兄寅 //
父子 / 應

午月 戊寅日

▶여자가 출산 여부를 물은 점이다.

▶酉金 官이 3효 辰土 財 아래 복신인데, 午월의 克을 받고 日辰에 絶이 된 가운데 진공이니 무력하다. 죽은 것과 같다.

▶巳火 子孫은 5효 子水 父 아래 복신이니 친정 부모가 유산하라고 충고한다.

▸그러나 巳火 子孫이 월일의 生扶를 받아 旺하니 결국 아이는 유복자로 출산된 괘다.

**** 여자가 점할 때 官이 복신이나 旺하면 죽은 것이 아니라 멀리 떨어져 있는 것이다.**

火山旅		
兄巳 /		申月 乙巳日
孫未 //		
財酉 /	應	
財申 /	(亥官)	
兄午 //		
孫辰 //	世	

▸출산일을 택일하러 온 여자가 얻은 괘다.

▸亥水 官이 3효 申金 財 아래 복신인데 暗動하니 旺하다.

▸또 亥는 巳일의 역마라 남편이 멀리 나가 있어 출산을 보지 못한다.

**** 三合 兄弟局이 財를 克하면 처의 사망을 막아야 한다.**

澤風大過 ! 巽爲風		
財未兄卯 ✕	世	寅月 辛酉日
孫巳 /		
父亥財未 ✕		
官酉 /	應	
父亥 /		
財丑 //		

▸신랑이 처의 산후에 대해 물어 얻은 괘다.

▸용신은 초효 丑土 財다.

▸용신이 寅월의 克을 받은 가운데 4효와 6효에서 亥卯未 兄弟局을 이뤄 克해오니 흉중흉이다.

▸丑土 財가 출공하면 위험하다. 처가 未일 죽었다. 未일은 財가 日破된 날이다.

**** 임신 여부는 胎효로 본다. 괘 중에 胎효가 있으면 임신이 된 것이요, 없으면 임신이 아니다.**

!乾爲天

父戌 / 世
兄申 /
官午 /
父辰 / 應
財寅 /
孫子 /

亥月 庚子日

▶신랑이 처의 임신 여부를 물어 나온 괘다.

▶초효 子水 子孫이 월일의 生扶를 받아 旺하니 반드시 자식을 얻을 수 있는 괘다.

▶그러나 본괘에 胎효 卯木이 없으니 현재는 처가 임신하지 않았다.

▶卯월이면 임신하리라.

**** 胎효가 현무 · 도화를 대하면 남편(正夫)의 아이가 아니다.**

風山漸 !風地觀

財卯 /
官巳 /
父未 // 世
兄申財卯 X
官巳 //
父未 // 應(子孫)

未月 甲戌日

▶胎효는 卯木이다. 태효가 3효, 6효에서 교중하니 쌍태(雙胎)다.

▶風地觀은 乾宮이요, 風山漸은 艮宮이니 괘가 陽에서 陽으로 변했다. 따라서 아들이다.

▶외괘 6효에 있는 胎효에 도화 · 현무가 臨하니 정상적인 관계에 의한 임신이 아니다.

▶또 子水 子孫이 초효 未土 父 아래 복신인데, 월일이 克하고 비신이 克하니 불안하기 짝이 없다. 결국 유산됐다.

9. 병점과 병 증세점

＊＊ 官鬼(鬼殺)가 병이고, 子孫은 약이다. 괘 중에 子孫이 없으면 약을 먹어도 효험이 없다.

(형 병점)
水澤節 ! 風澤中孚

財子官卯 乂
父巳 /
兄未 // 世
兄丑 //
官卯 /
父巳 / 應

子月 丁亥日

▸卯木 官이 병인데 2효와 6효에서 교중해 발동, 兄을 克하니 매우 불길하다.

▸4효 未土 兄은 일월에 휴수돼 약한 가운데 공망이니 진공이다.

▸원신인 巳火 父는 日破를 당해 무력하다.

▸卯木 官이 발동해 克兄하니 내년 2월을 조심하라.

＊＊ 부모점에는 財가 귀살(鬼殺)이요, 兄이 약이 된다. 처(妻)가 신랑을 점할 때는 子孫이 병이요, 父가 약이다.

(어머니 병점)
山水蒙 ! 地水師

孫寅父酉 乂 應
兄亥 //
官丑 //
財午 // 世
官辰 /
孫寅 //

午月 癸丑日

▸부모병에는 兄이 약이고, 財가 병이다.

▸6효에서 酉金 父가 발동, 寅木 子孫을 화출하면서 絶이 되니 약하다.

▸또 酉金 父가 월의 克을 받고 丑일에 입고되니 매우 흉하다.

▸현재는 寅木이 공망이라 酉金 父도 공망이니 괜찮다. 그러나 寅木이 출공하는 甲寅일을 조심하라.

(신랑 병점)
風火家人 ! 澤火革

孫卯官未 ╳
父酉 /
官未兄亥 ╳ 世
兄亥 /
官丑 //
孫卯 / 應

卯月 丁未日

▶신랑 병점에는 子孫이 병이요, 父가 약이다. 용신은 2효 丑土 官이다.

▶4효 亥水와 6효 未土가 발동, 亥卯未 子孫局을 이뤄 용신을 克한다.

▶또 용신 丑土는 卯월의 克을 받고 日破를 당하니 매우 불길하다.

▶현재는 卯木 子孫이 공망이라 무사하나 출공하는 乙卯일이 걱정된다.

＊＊ 자기 병점에서 官鬼가 持世하면 병이 비록 가벼워도 잘 낫지 않는다. 그러나 子孫이 持世하면 병세가 아무리 사나워도 곧 치유된다.

(자기 병점)
! 山火賁

官寅 /
財子 //
兄戌 // 應
財亥 /
兄丑 //
官卯 / 世

亥月 乙巳日

▶자기 병점에서는 官鬼가 병(鬼殺)이요, 子孫이 약이다.

▶亥월이 世를 生하니 괜찮으나 官鬼가 持世하므로 본래 치료하기 어려운 고질병을 앓고 있는 괘다.

(자기 병점)
! 火山旅

兄巳 /
孫未 //
財酉 / 應
財申 / (亥官)
兄午 //
孫辰 // 世

午月 甲辰日

▶초효에서 辰土 子孫이 持世하니 鬼殺이 침범하기 어렵다.

▶환자의 병이 아무리 중증이라도 世를 生扶하는 곳에서 약을 구해 먹으면 바로 낫는다.

** 자기 병점에 官鬼가 持世하여 日墓나 動墓, 化墓에 들면 수귀입묘(隨鬼入墓)라 흉하다.

雷天大壯 ! 雷風恒

財戌 // 應
官申 //
孫午 /
官酉 / 世
父亥 /
父子財丑 //X

卯月 丁丑日

▸3효에서 酉金 官鬼가 持世했는데 月破를 당했다.

▸게다가 丑일이 초효에서 발동, 酉金 官鬼를 入墓시키니 매우 흉하다.

▸현재는 酉金 官鬼가 공망이라 무사하나 출공하는 乙酉일이 불길하다.

** 용신이 복신이면서 진공이면 반드시 죽는다.

(신랑 병점)
水雷屯 ! 風雷益

父子兄卯 X 應
孫巳 /
財未 //
財辰 // 世(酉官)
兄寅 //
父子 /

亥月 己卯日

▸용신은 3효 辰土 財 아래 복신인 酉金 官이다.

▸용신이 亥월에 휴수되고 日破를 만난데다 공망을 만나니 진공이라 매우 흉하다.

▸용신이 출현하는 酉일이 걱정이다. 伏者는 출현일에 應하기 때문이다.

** 日辰이 약이 되어 용신을 生扶하면 약의 힘이 강해지니 완쾌된다.

(아들 병점))
離爲火 ! 天火同人
孫戌 / 應
孫未財申 Ⅹ
兄午 /
官亥 / 世
孫丑 //
父卯 /
卯月 庚申日

▸자손 병에는 父가 鬼殺인데 초효 卯木 父가 월을 帶해 旺하니 좋지 않다.

▸그러나 다행히 申일이 5효에서 발동, 卯木 父를 克하니 길하다.

▸日辰이 발동한 오늘 명의(名醫)를 서쪽에서 만나고, 용신이 출공하는 丑일 완쾌되리라.

** 官鬼가 교중해 발동하고 그 官鬼가 용신의 묘(墓)가 되면 해당하는 사람은 꼭 죽는다. 그러나 월일이 官鬼를 破克하면 무사하다.

(아버지 병점)
雷天大壯 ! 地火明夷
父酉 //
兄亥 //
財午官丑 Ⅹ 世
兄亥 /
孫寅官丑 Ⅹ
孫卯 / 應
卯月 庚寅日

▸丑土 官鬼가 2효와 4효에서 교중(交重)해 발동, 6효의 酉金 父를 입고시키니 父가 심각한 상황이다.

▸그러나 오늘은 丑土 官이 월과 일의 克을 받으니 당분간은 위기를 넘길 것이나 청명이 지나면 불길하리라. 辰월이 되면 丑土 官鬼가 旺해 지기 때문이다.

** 官鬼가 발동하더라도 日辰의 冲을 받으면 冲散이 돼 흉하긴 하나 죽지는 않는다.

(어머니 병점)
天風姤！澤風大過

財戌財未 ╳
官酉 /
父亥 / 世
官酉 /
父亥 /
財丑 // 應

卯月 乙丑日

▸부모 병에는 財가 鬼殺이다.

▸6효에서 未土 財가 발동, 진신이 되면서 용신인 父를 克해 흉하나, 丑일이 未土 財를 冲해 冲散시키니 무방한 듯하다.

▸그러나 원신인 酉金 官이 月破를 당하고 丑일에 입고(入庫)되니 무력하다.

▸게다가 6효 未土 財가 丑戌未 三刑을 이뤄 父를 克하니 매우 흉하다.

▸辰일에 사망했다. 6효의 변효 戌土 財가 공망인데, 辰일이면 冲을 받아 공망에서 벗어나기 때문이다.

** 官鬼가 항상 鬼殺은 아니다. 鬼殺이란 용신을 克하는 기신, 즉 병을 말한다.

(동생 병점)
坎爲水！風澤中孚

財子官卯 ╳
父巳 /
兄未 // 世
兄丑 //
官卯 /
官寅父巳 ╳ 應

巳月 乙酉日

▸형제 병점에는 官鬼가 鬼殺이다.

▸官鬼가 내외괘에서 교중한 상태에서 발동, 兄을 克하니 흉한 듯하다.

▸그러나 다행한 것은 초효 巳火 父가 발동한 것이다. 발동한 官鬼는 兄을 克하지 않고 父를 生하고, 父는 다시 兄을 生하니 길조(吉兆)로 바뀐다.

▸현재는 未土 兄이 巳월의 生을 받아 旺하나 공망이라, 출공하는 乙未일 완치되리라.

** 용신이 旺하면 용신의 子孫이 약이 되고, 용신이 쇠하면 원신이 약이 된다.

(처 병점)
坎爲水 ! 澤水困

父未 //
兄酉 /
兄申孫亥 ╳ 應
官午 //
父辰 /
財寅 // 世

申月 丁酉日

▶초효 寅木 財가 용신이다.

▶용신이 月破를 당하고 日辰의 克을 받아 무력하니 흉하다.

▶이때는 3효 午火 官鬼가 鬼殺인 申酉金 兄을 克制해야 하나, 午火가 월일에 휴수돼 약하니 旺한 兄을 감당할 수 없다.

▶그런데 4효에서 亥水 子孫이 월일의 生을 받으면서 발동, 寅木 財를 生하니 절처봉생(絶處逢生)이다. 亥일에 귀인(貴人)을 만나 치유되리라.

(病 症)

**** 괘 중에 官鬼가 없으면 병의 원인을 알 수 없고, 子孫이 없으면 약이 없다. 官鬼가 世 아래 복신이면 옛 병이 재발한 것이다.**

(남편 병점)
火山旅 ! 雷山小過

官巳父戌 ╳
兄申 //
官午 / 世(亥孫)
兄申 /
官午 //
父辰 // 應

申月 丙戌日

▶신랑 병점에는 子孫이 鬼殺이다.

▶괘 중에 子孫 鬼殺이 없고, 4효 午火 官鬼 世 아래 복신이니 옛 병이 재발한 것이다.

▶본래 신장병이 있었는데, 갑자기 병세가 악화돼 당일 사망한 괘다.

**** 鬼殺이 財 아래 복신이면 재물로 인한 병이요, 그렇지 않으면 처첩(妻妾)으로 인한 병이다.**

(형제 병점)
山地剝！山雷頤

兄寅 /
父子 //
財戌 // 世
財辰 // (酉官)
兄寅 //
財未父子 ╳ 應

未月 乙未日

▶寅木 兄이 용신인데 未월, 未일에 입고되니 매우 흉하다.

▶게다가 원신인 초효 子水 父가 일월의 회두극을 받아 전혀 생기가 없으니 소생하기 어렵다.

▶酉金 官鬼가 鬼殺인데 3효 辰土 財 아래 복신이다. 처가 가출한 뒤 상심해 병을 얻어 사망한 괘다.

＊＊ 鬼殺이 子孫 아래 복신이면 술이나 음식으로 인한 병이다. 그렇지 않으면 약물 중독으로 인한 병이다.

(아버지 병점)
！山水蒙

父寅 /
官子 //
孫戌 // 世(酉財)
兄午 //
孫辰 /
父寅 // 應

亥月 丙午日

▶아버지의 병에는 財가 鬼殺인데, 酉金 財가 4효 戌土 子孫 아래 복신이다.

▶子孫은 향락의 신이요, 의약의 신이다.

▶약을 잘못 먹어 부작용으로 고생하는데 酉일에 酉金 鬼殺이 출현하고, 寅일에 絶이 되니 치유되리라.

＊＊ 鬼殺이 父 아래 복신이면 상심(傷心)이나 과로에서 오는 병이요, 그렇지 않으면 동토(動土)로 인한 병이다.

(형 병점)
風山漸！風火家人

兄卯 /
孫巳 / 應
財未 //
父亥 / (酉官)
財丑 // 世
財辰兄卯 ╳

亥月 辛未日

▶형제 병에 酉金 官鬼가 鬼殺이다.

▶鬼殺이 3효 亥水 父 아래 복신이니 과로로 얻은 병이다.

▶酉일에 鬼殺이 출현하고, 甲戌 旬中에 들면 鬼殺이 진공이 되니 자연 치유되리라.

**** 鬼殺이 兄 아래 복신이면 감기다. 아니면 구설시비가 있다.**

(남편 병점)
水澤節 ! 風澤中孚

財子官卯 X
父巳 /
兄未 // 世
兄丑 // (申孫)
官卯 /
父巳 / 應

戌月 乙亥日

▶兄은 破敗의 神이요, 구설(口舌)의 神이다.

▶夫의 鬼殺은 子孫인데, 3효 丑土 兄 아래 복신이니 감기로 앓는 것이다.

▶入冬이후 亥월에 申金 子孫이 휴수되는데 絶이 되는 첫 寅일에 치유되리라.

**** 鬼殺이 진신이면 병세가 악화되고, 퇴신이면 병마가 물러난다.**

(딸 병점)
天澤履 ! 兌爲澤

父戌父未 X 世
兄酉 /
孫亥 /
父丑 // 應
財卯 /
官巳 /

巳月 乙未日

▶4효 亥水 子孫이 용신이고 父가 鬼殺이다.

▶용신이 月破를 당한 가운데 鬼殺 未일이 발동, 진신이 되면서 克해 오니 불길하다.

▶辰일 亥水 子孫이 입고되니 매우 불길하다.

**** 金鬼는 폐의 병이요, 木鬼는 간의 병이다.**

(처 병점) 火地晋 ! 天地否	
父戌 / 應 父未兄申 ╳ 官午 / 財卯 // 世 官巳 // 父未 // (子孫)	申月 己酉日

▸財가 용신이요, 兄이 鬼殺이다.

▸5효에서 鬼殺 申金 兄이 월을 帶하고 발동, 3효 卯木 財를 克한다.

▸또 日月이 卯木 財를 克하고 원신인 子水 孫은 초효에 복신이라 처가 위험하다.

▸폐에 농양이 생겨 입원 중인데 전혀 구원의 여지가 없으니 안타까운 괘다.

(형 병점) 水澤節 ! 風澤中孚	
財子官卯 ╳ 父巳 / 兄未 // 世 兄丑 // 官卯 / 父巳 / 應	寅月 辛卯日

▸4효 未土 兄이 용신이요, 官鬼가 귀살이다.

▸寅월이 未土 兄을 克하는 가운데 6효에서 鬼殺인 卯木 官鬼가 日辰을 帶하고 발동, 克兄하니 불길하다.

▸未土 兄이 공망인데 乙未일 출공하면 마음을 놓지 못하리라.

▸鬼殺이 卯木이라 간의 병이다.

** 水鬼는 신장의 병이요, 火鬼는 심장의 병이다.

(남편 병점) 天風姤 ! 天山遯	
父戌 / 兄申 / 應 官午 / 兄申 / 孫亥官午 ╳ 世 父辰 //	丑月 辛酉日

▸鬼殺이 본괘에는 없고 변효에 나타난 것은 외처(外處)에서 얻은 병임을 뜻한다.

▸午火 官鬼가 持世했는데 도화를 帶하고 발동, 亥水 子孫의 회두극을 받으니 性질환이 분명하다.

▸寅월이 되면 亥水 鬼殺이 휴수되고, 午火 官鬼는 생기를 얻으니 약을 복용하면 치유되리라.

▸또 寅月 甲子 旬中에 들면 鬼殺이 공망을 만나고 己巳일이면

破를 만나니 완치되리라.

** 土鬼는 비위(脾胃)의 병이거나 부종(浮腫), 전염병이다.

(자식 병점)
天地否 ! 澤地萃

父戌父未 X
兄酉 / 應
孫亥 /
財卯 //
官巳 // 世
父未 //

亥月 甲子日

▸6효에서 未土 父가 발동, 진신이 되니 조상의 탈로 인한 병이다.

▸자식의 병에는 父가 鬼殺이다.

▸未土 父가 초효와 6효에서 교중해 발동, 4효 亥水 子孫을 克하니 병이 심하다.

▸구토하고 음식을 소화하지 못한다.

▸서북(戌亥) 방향에서 기도하고, 정동(卯) 방향에서 약을 구해 먹어라. 亥 방향에서 기도하는 것은 未土 鬼殺의 원신인 2효 巳火 官鬼를 제압함이요, 卯 방향에서 약을 구함은 鬼殺을 제압함이다.

** 鬼殺이 있는 宮에 따라 병이 있는 곳을 판단한다. 鬼殺이 坤宮에 있으면 배에 병이 있고, 乾宮은 머리의 병, 兌宮이면 입의 병, 震宮이면 발의 병이다. 또 巽宮이면 중풍이나, 허벅지의 병이요, 離宮이면 눈의 병, 坎宮이면 신장이나 귀의 병, 艮宮이면 손의 병이다.

(처 병점)
水雷屯 ! 水地比

財子 // 應
兄戌 /
孫申 //
官卯 // 世
父巳 //
財子兄未 X

午月 壬戌日

▸용신 子水 財의 鬼殺은 未土 兄이다.

▸未土 兄이 坤宮에서 발동, 子水 財를 克하니 배의 병이다.

▸子水 財가 月破를 당하고 日辰의 克을 받으니 병세가 매우 심해 난감하다.

▸현재는 변효 子水 財와 용신 6효 子水 財가 공망이라 괜찮지만 출공하는 甲子일 대흉하리라.

** 청룡 鬼殺은 주색(酒色)이 과해 무력해진 병이요, 주작 鬼殺은 광언(狂言)하고 난어(亂語)하는 신열면적(身熱面赤)에 따른 병이다.

(남편 병점)
雷水解 ! 雷風恒

七	財戌 // 應	卯月 辛丑日
句	官申 //	
朱	孫午 /	
靑	孫午官酉 乂 世	
玄	父亥 /	
白	財丑 //	

▶3효 酉金 官이 용신이요, 午火 子孫이 鬼殺이다.

▶酉金 官이 月破를 당하고 日墓에 드는 데다 발동, 회두극을 당하니 흉하다.

▶그러나 丑土 金墓는 土이므로 酉金이 生을 받아 흉한 중에도 길함이 있다.

▶변효 午火 鬼殺이 도화이면서 청룡을 帶하니 주색으로 인한 병이다.

** 구진 鬼殺은 가슴이 답답하고 비위가 나쁜 병이다. 등사 鬼殺은 坐臥가 불안하고 心身도 불안한 병이다.

(처 병점)
乾爲天 ! 澤天夬

句	兄戌兄未 乂	酉月 己未日
朱	孫酉 / 世	
靑	財亥 /	
玄	兄辰 /	
白	官寅 / 應	
七	財子 /	

▶초효 子水 財가 용신이다. 용신은 항상 특성이 있는 효(爻)로 잡는다. 이 괘에서는 초효 子水와 4효 亥水 중 子水가 공망이므로 용신으로 삼는다.

▶용신 子水 財가 酉월의 生을 받지만 日辰이 구진을 帶하고 발동, 克하니 불길하다.

▶친척에게 돈을 빌려주고 받지 못해 화병을 얻었다. 특별한 병명(病名)도 없이 음식을 먹지 못하며 가슴이 답답해 하는 병이다.

** 백호 鬼殺은 절상(折傷)의 신이요, 血神이다. 현무 鬼殺은 색욕(色慾)이 과해 생긴 음허증(陰虛症)이다.

(동생 병점)
澤雷隨 ! 震爲雷

玄　財戌 // 世
白　官酉官申 ╳
七　孫午 /
句　財辰 // 應
朱　兄寅 //
青　父子 /

未月 甲午日

▶2효 寅木 兄이 용신이요, 5효 申金 官鬼가 鬼殺이다.

▶申金 鬼殺이 백호를 帶하고 발동, 兄을 克하니 흉하다.

▶교통사고로 발 다리에 절상(折傷)을 입은 괘다. 申은 午일의 역마다.

**** 鬼殺이 내괘에 있으면 집에서 얻은 병이요, 외괘에 있으면 밖(外處)에서 얻은 병이다.**

(자기 병점)
地火明夷 ! 水火旣濟

兄子 // 應
兄亥官戌 ╳
父申 //
兄亥 / 世
官丑 //
孫卯 /

申年 巳月 丁未日

▶3효 亥水 世가 月破를 당한 가운데 5효에서 戌土 官鬼(鬼殺)가 발동해 克하니 외처에서 얻은 병이다.

▶戌이 상문(喪門)이니 問喪 후 충격으로 병을 얻었다.

**** 水 용신이 本宮 초효에서 발동, 土를 화출해 회두극을 당하면 대소변이 제대로 나오지 않는다. 陰宮이면 소변이상이요, 陽宮이면 대변이상이다.**

(자식 병점)
火風鼎 ! 火天大有

官巳 / 應
父未 //
兄酉 /
父辰 / 世
財寅 /
父丑孫子 ╳

巳月 辛丑日

▶초효 子水 子孫이 용신이다.

▶子水가 巳월에 絶地이고 日辰의 회두극을 받으니 흉하다.

▶火天大有는 乾宮이므로 陽宮이나, 火風鼎은 離宮이므로 陰宮이다.

▶신장병으로 소변이 불통(不通)이다.

＊＊ 乾宮의 鬼殺은 頭風(中風)이다.

(자기 병점)
火地晋！天地否

父戌 / 應	亥月 丙申日
父未兄申 X	
官午 /	
財卯 // 世	
官巳 //	
父未 //	

▶卯木 財가 持世하니 3효가 용신이다.

▶5효에서 申金 兄이 발동, 克世하니 申金 兄이 鬼殺이다.

▶鬼殺이 乾宮에서 발동하니 頭風이 심하다 하겠다.

＊＊ 兌宮의 鬼殺은 치통이다.

(남편 병점)
水山蹇！澤山咸

父未 // 應	辰月 丁亥日
兄酉 /	
兄申孫亥 X	
兄申 / 世	
官午 //	
父辰 //	

▶2효의 午火 官이 용신이요, 4효 亥水 子孫이 鬼殺이다.

▶亥水 子孫이 兌宮에서 발동해 용신을 克하니 신랑이 치통으로 고생한다.

＊＊ 離宮의 鬼殺은 痰火病이다.

(처 병점)
!離爲火

兄巳 / 世
孫未 //
財酉 /
官亥 / 應
孫丑 //
父卯 /

午月 己亥日

▸4효 酉金 財가 용신이요, 6효 巳火 兄이 鬼殺이다.

▸용신이 午월의 克을 받는 가운데 鬼殺이 暗動, 克하니 흉하다.

▸巳火 鬼殺이 離宮에서 발동하니 가래가 많고 기침이 심한 병이다.

＊＊ 震宮의 鬼殺은 다리의 병이나 이상이다. 구진이 臨하면 종기요, 백호가 臨하면 절상(折傷)이다.

(형 병점)
地澤臨 ! 地雷復

句 孫酉//
朱 財亥//
青 兄丑// 應
玄 兄辰//
白 官卯 官寅╳
匕 財子 / 世

未月 己卯日

▸용신인 4효 丑土 兄이 月破를 당하고 日辰이 克하니 흉하다.

▸게다가 2효에서 寅木 官이 발동, 진신이 되면서 극하니 흉중흉(凶中凶)이다.

▸사다리에서 떨어져 무릎을 크게 다친 괘다.

＊＊ 巽宮의 鬼殺은 난환 풍증이다.

(어머니 병점)
乾爲天 ! 風天小畜

兄卯 /
孫巳 /
孫午 財未╳ 應
財辰 /
兄寅 /
父子 / 世

未月 丙辰日

▸초효 子水 父가 용신이다.

▸4효에서 鬼殺 未월이 발동, 父를 克하는 가운데 父가 또 日墓에 드니 매우 불길하다.

▸未土 財가 巽宮에서 발동하니 중풍을 앓는다.

▸현재는 子水 父가 공망이니 괜찮다.

그러나 출공하는 甲子일을 조심하라.

＊＊ 坎宮의 鬼殺은 귀병이다. 구진이 臨하면 농아요, 등사가 臨하면 이명증(耳鳴症)이다.

(처 병점)
澤水困 ! 坎爲水

七	兄子 // 世		亥月
句	官戌 /		辛酉日
朱	兄亥父申 X		
青	財午 // 應		
玄	官辰 /		
白	孫寅 //		

▶3효 午火 財가 용신이요, 兄이 鬼殺이다.

▶용신이 亥월의 克을 받고 日辰에 휴수되니 힘이 없다.

▶6효에서 귀살인 子水 兄이 坎宮에서 등사를 帶하고 있으니 耳鳴症으로 고생하는 괘다.

＊＊ 艮宮의 鬼殺은 손의 병이다. 金鬼는 골병(骨病)이요, 火鬼는 창독이다.

(자식 병점)
風天小畜 ! 風山漸

官卯 / 應	卯月
父巳 /	甲寅日
兄未 //	
孫申 / 世	
官寅父午 X	
財子兄辰 X	

▶용신인 3효 申金 子孫이 卯월에 絶이 되고 日破를 만나 무력하다.

▶게다가 2효에서 午火 父 鬼殺이 발동, 子孫을 克한다.

▶鬼殺이 艮宮에서 발동하니 자식이 팔에 상처를 입어 화농이 심한 괘다.

＊＊ 金鬼는 가슴의 병(해수 · 담)이요, 土鬼는 위의 병(구토 · 부종 · 전염병)이며, 木鬼는 간의 병(四肢不和)이다. 水鬼는 신장의 병(오한 · 遺精)이며, 火鬼는 심장의 병(열 · 입과 목이 마름)이다. 世와 應 중간에서 鬼殺이 발동하면 마음이 답답하다.

(처 병점)
雷天大壯 ! 山天大畜

兄戌官寅X
財子 // 應
父午兄戌X
兄辰 /
官寅 / 世
財子 /

申月 戊戌日

▶용신은 子水 財다.

▶용신의 鬼殺인 戌土 兄이 世 應 중간에서 日辰을 帶하고 발동, 용신을 克한다.

▶처가 돈을 빌려주고 받지 못해 가슴이 답답해지고 우울증이 생긴 괘다.

**** 金 鬼殺이 발동해 木효를 克하면 팔다리(枝節)가 상(傷)한다.**

(여동생 병점)
澤山咸 ! 雷地豫

財戌 //
官酉官申X
孫午 / 應
官申兄卯X
孫巳 //
財未 // 世

酉月 丙戌日

▶용신은 3효 卯木 兄이다.

▶용신이 酉월에 月破를 당한 가운데 발동, 회두극을 만났다.

▶게다가 5효에서 申金 鬼殺이 발동해 克하니 매우 흉하다.

▶申金 鬼殺은 戌일의 역마이니 교통사고를 주의하라.

▶과연 甲申일 대형사고를 당해 팔다리에 절상(折傷)을 입었으나 구사일생(九死一生)했다.

**** 木 鬼殺이 발동해 土효를 克하면 피골(皮骨)이 상(傷)한다.**

(처 병점)
天澤履 ! 天雷无妄

財戌 /
官申 /
孫午 / 世
財辰 //
兄卯兄寅X
父子 / 應

亥月 甲子日

▶6효 戌土 財가 용신이다.

▶宅효에서 寅木 鬼殺이 발동, 진신이 되면서 용신인 戌土 財를 克한다.

▶거실 청소를 하다 발등에 꽃병이 떨어져 피부가 많이 손상된 괘다.

＊＊ 土 鬼殺이 발동해 水효를 克하면 갈증이 심하고 신장 · 방광이 허(虛)해진다.

(처 병점)

雷山小過 ! 艮爲山

兄戌官寅 X 世
財子 //
父午兄戌 X
孫申 / 應
父午 //
兄辰 //

戌月 乙未日

▶5효 子水 財가 용신이다.

▶4효에서 戌土 鬼殺이 발동해 용신 子水 財를 克하니 매우 불길하다.

▶신장병을 앓고 있다. 戌일을 주의하라.

＊＊ 水 鬼殺이 발동해 火효를 克하면 눈이 어둡고 가슴이 답답하다.

(남편 병점)

風地觀 ! 山地剝

財寅 /
官巳孫子 X 世
父戌 //
財卯 //
官巳 // 應
父未 //

亥月 丙子日

▶2효 巳火 官이 용신이다.

▶용신이 月破를 당한 가운데 日辰이 발동해 克해 오니 대흉(大凶)하다.

▶심장에 문제 있다. 오늘을 넘기기 어렵겠다.

▶심장마비로 그날 사망한 괘다.

＊＊ 火 鬼殺이 발동해 金효를 克하면 頭風(중풍)이거나 폐가 상한다.

(자기 병점)
澤風大過 ! 澤山咸

父未 // 應
兄酉 /
孫亥 /
兄申 / 世
孫亥官午 X
父辰 //

巳月 庚午日

▸3효 申金 世가 巳월의 克을 받는 가운데 2효에서 日辰이 발동, 克해 오니 매우 흉하다.

▸4효 亥水 子孫이 약인데 月破를 당하고 공망을 만나니 진공이다.

▸폐에 병이 생겨 고생하던 중 약을 잘못 먹어 위험해 진 괘다.

** 應이나 官鬼가 鬼殺을 帶하고 발동해 世와 合하면 남의 병이 전염된 것이다.

(동생 병점)
風火家人 ! 澤火革

孫卯官未 X
父酉 /
官未兄亥 X 世
兄亥 /
官丑 //
孫卯 / 應

申月 戊戌日

▸용신은 亥水 兄이다.

▸6효에서 未土 鬼殺이 발동해 卯木 子孫을 화출, 亥卯未 三合을 이루면서 용신 亥水를 克合하니 남의 병이 전염됐다.

▸未土 鬼殺이 발동, 卯木 子孫을 화출했는데, 卯木이 도화이니 성병임이 분명하다.

** 鬼殺이 絶이 되면 병이 가볍고, 용신이 生扶를 받으면 절처봉생(絶處逢生)한다.

(친구 병점)
天風姤 ! 天山遯

父戌 /
兄申 / 應
官午 /
兄申 /
孫亥官午 乂 世
父辰 //

未月 壬午日

▶용신은 申金 兄이다.

▶午일이 발동해 용신을 克하니 흉하다.

▶그러나 午火 鬼殺이 회두극을 당하고 未월이 生하니 절처봉생(絶處逢生)이다.

▶현재는 변효인 亥水 子孫이 未월에 克을 받고 日辰에 絶이 되니 무력하다.

▶午火 鬼殺이 회두극을 당하지 않는 형국이라 힘이 있다는 얘기다.

▶입추가 지나 申월에 접어들고 亥일이 되면 午火 鬼殺이 무력해지니 완쾌되리라.

10. 소송점

** 世는 원고요, 應은 피고다. 世는 日月이나 동효의 生扶를 받아야 좋고, 應은 日月이나 동효의 冲克을 받거나 휴수사절(休囚死絶)되어야 길하다.

水地比！坎爲水

兄子 // 世
官戌 /
父申 //
財午 // 應
財巳官辰 ╳
孫寅 //

辰月 甲午日

▸육충괘라 분쟁이 있음이 분명하다.

▸世는 子水 兄이요, 應은 午火 財라 내가 유리하다 하겠다.

▸그러나 2효에서 辰월이 발동, 世를 克하면서 입고시키는 가운데 午일이 日破로 치니 어찌 유리하다 하리요.

▸소송에서 패소하고 구속까지 된 괘다.

** 官鬼가 발동해 應을 克하거나, 日月이 발동해 應을 克하면 내가 이긴다.

地澤臨！地雷復

孫酉 //
財亥 //
兄丑 // 應
兄辰 //
官卯官寅 ╳ (巳父)
財子 / 世

亥月 庚子日

▸2효 寅木 官鬼가 亥월의 生을 받아 旺한데 발동, 진신이 되면서 應을 克하니 내가 유리하다.

▸또 4효 丑土 應은 월일에 휴수돼 약하다.

▸게다가 원신인 巳火 父는 2효에 伏神인데, 月破를 당하고 日辰의 克을 받은 중 공망을 만나니 진공이라 무력하다.

▸卯월에 송사가 마무리되고 손해배상을 받은 괘다.

＊＊ 世와 應이 生合하면 서로 화해할 뜻이 있다. 世가 應을 生하면 내가 화해할 의사가 있다는 뜻이요, 반대로 應이 世를 生하면 상대방이 먼저 화해를 요청한다.

山火賁！風火家人

兄卯 /
父子孫巳 ╳ 應
財未 //
父亥 /
財丑 // 世
兄卯 /

申月 戊午日

▶5효 巳火 應이 발동, 生世하니 상대방이 합의 · 화해할 뜻이 있다.

▶應은 발동해 회두극이 되니 불안하고, 丑土 世는 日辰의 生을 받으니 여유가 있다.

▶그러나 현재는 합의되지 않는다. 子와 丑이 공망이므로 世가 출공하는 甲子일 합의가 이뤄지리라.

＊＊ 世와 應이 比和되면 나와 상대방의 뜻이 같아 화합할 상이다. 그러나 官鬼가 발동, 世나 應을 克하면 官에서 화합을 방해한다.

火澤睽！火水未濟

兄巳 / 應
孫未 //
財酉 /
兄午 // 世
孫辰 /
兄巳父寅 ╳

申月 戊戌日

▶世는 午火 兄, 應이 巳火 兄으로 比和한다. 초효에서 寅木 父가 발동, 巳火 兄을 화출했다.

▶상대방이 송사를 생각했으나, 世應이 둘 다 兄이면서 日墓에 드니 양쪽 다 손재(損財)를 보는 것을 알고 그만둔 괘다.

＊＊ 世가 공망이면 내가 송사를 원하지 않고, 應이 공망이면 상대방이 송사를 원치 않는다.

天地否 ! 天山遯

父戌 /
兄申 / 應
官午 /
財卯兄申 X
官午 // 世
父辰 //

寅月 丁丑日

▶친구에게 사기를 당한 사람이 얻은 괘다.

▶5효 申金 應이 月破를 당하고 日墓에 드니 상대방이 흉하다.

▶그러나 내가 상대방이 배상할 능력이 없음을 알고 소송을 취하해준 괘다.

** 간효는 증인이다. 間효가 世를 生하면 내가 유리하고, 應을 生하면 상대방이 유리하다.

天山遯 ! 風山漸

官卯 / 應
父巳 /
父午兄未 X
孫申 / 世
父午 //
兄辰 //

午月 丁未日

▶4효 未土 兄이 증인이다.

▶증인 兄이 발동, 生世하는 한편 6효 卯木 應은 입고시키니 내가 유리하다.

▶증인이 나를 두둔하고 상대방에게 불리한 증언을 한다.

** 日辰은 일의 성패를 좌우한다. 日辰 鬼殺이 발동해 克世하면 나에게 刑이 있고, 應을 克하면 상대방에게 刑이 있다.

天風姤 ! 澤風大過

財戌財未 X
官酉 /
父亥 / 世
官酉 /
父亥 /
財丑 // 應

午月 丁未日

▶4효 亥水 世가 午월에 무력한데, 6효에서 未일이 발동해 진신이 되면서 克해오니 매우 흉하다.

▶日辰이 발동, 克世하니 당일 구속된 괘다.

**** 兄이 持世하면 승소하더라도 손재(損財)가 크다. 백호까지 兄에 臨하면 파산할 정도가 된다.**

澤水困 ! 坎爲水	
兄子 // 世	子月
官戌 /	
兄亥父申 X	
財午 // 應	壬申日
官辰 /	
孫寅 //	

▶6효 子水 世는 월일의 生扶를 받아 旺하다.

▶그런데 3효 午火 應은 月破를 당하고 日辰에 휴수되니 무력하다. 따라서 내가 이긴다.

▶그러나 兄이 持世하니 경비지출이 심하다. 兄은 손재(損財)의 神이기 때문이다.

▶많은 돈을 들여 재판을 한 끝에 승소했으나 배상은 전혀 받지 못한 괘다.

**** 世가 일묘(日墓), 화묘(化墓), 동묘(動墓)에 들면 내가 반드시 구속된다.**

水雷屯 ! 水火旣濟	
兄子 // 應	辰月
官戌 /	
父申 //	
官辰兄亥 X 世	丁巳日
官丑 //	
孫卯 /	

▶世와 應이 比和해 서로 소송을 낼 의사가 없었다. 그런데 官에서 사건내막을 알고 나를 처벌한 괘다.

▶3효 亥水 世가 辰월에 회두극되고 日破를 당하니 매우 불길하다.

▶申일에 구속됐다. 旺者는 衰하는 날이 흉일이요, 衰者는 旺하는 날이 흉일이다.

**** 간효인 鬼殺이 克世하면 내가 구타를 당하고, 應을 克하면 상대방이 매를 맞는다.**

地火明夷 ! 水火旣濟	
兄子 // 應	卯月 戊戌日
兄亥官戌 ╳	
父申 //	
兄亥 / 世	
官丑 //	
孫卯 /	

▶두 사람이 함께 술을 마시다가 작은 시비 끝에 주먹이 오고갔다. 경찰에 연행됐는데 폭력배로 오인한 경찰로부터 본인이 구타당한 괘다.

▶世應이 比和하므로 서로 법적 대응을 할 의사는 전혀 없다.

▶경찰에 가서도 世와 應이 比和하니 똑같은 일을 당해야 할 것이나 그렇지 않다.

▶5효 戌土 鬼殺이 발동, 亥水 兄을 화출하면서 世를 克한다. 鬼殺(경찰)이 世(나)를 때리는 것이다.

** 괘신은 송사(訟事)의 뿌리가 된다. 卦身이 旺하면 일이 크고, 쇠(衰)하면 일이 적다. 또 卦身이 발동하면 일이 급하고, 정(靜)하면 더디다.

澤水困 ! 坎爲水	
兄子 // 世	子月 壬申日
官戌 /	
兄亥父申 ╳	
財午 // 應	
官辰 /	
孫寅 //	

▶간효 申일이 발동, 生世하는 가운데 世가 월일의 生扶를 받으니 내가 반드시 승소한다.

▶그러나 世가 兄을 帶하고, 괘신이 亥월괘로 旺한 것이 문제다.

▶결국 승소했으나 경비지출이 많았다.

** 太歲가 발동하면 대법원까지 가는 일이요, 月建이 발동하면 고등법원까지 가는 일이다. 日辰이 발동하면 지방법원에서 마무리된다.

山地剝 ! 艮爲山

官寅 / 世
財子 //
兄戌 //
官卯孫申 X 應
父午 //
兄辰 //

申年 亥月 戊寅日

▸육효를 잘 아는 사람이 이 괘를 보고 "申년이 발동해 克世하나, 월일이 生扶하니 일심에서 재판이 마무리되겠다"고 말했다.

▸그러나 그렇지 않다. 월일이 世를 生扶함은 길하나 太歲가 발동, 克世하니 대법원까지 갈 것 같다.

▸應이 비록 太歲를 帶하고 있으나, 亥월에 휴수되고 日破를 당한 가운데 스스로 발동, 絶地에 빠지니 내가 분명 승소하긴 한다.

** 官이 괘 중에 없으면 주관이 분명치 않으니 일이 번잡하게 된다.

水澤節 ! 風雷益

父子兄卯 X 應
孫巳 /
財未 //
財辰 // 世(酉官)
兄卯兄寅 X
父子 /

子月 乙卯日

▸한 사람이 이 괘를 보고 이렇게 말했다. "官이 복신인데 日破를 당해 무력하니 주관이 없는 것과 같다. 송사(訟事)가 흐지부지 되지 않겠는가."

▸그러나 그렇지 않다. 3효 辰土 世의 鬼殺은 寅卯木인데, 2효와 6효에서 발동, 克世하니 내년 寅卯월에 큰 손재가 있겠다.

** 父가 旺하고 官이 휴수되면 큰 사건이라도 축소되고, 父가 휴수되고 官이 旺하면 작은 송사(訟事)라도 확대된다.

水風井！澤風大過

財未 //
官酉 /
官申父亥 ╳ 世
官酉 /
父亥 /
財丑 // 應

子月 丁巳日

▸5효 酉金 官이 子월에 휴수되고 日辰의 克을 받으니 약하다.

▸4효 亥水 父는 水旺節에 발동, 회두생을 받으니 매우 旺하다.

▸송사(訟事)가 큰 사건 같았는데 결국 흐지부지된 괘다.

＊＊ 父는 文書다. 世가 父를 帶하면 내가 먼저 고소하고, 應이 父를 帶하면 상대방이 먼저 고소한다. 발동하면 이미 행동함이니 소장(訴狀)을 낸 것이요, 靜하면 생각 중이다.

天地否！澤山咸

父戌父未 ╳ 應
兄酉 /
孫亥 /
財卯兄申 ╳ 世
官午 //
父辰 //

巳月 辛亥日

▸6효 未土 應이 巳월의 生을 받은 가운데 발동해 진신이 되니 상대방이 먼저 고소했다.

▸그러나 應이 발동, 生世하니 법적 처벌을 원하지는 않아 바로 합의하고 소는 취하됐다.

▸그런데 3효에서 申金 兄이 持世하고 발동, 財를 화출하니 이 송사로 상당한 손재를 봤다.

＊＊ 世가 官을 帶하면 나에게 관재(官災)가 있음이요, 應이 官을 帶하면 상대방에게 관재(官災)가 있다.

火雷噬嗑 ! 離爲火

兄巳 / 世
孫未 //
財酉 /
孫辰官亥 X 應
孫丑 //
父卯 /

寅月 己巳日

▸6효 巳火 世는 日月의 生扶를 받아 旺하니 길하다.

▸3효 亥水 應은 官을 帶하고 있는데, 寅월에 휴수되고 日破를 만난 가운데 발동해 化墓에 드니 매우 흉하다. 반드시 관재(官災)가 있겠다.

▸冲者는 合日에 성사(成事)되니 寅일이 불안하다.

** 卦身이 子孫이면 관재(官災)가 흐트러진다. 官이 世 아래 복신이면 현재는 괜찮으나 뒤에 송사(訟事)가 생긴다.

坎爲水 ! 風水渙

官子父卯 X
兄巳 / 世
孫未 //
兄午 //
孫辰 / 應
父寅 //

未月 庚寅日

▸卦身은 육효의 본체다.

▸子孫은 관재 · 질병 · 도둑을 쫓는 신이다.

▸卦身이 辰月괘로 子孫인데 어찌 재앙이 있을 수 있겠는가.

** 世가 발동해 化墓에 들거나 日墓, 動墓에 빠지면 구속되는 상이다. 日月이 墓를 冲破하면 출옥한다.

澤山咸 ! 艮爲山

兄未官寅 X 世
孫酉財子 //X
財亥兄戌 //X
孫申 / 應
父午 //
兄辰 //

申月 癸未日

▸6효 寅木 世가 月破를 당하고 발동해 化墓에 드니 매우 흉하다.

▸오늘 반드시 구속되리라.

▸언제 석방되겠는가.

▸내년 寅월이 되면 寅木 世는 득세(得勢)하고 未土 木庫는 무력해지니, 冲하

는 丑일에 나오겠다.

＊＊ 구속돼 있을 때 太歲가 발동, 生世하면 나라의 특별사면이 있고, 月이 발동해 生世하면 판사(법원)가 도와준다. 日辰이 발동해 生世하면 경찰이나 검찰이 용서한다.

(언제 석방되겠나)
火天大有 ! 火山旅

兄巳 /	午年
孫未 //	
財酉 / 應	卯月
財申 /	
父寅兄午 ╳	丁酉日
官子孫辰 ╳ 世	

▶초효에서 辰土 子孫이 持世하니 관재(官災)로부터 벗어나겠다.

▶2효에서 午년이 발동, 生世하니 올해 중 특사(特赦)가 있으리라.

▶현재는 世가 卯월의 克을 받고 日辰에 설기(洩氣)돼 무력하니 때가 아니다.

▶ 世가 生을 받는 巳월에 나오겠다.

11. 실물점(失物占)

**** 보통 財가 失物점의 용신이 된다. 冲중에 合을 만나면 실물을 쉽게 찾고, 合중에 冲을 만나면 찾기 어렵다.**

(도둑을 잡겠는가) 山火賁 ! 離爲火	
兄巳 / 世	戌月 辛未日
孫未 //	
孫戌財酉 X	
官亥 / 應	
孫丑 //	
父卯 /	

▸3효 亥水 官이 도둑인데 日月의 克을 받으니 반드시 붙잡힌다.

▸현재는 亥水 官이 공망이라 도둑의 소재가 분명하지 않다.

▸그러나 亥水가 출공하는 乙亥일이면 도둑의 소재가 밝혀지면서 체포되리라.

**** 용신 財가 旺한 가운데 발동해 공망이 되면 출공일에 찾는다. 실물이 흩어지지 않았기 때문이다.**

(승용차 분실) 山水蒙 ! 山澤損	
官寅 / 應	巳月 辛亥日
財子 //	
兄戌 //	
兄丑 // 世	
官卯 /	
官寅父巳 X	

▸승용차는 父가 용신이다.

▸초효에서 巳火 父가 旺한 가운데 발동하는데, 역마가 臨하니 자동차를 분실했음이 분명하다.

▸巳火 父가 발동, 공망에 떨어지니 출공하는 甲寅일 찾으리라.

**** 용신이 冲破를 만난 가운데 공망이면 진공이라 찾지 못한다.**

(서류 분실)	
天火同人 ! 天雷无妄	
財戌 /	未月 丙辰日
官申 /	
孫午 / 世	
父亥財辰 ╳	
兄寅 //	
父子 / 應	

▸초효 子水 父가 용신이다.

▸용신 子水 父가 未월의 克을 받은 가운데 日辰 動墓에 드니 불길하다.

▸게다가 용신이 공망이니 진공이다. 찾지 못한다.

** 용신이 본궁내괘에 있으면 실물이 가정에 있음이요, 타궁외괘에 있으면 먼 곳으로 유출돼 찾지 못한다.

(목걸이 분실)	
雷山小過 ! 雷風恒	
財戌 // 應	午月 丁巳日
官申 //	
孫午 /	
官酉 / 世	
孫午父亥 ╳	
財丑 //	

▸목걸이 등 패물은 財가 용신이다.

▸초효와 6효에 財가 둘인데 공망인 초효 丑土 財를 용신으로 삼는다.

▸용신이 월일의 生을 받아 旺한데 공망을 만나니 순공(旬空)이다.

▸丑土 財가 발동하지 않으니 아직 집안에 있다 하겠다.

▸2효에서 亥水 父가 발동해 원신인 4효 午火 子孫을 克하니 원신을 감추고 있는 것과 같다.

▸검은 서류함이나 의류상자를 살펴봐라. 未일에 찾으리라. 未일은 공망인 丑土를 冲하는 날이다.

** 용신이 초효 子水이면 우물이나 수돗가에, 2효이면 주방에, 3효이면 현관문 · 베란다에 있다. 또 4효이면 문 부근, 5효이면 도로, 6효이면 담장 · 기둥 · 난간 주변에 있다.

(도자기 유실) 水天需 ! 風天小畜		
父子兄卯 ╳		卯月 戊戌日
孫巳 /		
財未 //	應	
財辰 /		
兄寅 /		
父子 /	世	

▶3효와 4효 財 중 공망인 3효 辰土 財가 용신이다.

▶용신인 辰土 財가 6효에서 발동한 卯월의 克을 받는 데다 다시 日破를 당하니 찾기 어렵다.

▶그러나 辰土 財가 발동하지 않으니 현관문 · 베란다 · 다용도실을 찾아봐라.

▶베란다에서 파손된 채 찾았다.

** 용신이 水효인데 외괘에 있으면 집 주변이나 방죽 · 연못에서 찾고, 내괘에 있으면 집안 연못이나 어항 속에서 찾아라.

(지갑 분실) 水澤節 ! 地澤臨		
孫酉 //		午月 甲戌日
兄戌財亥 ╳	應	
兄丑 //		
兄丑 //		
官卯 /	世	
父巳 /		

▶5효 亥水 財가 용신이다.

▶용신인 亥水 財가 午월에 絶이 되고 戌일에 회두극을 당한다.

▶따라서 돈은 이미 없어졌다고 본다.

▶빈 지갑을 집앞 도랑변에서 찾았다.

** 용신이 木효이면 목기(木器)나 대바구니 속에 있다. 용신이 金효이고 旺하면 쇠그릇, 衰하면 질그릇 속에 있다.

(팔찌 유실)
澤雷隨！澤地萃

父未 //
兄酉 / 應
孫亥 /
財卯 //
官巳 // 世
孫子父未 X

亥月 己卯日

▶3효 卯木 財가 용신이다.

▶용신이 亥월의 生을 받고 日辰이 臨하니 고가품이다.

▶卯木 財가 발동하지 않으니 아직 밖으로 유출되지 않았다.

▶초효에서 未土 父가 발동해 용신을 입고시키니 그릇 속에 감추어져 있다.

▶未土는 木庫이니 나무그릇이다. 또 子水 子孫이 化出되니 검정색 광채나는 그릇이다.

▶未土를 冲하는 丑일 찾으리라.

** 용신이 入墓하거나 墓 아래 복신이면 기물(器物) 중에서 찾는다. 찾는 날은 墓가 冲破되는 날이다.

(TV를 도둑맞음)
火澤睽！火風鼎

兄巳 /
孫未 // 應
財酉 /
孫丑財酉 X
官亥 / 世
兄巳孫丑 X

未月 丁巳日

▶2효 亥水 官鬼가 도둑이다. 未월의 克을 받고 日破를 당하니 반드시 잡힌다.

▶용신은 酉金 財다.

▶丑土 金庫가 발동해 입고시키고, 용신이 공망을 만나니 지금은 찾기 어렵다.

▶丑土 金庫가 辛未일이 되면 冲破되므로 찾게 되리라.

** 실물점에서는 용신이 발동함을 꺼린다. 발동하면 이미 그 물건이 변동(變動)한 것이기 때문이다.

(수금한 돈 분실) 澤山咸 ! 澤地萃	
父未 // 兄酉 / 應 孫亥 / 兄申財卯 X 官巳 // 世 父未 //	酉月 庚戌日

▸용신은 3효 卯木이다.

▸용신이 月破를 당한 가운데 발동, 회두극을 만나니 분실한 돈을 찾지 못한다.

▸2효의 巳火 官鬼가 도둑이다. 日墓에 드는 데다 원신인 卯木 財가 무력하니 반드시 붙잡힌다.

▸亥일 잡았으나 이미 돈은 다 써버린 뒤였다.

** 용신이 발동하지 않으면서 持世하거나, 世와 生合하면 물건을 찾을 수 있다.

(수표 분실) 坎爲水 ! 澤水困	
父未 // 兄酉 / 兄申孫亥 X 應 官午 // 父辰 / 財寅 // 世	未月 乙亥日

▸초효 寅木 財가 용신이다.

▸용신이 持世하고 靜하니 그 물건은 나의 수중에 있다 하겠다.

▸亥일이 발동해 世와 生合하니 申일에 찾으리라. 合者는 冲日에 성사(成事)되기 때문이다.

** 용신이 발동해 官鬼를 화출하면 그 물건은 종교관련 비품을 두는 곳이거나, 종교적 그림이 있는 곳에 있다.

(패물 둔 곳을 모르겠다) 兌爲澤！澤水困 父未 // 兄酉 / 孫亥 / 應 官午 // 父辰 / 官巳財寅 ╳ 世 亥月 辛丑日

▶초효 寅木 財가 용신이다.

▶寅木 財가 발동, 巳火 官鬼를 화출하니 신물(神物)이 있는 곳이거나 神鬼의 거처를 찾아봐라.

▶현재는 巳火 官鬼가 공망이라 출타한 중이니, 神鬼가 돌아오는 乙巳일에 찾을 수 있으리라.

** 용신이 발동해 子孫을 화출하면 금수(禽獸)와 관계가 있는 곳에 있다. 子孫이 子면 쥐가 물어간 것이요, 寅이면 고양이가 물어간 것이요, 丑이면 외양간에 있으니 주위 환경에 맞게 분별하라.

(문서 분실) 火山旅！離爲火 兄巳 / 世 孫未 // 財酉 / 官亥 / 應 孫丑 // 孫辰父卯 ╳ 子月 己酉日

▶용신은 초효 卯木 父다. 발동해 辰土 子孫으로 化하니 龍이나 龍과 관련있는 곳에 있다.

▶그러나 "집안에 그런 것이 없다"고 한다. "冲者는 合日에 성사(成事)되니 戌일을 기다려 보라"고 했다.

▶戌일에 집안일을 돌보는 아주머니가 와서, 문서가 방안에 뒹굴어 한쪽으로 치웠다 한다. 그 아주머니가 辰生이다.

▶神은 되도록 斷者가 쉽게 판단할 수 있는 데까지 가르쳐 줌을 알 수 있다 하겠다.

** 官鬼가 휴수공망이거나, 괘 중에 없는데 世가 발동하면 남이 훔쳐간 것이 아니고 내가 잃어버린 것이다.

(돈을 잃어버림)
風火家人 ! 風雷益

兄卯 / 應
孫巳 /
財未 //
父亥財辰 ✕ 世(酉官)
兄寅 //
父子 /

卯月 辛巳日

▶3효에서 辰土 財가 持世한 가운데 발동하니 내가 물건을 갖고 소란을 피움과 같다.

▶酉金 官鬼는 3효 아래 복신인데 月破를 당하고 日辰의 克을 받은 가운데 공망이니 도둑은 없다 하겠다.

▶스스로 돈 둔 곳을 찾지 못해 남을 의심했다. 動者는 合日에 성사(成事)되니 酉일에 찾으리라.

** 官鬼가 괘 중에 없거나 휴수공망인데, 용신이 應이거나 應 아래 伏神이면 내가 남에게 빌려주고 잊어버린 것이다.

(목걸이 분실)
乾爲天 ! 風天小畜

兄卯 /
孫巳 /
孫午財未 ✕ 應
財辰 / (酉官)
兄寅 /
父子 / 世

午月 己卯日

▶酉金 官鬼가 3효 辰土 財 아래 복신인데, 午월의 克을 받고 日破를 당하니 도둑은 없다 하겠다.

▶용신인 財가 應을 帶하고 있으니 내가 분실했거나, 남에게 빌려주고 기억을 못하는 것이다.

▶未土 財가 動해 克世하니 未일을 기다려라.

▶과연 未일이 되자 빌려간 사람이 찾아와 목걸이를 돌려줬다.

** 官鬼가 복신이면서 휴수공망이 되면 자기가 분실한 것이다.

(핸드폰 분실)
水雷屯！風雷益

父子兄卯╳ 應
孫巳 /
財未 //
財辰 // 世(酉官)
兄寅 //
父子 /

亥月 己卯日

▶酉金 官鬼가 3효 아래 복신인데, 亥월에 휴수되고 日破를 만난 중 공망이라 진공이다.

▶도둑이 없음과 같으니 스스로 잃어버렸음이 분명하다.

** 용신이 子孫 아래 복신이고 비신의 生을 얻으면 子孫의 거처에 있고, 生을 얻지 못하면 가축 주변에 있다. 아니면 가축 그림이 있는 곳이나, 가축과 관련 있는 비품이 있는 곳에 있다.

(약속어음을 보관한 곳을 잊음)
風澤中孚！風水渙

父卯 /
兄巳 / 世
孫未 // (酉財)
兄午 // (亥官)
孫辰 / 應
兄巳父寅 ╳

未月 己巳日

▶4효의 복신인 酉金 財가 용신이다.

▶용신이 비신인 未土 子孫의 生을 얻으니 子孫의 거처를 살펴봐라.

▶離는 火요, 艮은 그릇이니 전구나 전기용품을 담아 두는 그릇에 있을 것이다.

** 용신이 내괘에 있으면 집에서 잃은 것이요, 외괘에 있으면 밖에서 분실한 것이다.

(시계 분실)
澤火革！風火家人

財未兄卯╳
孫巳 / 應
父亥財未╳
父亥 /
財丑 // 世
兄卯 /

子月 丁亥日

▶내괘 2효와 외괘 4효에 財가 둘 있는데 외괘 未土 財가 발동하니 용신으로 삼는다.

▶4효 未土 財와 6효 卯木 兄이 발동, 三合 兄弟局을 이루니 도적이 무리를 지어 탈취했음이 분명하다.

▸巽宮인 風火家人괘가 변해 坎宮인 澤火革괘가 되니 도적의 무리가 소년티를 벗어난 이들이라 하겠다.

＊＊ 官鬼가 陽이면 남자요, 陰이면 여자다. 官鬼가 陽에서 陽으로 변하거나 陰에서 陰으로 변하면 남자, 또는 여자가 분명하다. 그러나 陽에서 陰으로 변하거나 陰에서 陽으로 변하면 남녀가 함께 도둑질한 것이다.

(사기 사건)
雷天大壯！水火旣濟

兄子 // 應
父申官戌 X
財午父申 X
兄亥 / 世
孫寅官丑 X
孫卯 /

亥月 壬午日

▸2효 丑土 官鬼와 5효 戌土 官鬼가 함께 발동하니 도둑이 안과 밖에서 내통했다.

▸내괘에서는 陰이 陽으로 변하니 남자요, 외괘에선 陽이 陰으로 변하니 여자다.

▸내괘 丑土 官鬼는 午일의 生을 받지만, 亥월의 生을 얻은 寅木 子孫이 회두극하니 寅卯일에 붙잡힌다.

▸5효의 戌土 官鬼는 발동해 申金 역마를 화출하고 공망을 만나니 멀리 도망해 버렸다. 내년 寅월에나 붙잡을 수 있다.

＊＊ 官鬼가 旺하면 壯年이요, 墓絶이면 노인이요, 胎養이면 어린아이다. 冲害를 帶하면 병자다.

(자전거 분실)
坎爲水！水風井

父子 //
財戌 / 世
官申 //
孫午官酉 X
父亥 / 應
財丑 //

午月 戊寅日

▸도둑인 3효 酉金 官鬼가 午월에 회두극을 당하고 日辰에 絶이 되니 반드시 붙잡힌다.

▸午일을 기다려라.

▸午일에 체포했는데, 도둑은 노쇠한 환자였다.

** 世가 官鬼를 冲하면 본인이 도둑을 알고, 應이 官鬼를 冲하면 남이 도둑을 안다.

(사내 기물 분실)
山澤損 ! 火澤睽

父巳 /
兄未 //
兄戌孫酉 X 世
兄丑 //
官卯 /
父巳 / 應

亥月 丁丑日

▶실물점은 특히 심사숙고해야 하며, 함부로 말해도 안 된다.

▶4효에서 酉金 世가 발동해 2효 卯木 官鬼를 冲하니, 본인이 누가 도둑인지를 알고 있다.

▶그러나 卯木 官鬼가 旺하므로 내가 도둑으로부터 또 다른 피해를 받을까봐 두려워 못본 체하고 있다.

** 日月이 動해 官鬼를 冲克하면 도둑이 사면초가라 반드시 붙잡힌다.

(사기 사건)
水山蹇 ! 坤爲地

孫酉 // 世
兄戌財亥 X
兄丑 //
孫申官卯 X 應
父巳 //
兄未 //

酉月 甲申日

▶3효 卯木 官鬼가 도둑이다. 月破를 당한 가운데 日辰의 회두극을 만나니 도저히 빠져 나가지 못한다.

▶오늘 반드시 체포되리라.

** 兄이 발동해 용신 財를 冲克하면 용신 財는 이미 탕진, 또는 파손됐음을 말한다. 이 경우 도둑을 붙잡더라도 실물을 찾지 못한다.

(공금 횡령범)	
水火旣濟！風火家人	
父子兄卯╳	
孫巳 / 應	寅月
財未 //	
父亥 / (酉官)	庚午日
財丑 // 世	
兄卯 /	

▶3효 亥水 父 아래 복신인 酉金 官鬼가 도둑이다.

▶酉金 官鬼가 寅월에 絶이 되고 日辰의 克을 받으니 반드시 도둑은 붙잡힌다.

▶伏者는 출현일에 성사(成事)되니 酉일에 체포되리라.

▶그러나 돈은 찾기 어렵다.

▶초효와 6효에 卯木 兄이 교중해 있는데, 6효에서 兄이 발동해 財를 克하기 때문이다.

▶6효 卯木 兄이 도화를 帶하고 발동, 子水 父를 화출하면서 子卯 刑을 이루니 주색(酒色)으로 돈을 탕진했으리라.

＊＊ 日月 官鬼가 발동해 克世하면 도둑으로부터 상해(傷害)를 조심해야 한다.

(형제 안부)	
地火明夷！水火旣濟	
兄子 // 應	
兄亥官戌╳	巳月
父申 //	
兄亥 / 世	甲戌日
官丑 //	
孫卯 /	

▶3효 亥水 兄이 용신이다. 月破를 당하고 5효에서 日辰이 발동해 克해 오니 매우 흉하다.

▶게다가 원신 申金 父도 巳월의 克을 받고 공망이다. 생사 여부가 걱정스럽다.

▶강도를 당해 해를 입었다는 연락을 받았는데 사실 여부를 물어 나온 괘다.

＊＊ 子孫은 도둑을 잡는 神이다. 日月 子孫이 발동해 官鬼를 克하면 반드시 도둑이 잡힌다.

(강도를 잡겠나)
風地觀 ! 山地剝

財寅 /
官巳孫子 X 世
父戌 //
財卯 //
官巳 // 應
父未 //

亥月 庚子日

▶2효 巳火 官鬼가 月破를 당하고, 5효에서 日辰이 발동해 克해 오니 반드시 체포하리라.

▶현재는 巳火 官鬼가 공망이므로 출공일인 乙巳일 잡힐 것이다.

＊＊ 日月이 官鬼를 生合하면 도둑을 잡는 자와 도둑이 결탁되어 있다.

(문서 사기)
水地比 ! 坤爲地

孫酉 // 世
兄戌財亥 X
兄丑 //
官卯 // 應
父巳 //
兄未 //

酉月 丁亥日

▶상대방에게 문서를 사기당했는데 경찰이 무혐의로 풀어줬다.

▶5효에서 亥일이 발동, 卯木 官鬼를 生하니 도둑과 경찰이 내통한다.

▶酉월이 卯木 官鬼를 충극하니 상부에 부탁하라.

▶과연 상부기관에서 관여, 사기당한 문서를 찾고 상대방을 처벌할 수 있었다.

＊＊ 실물은 財만 용신이 아니다. 차나 배는 父가 용신이요, 가축은 子孫이 용신이다.

(차량 도난)
! 天火同人

孫戌 / 應
財申 /
兄午 /
官亥 / 世
孫丑 //
父卯 /

巳月 壬午日

▶차량은 父로 용신함이 당연하다. 그러나 이 문복자는 차량으로 생업을 잇는 사람이라 財가 용신이다.

▶5효 申金 財가 역마를 帶하니 용신이 된다.

▶巳월이 克하고, 午일이 克하는 가운데 공망이니 진공이라 찾지 못한다.

12. 도망점 · 가출점

** 용신으로 도망간 방향을 정한다. 子孫은 子孫 방향, 父는 父 방향, 財는 財 방향이 달아난 쪽이다. 예컨대 처의 도망점에서 巳火 財가 용신이면 巽(巳) 방향으로 간 것이요, 발동하여 寅木을 화출하면 艮(寅) 방향으로 다시 이동한 것이다. 용신이 안정한 곳이 현재 있는 방향이다.

(처 가출)
澤水困！水澤節

兄子 //
官戌 /
兄亥父申 ╳ 應
官丑 //
孫卯 /
孫寅財巳 ╳ 世

戌月 戊申日

▶초효 巳火 財가 용신인데 발동해 寅木 子孫을 화출했다.

▶동남쪽으로 갔다가 다시 동북쪽으로 이동했다.

▶용신이 타궁내괘에서 본궁내괘로 변하니 시 · 군 경계를 맴돌다가 本郡의 艮 방향으로 와 있다.

** 震(木)은 서울이요, 兌(金)은 사원 · 교회다. 離(火)는 유흥가요, 坎(水)은 해변이나 강변이다. 艮(土)은 산림이나 토굴이다.

(아들 가출)
雷山小過！雷風恒

財戌 // 應
官申 //
孫午 /
官酉 / 世
孫午父亥 ╳
財丑 //

寅月 戊子日

▶용신은 4효 午火 子孫이다.

▶용신이 暗動하는 가운데 宅효에서 亥水 父가 발동, 용신을 克하니 가출했다.

▶震宮에 있으니 서울로 갔다.

▶지금은 午火 子孫이 순공(旬空)이니, 甲午일 출공한 뒤 乙未일에 귀가하리라. 冲者는 合日에 성사(成事)되기 때문이다.

(처 가출) 天雷无妄！兌爲澤	
父戌父未 ╳世 兄酉 / 孫亥 / 父丑 //應 財寅財卯 ╳ 官巳 /	未月 戊申日

▶용신은 2효 卯木 財다.

▶卯木 財가 日月의 生扶를 받지 못해 약한 가운데 발동, 퇴신이 되면서 공망을 만나니 진공이다.

▶절대 귀가할 의사가 없다.

▶6효에서 未월이 발동해 卯木 財를 입고시키니 사원이나 교회, 아니면 종교단체에 있다.

** 용신이 鬼墓에 臨하고 旺하면 神의 거처에 은거하고 있으며, 衰絶되면 山野의 분묘 주변에 있다.

(처 가출) 澤天夬！澤風大過	
財未 // 官酉 / 父亥 / 世 官酉 / 父亥 / 父子財丑 ╳應	午月 己巳日

▶용신은 초효 丑土 財다.

▶丑土 財가 월일의 生을 받아 旺한 가운데 발동, 子水 父를 화출하면서 子丑 合을 이룬다.

▶未일 귀가하리라. 合者는 冲日에 성사(成事)되기 때문이다.

▶丑土가 酉金 官鬼의 墓가 되니 神의 거처에 있다.

▶산제당에서 기도한 뒤 未일에 귀가한 괘다.

** 용신이 官鬼 아래 복신이면 관청의 창고나 국가시설물에 있고, 父 아래 복신이면 집안 어른의 집이나 文人의 집에 있다.

(아들 가출) 火山旅！天山遯	
父戌 / 父未兄申 乂 應 官午 / 兄申 / 官午 // 世 父辰 // (子孫)	申月 癸酉日

▶용신은 초효 辰土 父 아래 복신인 子水 子孫이다.

▶용신이 父 아래 복신이니 존장의 집에 숨어 있다.

▶비신 辰土가 子孫을 克하니 거처가 불안 · 불편하다.

▶용신 子孫이 타궁내괘에 있으니 本道 내 정북 쪽에 있다.

▶출현하는 子일에 찾으리라.

** 용신이 坎宮에서 木을 帶하고 발동하면 배를 타고 달아난 것이요, 용신이 타궁외괘에서 역마를 帶하고 발동하면 해외로 도망한 것이다.

(집을 나간 숙모의 행방) 澤風大過！地風升	
官酉 // 官酉父亥 乂 父亥財丑 乂 世 官酉 / 父亥 / 財丑 // 應	申月 辛巳日

▶5효 亥水 父가 용신이다.

▶타궁외괘에서 역마를 帶하고 발동하니 멀리 간 것이다.

▶또 丑土 財가 발동해 父를 克하니 돈을 횡령해 갔다.

▶酉金 官鬼가 내외괘에 교중한 가운데 亥水 父가 발동, 酉金 官鬼를 화출하니 情夫와 동행했다.

** 용신이 動해 도화 財와 합하면 여자와 함께 달아난 것이다.

(조카의 행방이 묘연하다)
火澤睽 ! 火風鼎

兄巳 /
孫未 // 應
財酉 /
孫丑財酉 X
官亥 / 世
兄巳孫丑 X

子月 壬辰日

▶용신은 초효 丑土 子孫인데 발동해 3효 酉金 財와 三合을 이룬다.

▶용신과 合하는 酉金 財가 도화를 帶하니 여자와 동행했다.

▶巳일에 귀가하리라. 三合을 이루는 3字 중 1字가 발동하지 않을 경우 그날에 성사되기 때문이다.

**** 용신이 본궁내괘에 있으면 本郡 · 本邑이요, 본궁외괘에 있으면 인근의 他郡 · 他邑이다. 또 타궁내괘면 本道요, 타궁외괘면 他道이거나 외국에 있다.**

(처와 자식 행방)
! 火天大有

官巳 / 應
父未 //
兄酉 /
父辰 / 世
財寅 /
孫子 /

▶火天大有괘는 本宮이 乾宮인데 외괘는 離宮이니 타궁외괘요, 내괘는 乾宮이니 본궁내괘다.

▶財와 子孫이 내괘에 있으니 본궁내괘에 있는 것이다.

(남편 행방)
! 天風姤

父戌 /
兄申 /
官午 / 應
兄酉 /
孫亥 /
父丑 // 世

▶天風姤괘는 本宮이 乾宮인데 외괘는 乾宮이니 본궁외괘요, 내괘는 巽宮이니 타궁내괘다.

▶午火 官鬼가 용신인데 4효에 있으니 본궁외괘에 있는 것이다.

(처 행방)
!天地否

父戌 / 應
兄申 /
官午 /
財卯 // 世
官巳 //
父未 //

▶天地否괘는 本宮이 乾宮인데 외괘는 乾宮이니 본궁외괘요, 내괘는 坤宮이니 타궁내괘다.

▶卯木 財가 용신인데 3효에 있으니 타궁내괘에 있는 것이다.

(자손 행방)
!山地剝

財寅 /
孫子 // 世
父戌 //
財卯 //
官巳 // 應
父未 //

▶山地剝괘는 本宮이 乾宮인데 외괘는 艮宮이니 타궁외괘요, 내괘는 坤宮이니 타궁내괘다.

▶子水 子孫이 용신인데 5효에 있으니 타궁외괘에 있는 것이다.

** 용신이 世와 生合하면 비록 멀리 갔으나 뒤에 반드시 돌아온다.

(가출한 처가 귀가하겠는가)
兌爲澤 ! 地澤臨

孫酉 //
孫酉財亥 X 應
財亥兄丑 X
兄丑 //
官卯 / 世
父巳 /

未月 乙巳日

▶용신은 5효 亥水 財다.

▶亥水 財가 未월의 克을 받고 日破된 가운데 발동하니 아직 오지 못한다.

▶그러나 亥水 財가 발동해 世를 生合하니 꼭 돌아오고 싶어한다.

▶酉金 子孫이 亥水 財를 회두생하니, 亥水가 生을 받는 酉월을 기다려라.

** 용신이 不動하면 찾기 쉽고, 발동하면 이름을 바꿔가며 동서로 다니는 것이니 찾기 어렵다.

(처 행방)
澤天夬 ! 風天小畜

財未兄卯 ╳
孫巳 /
父亥財未 ╳ 應
財辰 /
兄寅 /
父子 / 世

卯月 辛未日

▸용신은 4효 未土 財다.

▸未土 財가 日辰을 帶하고 발동, 亥卯未 木局을 이루니 土가 木으로 변한 것이다. 성과 이름을 바꿔가며 이리저리 다닌다.

▸또 財가 발동해 克世하니 처가 나의 행동을 다 알고 있다.

▸亥水가 공망이니 未土 財도 공망이라, 아직 돌아올 의사는 없다.

** 日月이 발동해 용신과 生合하면 깊이 숨어 있어 찾기 어렵다. 生合하는 효가 子孫이면 종교인이나 의사 집에 있고, 兄이면 兄弟나 친구 집에 있다.

(남편의 행방)
風澤中孚 ! 巽爲風

兄卯 / 世
孫巳 /
財未 //
財丑官酉 ╳ 應
父亥 /
孫巳財丑 ╳

丑月 乙巳日

▸용신은 3효 酉金 官이다.

▸초효에서 日辰의 生을 받는 丑월이 발동해 酉金 官을 生合한다.

▸生合하는 丑土가 財이니 여자 집에 숨어 있다.

▸또 용신 酉金 官이 巽宮(본궁내괘)에서 兌宮(타궁내괘)으로 변하니 本郡에서 他郡으로 이동했다.

▸卯木 世가 日月에 휴수되고 공망이니 현재는 찾기 어렵다.

** 용신이 冲을 받으면 종적이 발각되고, 日月이 발동해 克하면 붙잡힌다.

(사기사건에 연루된 친구가 도망 중이다) **坤爲地 ! 地水師** 父酉 // 應 兄亥 // 官丑 // 財午 // 世 財巳 官辰 ╳ 孫寅 // 巳月 癸丑日

▸용신은 5효 亥水 兄이다.

▸亥水 兄이 月破를 당하고 日辰의 克을 받으니 매우 불길하다.

▸게다가 2효 辰土 官鬼가 발동, 亥水 兄을 克하면서 입고시키니 丙辰일을 조심하라.

▸丙辰일에 붙잡혔다.

** 世가 공망이면 찾아도 찾지 못하고, 용신이 공망이어도 찾지 못한다. 그러니 世와 용신이 둘 다 공망이면 어찌 찾겠는가.

(채무자가 부도를 내고 도망갔다) **山雷頤 ! 火雷噬嗑** 孫巳 / 財未 // 世 財戌 官酉 ╳ 財辰 // 兄寅 // 應 父子 / 申月 丙戌日

▸용신은 4효 酉金 官鬼이다.

▸酉金 官鬼가 월일의 生扶를 받은 가운데 動하니 찾기 어렵다.

▸게다가 5효 未土 世가 공망이니 더욱 찾기가 어렵겠다.

13. 대인점(待人占)

** 용신이 안정(安靜)하고 日月과 동효의 冲을 받지 않으면 현지에서 편안하게 있으면서 귀가할 뜻이 없다.

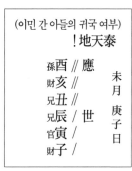

(이민 간 아들의 귀국 여부)
!地天泰

孫酉 // 應
財亥 //
兄丑 //
兄辰 / 世
官寅 /
財子 /

未月 庚子日

▸용신은 6효 酉金 子孫이다.

▸酉金 子孫이 未월의 生을 받고 괘가 안정하니 귀국할 의사가 없다.

▸또 3효 辰土 世가 공망이니 아들의 귀국을 기다리지 않는 것이 좋겠다.

** 용신이 발동, 克世하면 기다리는 사람이 빨리 돌아온다.

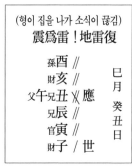

(형이 집을 나가 소식이 끊김)
震爲雷 !地雷復

孫酉 //
財亥 //
父午兄丑 X 應
兄辰 //
官寅 //
財子 / 世

巳月 癸丑日

▸용신은 4효 丑土 兄이다.

▸丑土 兄이 巳월의 生을 받고 日辰이 臨한 가운데 발동, 회두생이 되면서 克世한다.

▸오늘 돌아오리라. 이는 丑일이 발동했기 때문이다.

** 용신이 발동해 世와 生合하면 기다리는 사람이 더디게 온다. 世가 용신을 克하면 기다리는 사람은 오지 않는다.

(가출한 처가 언제 돌아오겠나)
山天大畜 ! 山澤損

官寅 / 應
財子 //
兄戌 //
兄辰兄丑 X 世
官卯 /
父巳 /

申月 丁巳日

▶용신은 5효 子水 財다.

▶子水 財가 申월의 生을 받지만 공망인 데다 日辰에 絶이 되니 흉조다.

▶게다가 3효에서 丑土 兄이 발동해 진신이 되면서 子水 財를 克하니, 내가 두려워 귀가할 생각이 없다.

▶妻財가 가장 겁내는 者는 兄이다.

** 3효, 4효는 門戶다. 용신이 門戶에서 발동하면 돌아올 날이 가깝다. 3효, 4효가 발동해 용신을 生하면 바로 온다.

(유학중인 애인 귀국 여부)
水澤節 ! 兌爲澤

父未 // 世
兄酉 /
兄申孫亥 X
父丑 // 應
財卯 /
官巳 /

亥月 癸酉日

▶용신은 2효 卯木 財다.

▶4효에서 亥水가 역마를 帶하고 발동, 용신을 生하니 바로 귀국하리라.

▶내일 戌일을 기다려라. 冲者는 合日에 성사(成事)된다.

** 용신이 발동해 진신이면 빨리 오고, 퇴신이면 오다가 다시 되돌아간다.

퇴신에도 두 가지 유형이 있다.

하나는 旺한 상태에서 발동, 퇴신이 된 경우는 원래 있던 자리로 다시 되돌아 간다.

그러나 衰絶한 상태에서 발동, 퇴신이 되면 그 뜻이 소멸된다.

(신랑이 내연관계를 청산하고 돌아 왔다. 다시 바람이 나겠는가.)

風雷益 ! 風澤中孚

官卯 /		亥月
父巳 / (子財)		
兄未 // 世		乙巳日
兄丑 //		
官寅官卯 ╳		
父巳 / 應		

▸용신은 2효 卯木 官이다.

▸용신이 亥월의 生을 받아 旺한 상태에서 발동해 퇴신이 된 것이니, 오다가 본래 자리로 되돌아 간다.

▸또 子水 財가 5효 日辰 巳火 父 아래 복신이니 내연의 처를 尊長의 집에 숨겨 놓고 있다.

▸내년 卯월이 되면 다시 그 여자를 찾아 가리라.

**** 용신이 출현하면 冲克을 받지 않아야 한다. 진공, 진파되면 돌아오지 않는다.**

(신랑 귀국 여부)

! 地雷復

孫酉 //		未月
財亥 //		
兄丑 // 應		己酉日
兄辰 //		
官寅 //		
財子 / 世		

▸용신은 2효 寅木 官이다.

▸寅木 官이 未월에 입고되고 日辰의 克을 받는 가운데 공망을 만나니 진공이다.

▸절대 귀국할 의사가 없다.

** 용신이 복신이면 비신을 冲하는 날에 온다. 용신이 복신인데 비신이 공망이고 용신이 日辰 동효와 生合하면 당일 온다. 그렇지 않으면 출현일에 온다.

(배낭여행간 아들이 소식이 끊겼다)	
火地晉 ! 天地否	
父戌 / 應	酉月 甲申日
父未兄申 ╳	
官午 /	
財卯 // 世	
官巳 //	
父未 // (子孫)	

▸용신은 초효 未土 父 아래 복신인 子水 子孫이다.

▸子水 子孫은 日月의 生을 받으니 旺하다. 따라서 현재 무사하다.

▸또 초효 未土 父가 공망인 가운데 5효에서 日辰이 발동, 용신을 生合하니 오늘 귀국하리라.

＊＊ 용신이 官鬼아래 복신이면 官災나 병으로 돌아오지 못한다. 兄 아래 복신이면 도박(賭博)이나 구설(口舌) 때문에 귀가하지 못한다.

(외국에 있는 동생 연락 두절)	
風雷益 ! 風地觀	
財卯 /	午月 庚辰日
官巳 / (申兄)	
父未 // 世	
財卯 //	
官巳 //	
孫子父未 ╳ 應	

▸용신은 5효 巳火 官鬼 아래 복신인 申金 兄이다.

▸官鬼 아래 복신이니 官災를 당하고 있거나 병을 앓고 있다.

▸용신이 비신의 克을 받는 중 午월의 克도 받으니 매우 흉하다.

▸그러나 日辰이 生하니 절처봉생(絶處逢生)이다.

▸午월이 지나고 未월이 되면 기운을 회복하거나 관재에서 벗어나고, 申월이면 돌아 오리라.

(외출한 처가 돌아오지 않음)
水火旣濟！澤火革

官未 //
父酉 /
父申兄亥 X 世
兄亥 / (午財)
官丑 //
孫卯 / 應

丑月 丁亥日

▶용신은 3효 亥水 兄 아래 복신인 午火 財다.

▶午火 財가 丑월에 휴수되고 日辰의 克을 받는 가운데 공망이니 진공이다.

▶귀가하지 않는다.

▶귀가가 문제가 아니라 출공하고 출현하는 甲午일이 대흉하리라.

▶친구의 꾐에 빠져 도박판에서 많은 돈을 잃은 뒤 고민하다 甲午일 자살한 괘다.

**** 용신이 子孫 아래 복신이면 음주가무(飮酒歌舞)로, 父 아래 복신이면 문서(계약) 문제로, 財 아래 복신이면 사업경영이나 돈 문제로 귀가하지 못한다.**

(지방출장간 父가 연락이 끊김)
艮爲山！火山旅

兄巳 /
孫未 //
孫戌財酉 X 應
財申 /
兄午 //
孫辰 // 世(卯父)

亥月 庚戌日

▶용신은 초효 辰土 子孫 아래 복신인 卯木 父다.

▶卯木 父가 도화를 帶하고 子孫 아래 복신이니 주색에 빠져 있다.

▶日辰이 비신인 辰土를 冲破하나 卯木이 현재 공망이라, 출공하는 卯일에 정신을 차리리라.

(지방출장간 아들이 소식이 끊김)
澤山咸！天山遯

父未父戌 X
兄申 / 應
官午 /
兄申 /
官午 // 世
父辰 // (子孫)

申月 戊戌日

▶용신은 초효 辰土 父 아래 복신인 子水 子孫이다.

▶子水 子孫이 父 아래 복신이니 문서(계약) 문제로 고심하고 있다.

▶日辰이 비신인 辰土를 冲破하니 오늘 아들이 있는 곳을 알 수 있다.

▶그리고 子水가 출현하는 子일 귀가하리라.

(출장간 남편의 소식이 두절됨)
水雷屯！風雷益

父子兄卯 ╳ 應
孫巳 /
財未 //
財辰 // 世(酉官)
兄寅 //
父子 /

寅月 丙子日

▶용신은 3효 辰土 財 아래 복신인 酉金 官이다.

▶酉金 官이 財 아래 복신이니 사업경영이나 돈 문제로 고민하고 있다.

▶酉金 官이 현재는 공망이라, 출공하는 乙酉일 행적을 알 수 있으리라.

▶또 6효에서 日月의 生扶를 받아 旺한 卯木 兄이 발동, 克世하니 상당한 손재가 우려된다.

** 卦가 안정(安靜)하면 귀가할 의사가 없다. 용신이 世를 生合하면 현재는 귀가하지 않으나 돌아올 마음은 있다.

(아들이 귀국할 의사가 있는가)
！地水師

父酉 // 應
兄亥 //
官丑 //
財午 // 世
官辰 /
孫寅 //

戌月 乙巳日

▶용신은 초효 寅木 子孫이다.

▶卦가 안정(安靜)되고 子孫이 不動하니 아직 귀가할 뜻이 없다.

▶그러나 寅木 子孫이 午火 世를 生合하는 관계이니 귀국할 의사는 있다.

▶언제 귀국하겠는가.

▶寅木 子孫이 발동하는 시기가 돼야 한다. 충동하는 亥월, 申일을 기다려라.

** 世가 공망이면 빨리 돌아온다. 용신이 공망이면 世가 공망이더라도 돌아오지 않는다.

(부모와 갈등으로 가출한 아들이 귀가하겠는가)

天山遯 ! 天火同人

孫戌 / 應
財申 /
兄午 /
官亥 / 世
孫丑 //
孫辰父卯 ╳

午月 壬申日

▶용신은 6효 戌土 子孫이다.

▶申일이 生世하니 子孫을 보고 싶어 한다.

▶世가 공망이니 빨리 돌아올 것 같다.

▶그러나 6효 戌土 子孫이 공망인 가운데 초효에서 卯木 父가 발동해 子孫을 克하니 귀가할 의사가 전혀 없다.

**** 괘 중에 財가 없고, 日月도 財가 아니면 돈이 없어 돌아오지 못한다.**

(형이 언제 귀국할까)

天火同人 ! 澤火革

官戌官未 ╳
父酉 /
兄亥 / 世
兄亥 / (午財)
官丑 //
孫卯 / 應

子月 乙亥日

▶용신은 4효 亥水 兄이다.

▶午火 財는 3효 亥水 兄 아래 복신인데, 月破를 당하고 日辰의 克을 받으니 경제적으로 어려움이 많다.

▶또 兄이 持世하니 나도 생활이 어렵다.

**** 용신이 墓에 들거나, 鬼墓를 帶하거나 鬼墓 아래 복신이면 병으로 돌아오지 못한다.**

(여자친구가 갑자기 연락이 없다)

山雷頤 ! 山火賁

官寅 /
財子 //
兄戌 // 應
兄辰財亥 ╳
兄丑 //
官卯 / 世

巳月 丁卯日

▶3효에 있는 亥水 財가 용신이다.

▶亥水 財가 月破를 당하고 日辰에 휴수된 가운데 공망이니 진공이다.

▶게다가 발동해 化墓에 드니 매우 흉하다.

▶현재 生死 여부가 분명하지 않다.

▶며칠 전까지 건강했는데 무슨 소리요, 그럴 리 없다 한다.

▶내일 절명(絶命)하지 않으면 亥일에 흉사를 당하리라.

＊＊ 鬼殺이 발동해 용신을 克하거나, 용신이 鬼殺 아래 복신이면서 백호를 帶하면 구속돼 있어 오지 못한다.

(아들이 언제 귀국하겠는가)

風山漸 ! 天山遯

七		父戌 /		午月
句		兄申 /	應	
朱	父未	官午 ╳		庚辰日
靑		兄申 /		
玄		官午 //	世	
白		父辰 //	(子孫)	

▶용신은 초효 辰土 父 아래 복신인 子水 子孫이다.

▶용신 子孫이 月破를 당하고 日辰의 克을 받고 있다. 게다가 鬼殺인 父 아래 복신인 가운데 6효 戌土 父가 暗動, 克해오니 귀가하기 어렵다.

▶법을 위반한 것 같다 하니 그렇다 한다.

▶亥子년에 子孫이 得氣하고, 寅卯년에 鬼殺이 克을 받으면 귀국할 수 있으리라.

＊＊ 용신이 世와 합하거나 冲하면 사람을 보내 찾을 수 있다.

(오래전에 연락이 끊긴 친구가 있는데 찾을 수 있겠는가)

乾爲天 ! 澤天夬

兄戌	兄未 ╳		巳月
	孫酉 /	世	
	財亥 /		丙戌日
	兄辰 /		
	官寅 /	應	
	財子 /		

▶용신은 6효 未土 兄이다. 용신이 발동해 진신이 되면서 5효 酉金 世를 生한다.

▶또 3효에서 辰土 兄이 暗動, 世를 生合하니 찾을 수 있다.

▶3효와 6효에서 兄이 함께 발동하니 찾는 사람이 2명이다. 사람을 보내거나 수소문하면 바로 찾으리라.

＊＊ 용신이 현무 財와 合하거나 현무 財 아래 복신이면 주색(酒色)에 빠져 오지 않는다.

(출장간 동생이 연락이 없다) 地風升！火風鼎		
朱	財酉兄巳╳	午月 戊申日
青	孫未//應	
玄	孫丑財酉╳	
白	財酉/	
匕	官亥/世	
句	孫丑//	

▸용신은 6효 巳火 兄이다.

▸용신 巳火가 발동해 酉金 財와 巳酉丑 財局을 이루었다.

▸酉金에 도화와 현무가 臨하니 주색에 빠져 연락할 생각도 하지 않고 있다.

＊＊ 용신이 현무 官과 合하거나 현무 官 아래 복신이면 도적이 되어 귀가하지 않는다.

(처가 가출했다) 澤山咸！雷山小過		
匕	父戌//	巳月 庚戌日
句	兄酉兄申╳	
朱	官午/世	
青	兄申/	
玄	官午// (卯財)	
白	父辰//應	

▸용신은 2효 午火 官 아래 복신인 卯木 財다.

▸2효에는 도적의 神인 현무가 臨하고 있다.

▸용신이 현무 官 아래 복신이라 불량배의 소굴에 숨어 있다.

▸卯木 財가 월일에 휴수된 가운데 공망을 만나니 진공이라 귀가할 뜻이 없다.

＊＊ 귀가 시기를 알기 위해서는 용신의 旺衰를 보라. 合者는 冲日에, 冲者는 合日에 온다. 공망은 출공일, 月破는 出破월에 귀가한다. 絶地에 빠지면 生旺일, 墓는 冲開일에 온다.

14. 피란점

** 사람에게는 길흉화복이 있게 마련이다. 흉화가 예상되면 잠시 피하는 것이 좋다. 피난처는 용신(자신)을 生해주는 방향이나 子孫 방향에서 찾아야 한다.

(일이 생겼다 어디로 피해야 하겠는가)

火天大有！火風鼎

兄巳 /
孫未 // 應
財酉 /
財酉 /
官亥 / 世
官子孫丑 X

戌月 乙丑日

▸2효 亥水 官이 持世하고 있다. 관재나 질고(疾苦) 같은 재액(災厄)이 이미 내 몸에 와 있다는 뜻이다.

▸亥水 世의 鬼殺은 초효 丑土 子孫이다. 鬼殺인 子孫이 발동해 世를 克하고, 戌월이 克하니 재액(災厄)을 피하기 어렵다.

▸현재는 亥水 世가 공망이라 괜찮지만 출공하면 일을 당하리라.

** 鬼殺이 발동하나 世를 克하지 않으면 해(害)는 없다.

(회사가 부도나 잠시 피해야 하겠는데)

天水訟！天雷无妄

財戌 /
官申 /
孫午 / 世
財辰 //
財辰兄寅 X
兄寅父子 X 應

子月 戊寅日

▸4효 午火 世가 용신이다.

▸子孫이 持世한 것은 길(吉)하나 子월이 충하고 초효에서 발동해 克하니 흉한 듯하다.

▸그러나 2효에서 寅木 兄이 발동하니, 초효 子水는 탐생망극 원칙에 따라 克世하지 않고 寅木을 生한다. 또 寅木은 다시 世를 生하니 도리어 길(吉)해진다.

▸피란하지 않아도 괜찮겠다.

** 鬼殺이 발동해 克世하나 월일이 발동해 鬼殺을 制克하면 무사하다.

(아버지가 도산 후 피신 중인데 채권자들로부터 안전하겠는가)

離爲火 ! 乾爲天

父戌 / 世
父未兄申 ╳
官午 /
父辰 / 應
父丑財寅 ╳
孫子 /

申月 辛未日

▶용신은 6효 戌土 父다.

▶용신 父의 鬼殺은 妻財다. 2효에서 寅木 鬼殺이 발동, 克해오니 불미(不美)한 듯하다.

▶그러나 5효에서 申월이 발동, 鬼殺을 克하니 무사하리라.

＊＊ 日月 鬼殺이 발동해 용신을 克하면 흉화(凶禍)를 피할 수 없다.

(처가 회사일로 피신 중인데 해를 당하지 않겠는가)

水火旣濟 ! 風火家人

父子兄卯 ╳
孫巳 / 應
財未 //
父亥 /
財丑 // 世
兄卯 /

亥月 辛卯日

▶용신은 2효 丑土 財와 4효 未土 財 가운데 공망인 未土로 삼는다.

▶卯일이 초효와 6효에서 교중해 발동, 克하니 매우 흉하다.

▶게다가 용신 未土 財의 원신인 5효 巳火 子孫이 충극을 당하니 화를 피하기 어렵겠다.

▶출공하는 乙未일 일을 당하리라.

＊＊ 子孫이 정(靜)한 가운데 官鬼가 발동하나, 冲散이면 괜찮다.

(불량배로부터 협박을 받고 있는데 탈이 없겠는가)

天火同人 ! 澤火革

官戌官未 ╳
父酉 /
兄亥 / 世
兄亥 /
官丑 //
孫卯 / 應

卯月 辛丑日

▶용신은 4효 亥水 世다.

▶용신이 월일에 휴수되니 약하다. 게다가 6효에서 未土 鬼殺이 발동, 진신이 되면서 克世하니 흉하다.

▶그러나 卯월이 초효에서 子孫을 帶하고 丑일이 未土 鬼殺을 冲散시키니 害가 없으리라.

** 官鬼가 본궁 내괘에서 발동하면 적이 꼭 온다. 외괘에 있으면서 발동하나 克世하지 않으면 내가 있는 곳을 침범하지는 않는다.

(동생이 경찰에 쫓기고 있는데 잡히겠는가)
坤爲地 ! 地水師

父酉 // 應
兄亥 //
官丑 //
財午 // 世
財巳官辰 ╳
孫寅 //

酉月 戊辰日

▸용신은 5효에 있는 亥水 兄이다.

▸2효에서 日辰 辰土 官이 발동, 巳火를 화출하면서 용신을 克하니 오늘 巳시에 동생을 추적하는 사람이 있겠다.

▸그러나 亥水 兄이 순공이므로 오늘은 피할 수 있으리라. 하지만 달이 바뀌어 戌월이 되고 亥水가 출공하면 반드시 체포될 것이다.

** 官鬼가 발동하더라도 퇴신이 되면 적이 다른 곳으로 간 것이다. 그러나 진신이 되면 적이 빨리 오니 급히 피해야 한다.

(경찰에 수배돼 있는데 피할 수 있겠는가)
天火同人 ! 澤火革

官戌官未 ╳
父酉 /
兄亥 / 世
兄亥 /
官丑 //
孫卯 / 應

巳月 壬午日

▸6효에서 未土 官이 발동, 진신이 되면서 克世하니 경찰이 급하게 온다.

▸게다가 世가 月破를 당하고 日辰에 휴수되니 무력하다.

▸빨리 子孫 방향인 동쪽으로 피하라.

▸亥水 世를 生해주는 서쪽으로 피하는 것은 좋지 않다. 5효 酉金이 巳월과 午일의 克을 받은 가운데 공망이라 진공에 빠졌기 때문이다.

** 三合 鬼殺局을 이루어 克世하는 것이 가장 나쁘다. 사방에서 적이 몰려오는 것과 같아 피하기 어렵기 때문이다.

(채권자를 피해 다니고 있는데 계속 피할 수 있겠는가)

坤爲地！地火明夷

父酉 //
兄亥 //
官丑 // 世
孫卯兄亥 X
官丑 //
官未孫卯 X 應

子月 乙酉日

▶용신은 4효 丑土 官이요, 官의 鬼殺은 子孫이다.

▶초효 卯木과 3효 亥水가 발동, 亥卯未 子孫局을 이뤄 世를 克하니 대흉하다.

▶현재는 未土가 공망이고, 卯木 子孫이 冲散을 당하니 子孫局이 世를 克하지 못한다.

▶그러나 未土가 출공하는 乙未일에는 피하기 어렵겠다.

** 鬼殺이 克世하면 적이 내 몸을 침범한 것과 같으니 적을 피하기 어렵다.

(형이 공금횡령으로 수배 중인데 무사하겠는가)

地火明夷！水火旣濟

兄子 // 應
兄亥官戌 X
父申 //
兄亥 / 世
官丑 //
孫卯 /

午月 丙戌日

▶용신은 3효 亥水 兄이다.

▶용신이 월에 휴수되고 日辰의 克을 받아 무력하다.

▶게다가 5효에서 戌土 官이 발동, 亥水 兄을 화출하면서 克하니 오늘이 흉하다. 오늘 중 반드시 체포되리라.

▶5효에서 戌土 官이 亥水 兄을 화출하면서 克하는 것은 바로 亥水 兄의 몸을 침범했다는 뜻이다.

** 子孫이 持世하면 발동하지 않아도 길하다. 발동하면 더 좋다.

(어떤 문제가 있어 잠시 피해 있으려 하는데)
火水未濟！火澤睽

父巳 /
兄未 //
孫酉 / 世
兄丑 //
官卯 /
官寅父巳 ╳ 應

卯月 丁巳日

▶보통사람이 신수점을 쳤을 경우 子孫이 持世하면 일년이 편안하다는 뜻이다.

▶그러나 피란을 목적으로 친 점이라면 子孫 持世가 꼭 좋다고 할 수 없다.

▶4효에서 酉金 子孫이 持世했으나 月破를 당했다. 게다가 日辰 巳火 父가 초효와 6효에서 교중해 있는데 초효가 발동, 克世하니 어찌 무사하랴.

▶子孫의 鬼殺은 父이기 때문이다.

＊＊ 괘 중에 官이 없고 兄이 발동, 克世하면 재물을 훔치려는 사람이 있다. 내괘에서 兄이 발동하면 도둑은 근처에 사는 사람이요, 외괘에서 발동하면 먼 곳에 사는 사람이다.

風山漸！風火家人

兄卯 /
孫巳 / 應
財未 //
父亥 /
財丑 // 世
財辰兄卯 ╳

亥月 乙亥日

▶괘 중에 官이 없음은 도둑이 없다는 얘기다.

▶초효와 6효에서 卯木 兄이 교중한 상태에서 초효가 발동하니 분명히 손재가 있으리라.

▶초효에서 兄이 발동하니 도둑은 인근에 살고 있는 사람이다.

＊＊ 괘 중에 官이 없는데 財가 발동해 官을 화출하면서 克世하면 종업원이나 처첩이 도둑을 가장하여 재물을 훔친 것이다.

(올해 신수) 火天大有 ! 風天小畜	
兄卯 /	巳月 己卯日
財未孫巳 ╳	
官酉財未 ╳ 應	
財辰 /	
兄寅 /	
父子 / 世	

▸世가 旺할 경우 財가 발동, 克世하면 재수가 대길하다. 그러나 世가 휴수쇠절(休囚衰絶)돼 약할 때 財가 발동해 克世하면 재물이나 처첩으로 재앙이 있다.

▸초효 子水 世가 월일에 휴수돼 약하다.

▸게다가 5효에서 巳火 子孫이 발동해 4효 未土 財를 生하고, 힘을 얻은 未土 財는 世를 강하게 克한다. 未월에 재물로 인해 고통을 당한다.

▸未土 財가 발동해 酉金 官을 화출한 것은 처첩이나 종업원이 도둑으로 변했다는 뜻이다.

＊＊ 육충괘나 육효가 난동하면 육친이 서로 흐트러진다.

(여자 신수점) 山地剝 ! 地天泰	
官寅孫酉 ╳ 應	寅月 丁亥日
財亥 //	
兄丑 //	
官卯兄辰 ╳ 世	
父巳官寅 ╳	
兄未財子 ╳	

▸2효에서 寅월 官이 발동해 克世하니 본인이 불안하다.

▸6효에서 酉金 子孫이 스스로 발동해 絶이 되니 자식도 흉하다.

▸2효에서 官이 발동해 克世하고 있는데 3효에서 辰土 世가 발동, 회두극을 당하니 반드시 兩夫로 인한 재난(災亂)이라 하겠다.

▸과연 卯월에 前 夫와 내연의 夫가 난동을 부려 본인과 자식이 헤어지게 됐다.

＊＊ 官이 발동해 克世하면서 財와 合을 이루면 자신은 구속되고 처는 능욕을 당한다.

(올해 신수)
風澤中孚 ! 巽爲風

兄卯 / 世
孫巳 /
財未 //
財丑官酉 ╳ 應
父亥 /
孫巳財丑 ╳

未月 癸卯日

▶6효에서 卯木 兄이 持世하니 재수는 말할 수 없다. 그러나 兄이 발동하지 않고 안정(安靜)해 있으니 손재는 없다.

▶3효 酉金 官과 초효 丑土 財가 함께 발동해 巳酉丑 官局을 이루어 克世하니 대흉하다. 酉월에 조심하라.

▶酉월에 떼강도가 들어 자신은 크게 다치고 처는 욕을 당했다.

**** 육효가 不動하고 鬼殺이 冲克하지 않으면 害를 피할 수 있다.**

! 火山旅

兄巳 /
孫未 //
財酉 / 應
財申 /
兄午 //
孫辰 // 世

午月 癸未日

▶초효에서 辰土 子孫이 持世함은 모든 재앙을 물리치는 수호신이나 선신(禪神)의 보호를 받고 있음과 같다.

▶官이 휴수쇠절 공망이면 일신(一身)이 편안하다. 그러나 직장을 구함과 시험에는 덕이 없다.

▶따라서 현재 처해 있는 여건에 따라 길흉을 판단해야 한다.

15. 귀신점

** 하늘에 있는 자를 神, 땅에 있는 자를 鬼라 한다. 이 鬼神을 볼 수 있는 사람은 많지 않기 때문에 斷하는 데 어려움이 많다.

귀신을 점할 때는 내(來占者)가 신의 뜻을 거슬렀는가, 아니면 신이 나의 몸을 범했는가를 생각한 뒤에 점해야 한다. 귀신을 점할 때에는 반드시 귀신에게 물어야 한다.

官鬼가 휴수쇠절 진공을 만나면 귀신의 해악(害惡)이 아니니 귀신을 말할 필요가 없다. 그러나 관귀가 旺動하면 반드시 귀신의 뜻을 거스른 것이요, 관귀가 旺한 상태에서 持世한 것은 이미 귀신이 내 몸을 범접했다는 뜻이다.

水風井 ! 澤風大過

財未 //
官酉 /
官申父亥 ╳ 世(午孫)
官酉 /
父亥 / (寅兄)
財丑 // 應

子月 己酉日

▸3효, 5효 酉金 官鬼가 亥水 世를 감싸고 있는 가운데 世가 발동해 申金 官鬼를 화출하면서 회두생을 받으니 사방이 귀신이다.

▸귀신이나 병에 둘러싸이거나 묻혀 사는 사람이 분명하다. 문복자는 박수무당이었다.

▸괘 중에 六親이 복신이거나 진공이면 현실 세상에는 없는 것과 같으니 허상이다. 이 괘에는 자손과 형제가 없다. 문복자는 죽은 자손과 동생을 위주로 신당을 꾸미고 있다고 했다.

** 태세와 일진, 월건과 일진, 태세와 월건이 官鬼이면 제사를 잘못 지내 생긴 탈이다.

(자식이 매우 아픈데 명의를 만나겠는가) **風地觀 ! 山地剝** 財寅 / 官巳孫子 ⨳ 世 　午月 父戌 // 財卯 // 　乙巳日 官巳 // 應 父未 //

▶용신은 5효 子水 子孫이다.

▶용신이 발동, 巳火 官鬼를 화출하면서 絶地에 빠지니 대흉하다.

▶게다가 午월과 巳일이 官鬼를 帶하니 백약(百藥)이 무효다.

▶월일이 官鬼라 제사로 인해 탈이 난 것이다.

** 官鬼가 속한 곳이 陽宮이면 男鬼요, 陰宮이면 女鬼다.

(꿈자리가 사나웠다. 혹시 못된 귀신이 害하지는 않겠는가) **! 山澤損** 官寅 / 應 財子 // 　亥月 兄戌 // 兄丑 // 世 　壬申日 官卯 / 父巳 /

▶6효에서 寅木 官鬼가 暗動, 克世하니 귀신의 害가 있겠다.

▶그 귀신은 자동차 사고로 죽은 사람이다. 申일에 官鬼 寅木이 역마이기 때문이다.

▶이 괘의 卦身은 申월괘다. 괘신이 官鬼를 克하니 처첩 귀신이다. 서쪽 40리 부근에 있는 도사를 찾아가 기도하라.

** 괘가 소속한 속궁의 음양으로 남귀, 여귀를 구분하는 것은 옳지 않은 것 같다. 괘의 동정을 살펴 분별해야 할 것이다.

** 누가 죽은 귀신인가는 「卦身=나」를 기준으로 할 때 官鬼에 해당하는 육친으로 판단하라. 예컨대 괘신이 官鬼를 生하면 자손 귀신이요, 官鬼를 克하면 처첩 귀신이다. 반대로 官鬼가 괘신을 生하면 부모 귀신이요, 괘신을 比和하면 형제자매 · 친구 귀신이다. 官鬼가 괘신을 克하면 원한진 사람 귀신으로 본다.

** 官鬼가 발동해 兄을 화출(官化兄)하거나 兄이 발동해 官鬼를 화출(兄化官)하면 형제 · 친구귀신이다. 官化父나 父化官이면 부모나 웃어른 귀신이다. 官化孫이나 孫化官이면 자손 귀신이다.

(내가 앓고 있는 병의 원인은 무엇인가)
風水渙！巽爲風

兄卯 / 世
孫巳 /
財未 //
孫午官酉 ╳ 應
父亥 /
財丑 //

午月 乙巳日

▸3효에서 酉金 官鬼가 발동해 6효 卯木 世를 克하니 흉하다.

▸그러나 酉金 官鬼가 월일의 克을 받는 데다 회두극을 당하니 무력하다. 官鬼가 발동하나 별 문제는 없다는 얘기다.

▸官鬼가 子孫으로 변하거나 子孫이 官鬼로 변하면 자손이 죽은 귀신이다. 따라서 죽은 자식을 생각하다 상심하여 얻은 병이라 하겠다.

** 金鬼가 백호를 帶하고 발동, 克世하면 도검(刀劍)에 찔리거나 총을 맞아 죽은 사람의 귀신이다. 木鬼가 발동해 克世하면 나무에서 떨어지거나 교수형, 아니면 목을 매 죽은 사람의 귀신이다.

(부엌에서 이상한 소리가 자꾸 들린다. 어떤 귀신의 조화인가)
地火明夷！地天泰

句 孫酉 // 應
朱 財亥 //
青 兄丑 //
玄 兄辰 / 世
白 兄丑官寅 ╳
匕 財子 /

卯月 己亥日

▸2효에서 寅木 官鬼가 旺한 가운데 발동해 克世하니 귀신이 일(害)을 일으키고 있다.

▸卦身은 寅월괘로, 官鬼와 卦身이 木으로 比和하니 형제 귀신이다.

▸형제 귀신이 백호를 帶하니 선종(善終)했다고 보기 어렵겠다. 乾宮에서 官鬼가 발동하니 중년에 목을 매달고 죽은 것 같다.

** 水鬼는 강이나 호수, 바다에서 變을 당한 사람의 귀신이며, 火鬼면 끓는 물이나 불에 타서 죽은 사람의 귀신이다. 土鬼는 담이나 둑이 무너지거나 산, 건물이 붕괴해 해(害)를 입은 사람의 귀신이다.

天火同人 ! 澤火革

官戌官未 ╳
父酉 /
兄亥 / 世
兄亥 /
官丑 //
孫卯 / 應

申月 癸未日

▶6효에서 未土 官鬼가 발동, 克世하니 산이나 건물이 무너져 죽은 사람의 귀신이다.

▶卦身은 卯월괘다. 卦身이 未土 官鬼를 克하니 처첩 귀신이다.

** 괘 중에 官鬼가 없고 日辰이 官鬼이면 旬중에 죽은 사람의 귀신이요, 日辰 官鬼가 괘 중에 있으면 가까운 달(近月)에 사망한 사람의 귀신이다.

天火同人 ! 澤火革

官戌官未 ╳
父酉 /
兄亥 / 世
兄亥 /
官丑 //
孫卯 / 應

申月 癸未日

▶6효에서 未土 日辰 官鬼가 발동하니 近月에 사망한 사람의 귀신이다.

** 官鬼가 卦身을 生하면 父母 귀신이요, 卦身이 官鬼를 生하면 子孫 귀신이다. 官鬼와 卦身의 오행이 같으면(比和) 형제자매 귀신이다.

地火明夷！地天泰

孫酉 // 應
財亥 //
兄丑 //
兄辰 / 世
兄丑官寅 ╳
財子 /

卯月 己亥日

▸卦身은 寅월괘다. 卦身과 官鬼가 木으로 比和하니 형제 귀신이다.

** 병점에서 官鬼가 持世하면 귀신이 기도나 제사를 바라고 있는 것이다. 따라서 기도나 제사 후 약을 써야 낫는다.

！雷山小過

父戌 //
兄申 //
官午 / 世
兄申 /
官午 //
父辰 // 應

寅月 乙巳日

▸4효에서 午火 官鬼가 持世하고 있다.

▸卦身은 卯월괘로 官鬼를 生하니 자손 귀신이다.

▸기도, 또는 제사로 자손의 영혼을 위로한 뒤 약을 써라.

16. 음택 · 분묘점

＊＊ 응효를 지사(地師)로 본다. 應이 발동, 世를 生하면 地師의 학문과 기술이 부족하더라도 나에게 덕(德)이 된다.

(吉地를 구하려고 한다. 地師와 인연이 있겠는가)

火風鼎！雷風恒

青	孫巳財戌 乂 應		戌月 丙午日
玄	官申 //		
白	孫午 /		
匕	官酉 / 世		
句	父亥 /		
朱	財丑 //		

▸6효에 있는 戌土 應이 地師다.

▸戌土 應이 청룡을 帶하고 발동해 生世하니 대길조(大吉兆)다. 꼭 명당을 구하리라.

＊＊ 應이 발동해 克世하면 천하 제일의 地師라도 나에게 덕이 되지 못한다.

(유명한 地師가 吉地를 권유하는데 괜찮겠는가)

風澤中孚！巽爲風

兄卯 / 世	未月 戊辰日
孫巳 /	
財未 //	
財丑官酉 乂 應	
父亥 /	
孫巳財丑 乂	

▸6효 卯木 世가 월일에 휴수돼 힘이 없다.

▸世의 원신인 2효 亥水 父는 월일의 克을 받는 가운데 공망이니 진공이다. 따라서 원신이 世를 전혀 도와주지 못하니 世는 무력하다.

▸이런 상황에서 3효에서 酉金 應이 巳酉丑 官局을 이루어 克世하니 대흉조(大凶兆)다.

▸이번 일은 나에게 절대 도움이 될 수 없다. 다음 기회를 기다려라.

＊＊ 世가 공망이거나 應이 공망이면 나와 인연이 없다. 世와 應

이 둘 다 공망이면 말할 것도 없다.

! 水風井
父子 //
財戌 / 世
官申 //
官酉 /
父亥 / 應
財丑 //
午月 乙丑日

▸世가 공망이면 내가 길지(吉地)를 얻을 수 없다는 뜻이요, 應이 공망이면 地師가 길지를 찾지 못한다는 애기다.

▸戌土 世와 亥水 應이 둘 다 공망이니 戌월이나 戌년을 기다려 다시 명당을 구하는 것이 좋겠다.

(분묘)

＊＊ 내괘는 산두(山頭), 외괘는 조향(朝向), 世는 혈(穴)로 본다. 穴이 초효나 2효에 臨하면 산두의 生氣를 얻어 자손 만대에 영화가 있다. 3효나 4효에 臨하면 산두의 여기(餘氣)를 얻어 부귀한다. 혈이 5효와 6효에 臨하면 산두의 氣가 絶이 되니 地勢와 산형(山形)이 불합(不合)하는 것이다.

(癸亥생 아버지 묘의 길흉은 어떠한가)
風地觀 ! 山地剝
財寅 /
官巳孫子 X 世
父戌 //
財卯 //
官巳 // 應
父未 //
丑月 乙卯日

▸世는 穴이다. 亡者의 납음오행도 穴로 본다.

▸망자가 癸亥생이니 납음오행은 大海水라 穴이 持世했다고 하겠다.

▸그런데 子水 世가 월의 克을 받고 日辰에 휴수되니 약하다. 게다가 스스로 발동해 巳火를 화출, 絶地에 빠지니 무력하다.

▸卯일에는 巳火가 역마다. 따라서 묘지 주변에 도로가 생겨 혈맥이 끊어졌다고 본다.

(묘지의 길지 여부)
天澤履！天風姤

青	父戌 /		巳月 丁酉日
玄	兄申 /		
白	官午 /	應	
匕	父丑兄酉 ╳		
句	孫亥 /		
朱	官巳父丑 ╳	世	

▶6효 戌土 청룡과 4효 午火 백호가 巳월에 生扶를 받아 旺하니 좌청룡 우백호가 수려하다.

▶世와 應 중간의 酉金과 亥水 두 효가 장지다. 酉金과 亥水가 旺하니 장지가 평평하고 넓다고 하겠다.

▶巳월이 초효 丑土 世를 生하니 내룡(來龍)이 탄탄하며 산두(山頭)의 정기가 가득하다.

▶초효 丑土 世와 3효 酉金 兄이 발동해 兄弟 金局을 이루니 金命人이 길지다.

** 世가 旺相하면 내룡(來龍)이 장원(長遠)하다. 청룡이 득기(得氣)하면 좌측산(左山)이 수려하고, 백호가 衰絶되면 우측산(右山)이 불미(不美)하다.

(묘지 명당 여부)
水地比！澤地萃

青	父未 //		子月 丁亥日
玄	兄酉 /	應	
白	兄申孫亥 ╳		
匕	財卯 //		
句	官巳 //	世	
朱	父未 //		

▶6효 未土가 청룡이요, 4효 亥水가 백호다.

▶未土 청룡은 월일에 휴수되니 무력하다. 원신인 2효 巳火는 日破를 당해 무력하다. 따라서 청룡은 부실하다.

▶亥水 백호는 월일의 生扶를 받아 旺하니 단단하고 수려하다.

▶主山과 내룡(來龍)의 氣가 끊기니 명당은 아니라 하겠다.

** 수로(물의 흐름)를 보려면 괘 중 水효를 본다. 水효가 휴수쇠절공망이면 수로가 마르고 물의 흐름이 일정하지 않다. 水효가 旺相하면 수원(水源)이 깊다.

(묘지 길흉)
地風升 ! 水風井

父子 //
父亥財戌 X 世
官申 // (午孫)
官酉 /
父亥 / 應
財丑 //

申月 辛卯日

▶2효 亥水와 6효 子水가 申월의 生을 받아 旺하고, 5효에서 戌土 世가 발동, 亥水를 화출하니 사방이 물이다.

▶世와 應 중간이 장지(葬地)가 된다. 장지가 수원(水源)이 되니 장지가 바다나 저수지 가운데 있다 하겠다.

▶戌土 世가 혈장(穴場)이다. 午火 원신이 4효 申金 아래 복신이고 조산(祖山)과 내룡(來龍)이 전무하니 장지로는 좋지 않다.

** 삼합이나 육합이 되면 氣가 모이고, 육충괘이거나 世가 沖破되면 돌과 모래가 많은 절맥지(絶脈地)다.

風地觀 ! 艮爲山

官寅 / 世
父巳財子 X
兄戌 //
官卯孫申 X 應
父午 //
兄辰 //

未月 丁酉日

▶6효 寅木 世가 혈장이다.

▶世가 未월에 입고되고 酉일의 克을 받아 힘이 없다.

▶게다가 3효에서 申金 應이 旺한 가운데 발동해 世를 克하니 조산(祖山)은 깎아 지른 듯 높다.

▶5효에서 子水가 발동해 絶地에 빠지니 조산(祖山)과 내룡(來龍)이 불미(不美)하다. 절맥지(絶脈地)다.

** 三傳은 年月日을 말한다. 三傳이 穴을 生하거나 穴 위에 臨하면 백자천손(百子千孫)이 된다.

(乙丑생 조부 묘의 길흉) 澤風大過 ! 雷風恒			
匕	財戌 // 應	戌年
句	官酉官申 ╳	
朱	孫午 /	戌月
青	官酉 / 世	
玄	父亥 /	庚戌日
白	財丑 //	

▶亡者는 乙丑생이니 납음오행은 金이다.

▶穴이 持世하고 年月日의 生을 받으니 길지다.

▶청룡이 持世하고 年月日의 生을 얻으니 좌청룡이 수려하다.

▶초효 丑土 백호도 年月日의 生扶를 받으니 아름답다.

▶다만 亥水가 年月日 三傳克을 받으니 水路가 흉해 흠이다. 그러나 5효에서 申金이 발동해 亥水를 生하니 절처봉생이라 길지라 하겠다.

＊＊穴이 持世하거나 世와 生合하면 길지(吉地)다.

(丁巳생 어머니 장지로 좋겠는가) 天澤履 ! 乾爲天		
玄	父戌 / 世	
白	兄申 /	子月
匕	官午 /	
句	父丑父辰 ╳ 應	乙亥日
朱	財寅 /	
青	孫子 /	

▶丁巳생은 납음오행이 사중토(沙中土)이니 토명인(土命人)이다.

▶土가 穴인데 持世하니 길지(吉地)인 듯하다.

▶그러나 그렇지 않다. 土의 墓는 辰土인데 3효에서 辰土가 발동해 퇴신이 되니 장지로 나쁘다.

▶또 午火 원신이 月破를 당하고 日辰의 克을 받으니 장지는 절맥지(絶脈地)다.

▶외형 상으로는 좌청룡이 수려하나 우백호는 공망이라 흉하다.

▶게다가 世와 應 중간의 두 효인 장지가 공파(空破)되므로 장소가 좁아 매장할 곳이 없다 하겠다.

▶穴이 持世하거나 世와 生合하면 길지라고 하나 이것만 봐서는 안 된다. 괘상을 전체적으로 보고 판단해야 한다.

**** 망자(亡者)의 납음오행이 穴이 된다. 납음오행의 효가 向이 되고, 납음오행의 墓가 분묘가 된다.**

**** 世와 應 중간에 있는 두 효가 장지다. 두 효가 旺相하면 장지가 넓고 평평하나 쇠절되면 경사지고 좁다.**

(장지로 좋은가)
山風蠱！火風鼎

句	兄巳 /		未月 己亥日
朱	孫未 //	應	
青	孫戌財酉 X		
玄	財酉 /		
白	官亥 /	世	
匕	孫丑 //		

▸2효에서 백호가 持世하고 4효에서 청룡이 스스로 발동하니 旺하다.

▸世와 應 중간의 酉金도 旺하다.

▸따라서 좌청룡 우백호가 長久하고 장지는 평평하고 넓다.

▸장지는 世와 應의 중간 효인 3효와 4효다. 酉金이 교중한 상태에서 亥水 日辰이 持世하여 혈장이 되니 쌍혈이다. 길하다.

**** 應에 亥·子水가 臨하고 三合水局을 이루어 현무를 帶하면 개울이나 우물, 연못 주변이다.**

(장지로 좋은가)
天山遯！天雷无妄

玄	財戌 /		巳月 乙卯日
白	官申 /		
匕	孫午 /	世	
句	官申財辰 X		
朱	兄寅 //		
青	財辰父子 X	應	

▸午火 世가 월일의 生扶를 받으니 조산(祖山)과 내룡(來龍)이 든든하다.

▸초효와 3효에서 子水와 辰土가 발동해 辰土가 물을 담고 있는 형상이다. 저수지 위에 있는 땅이다.

▸초효 子水가 청룡이고, 5효 申金이 백호다. 초효 子水는 巳월에 絶이 되고 발동해 회두극을 받하니 무력하다.

▸5효 申金 백호는 巳월에 絶되고 申子辰 水局으로 물에 잠기니 청룡 백호가 절맥지(絶脈地)다. 길지로 보기 어렵다.

**** 등사는 도로다. 辰戌丑未에 등사가 있는데 日辰 동효가 沖克하면 도로 주변이다.**

(아버지 묘터가 흉지라는 데 과연 그러한가)

天風姤 ! 巽爲風

玄	兄卯 /	世	未月 乙酉日
白	孫巳 /		
匕	孫午財未 X		
句	官酉 /	應	
朱	父亥 /		
青	財丑 //		

▸6효가 持世하니 絶脈地다.

▸4효에서 未월이 등사를 帶하니 도로 주변이요, 발동해 卯木 世를 입고시키니 도로로 인해 墓가 황폐하게 됐다.

▸그러나 午未가 공망이라 사람의 왕래는 적다 하겠다.

**** 辰戌丑未가 持世하고 구진을 帶한 가운데 日月, 동효의 沖克을 당하면 전답이다.**

(할아버지 묘의 길흉)

火澤睽 ! 火雷噬嗑

匕	孫巳 /		亥月 庚寅日
句	財未 //	世	
朱	官酉 /		
青	財辰 //		
玄	兄卯兄寅 X	應	
白	父子 /		

▸世와 應 사이의 효인 酉金, 辰土가 월일에 휴수되니 장지가 좁고 가파르다.

▸穴인 5효 未土 世가 구진을 帶한 가운데 2효에서 寅일이 발동, 克하니 좁은 밭뙈기에 묘를 쓴 것이다.

▸3효 辰土 청룡과 5효 未土 世를 寅일이 발동해 克하니 絶脈地다.

▸파산하거나 상처하는 자손이 속출하겠다.

**** 官鬼가 휴수사절되면 주변에 황폐한 묘가 있고, 官鬼가 旺相하면 좋은 묘가 있다.**

雷天大壯 ! 雷火豊

官戌 //
父申 // 世
財午 /
兄亥 /
孫寅官丑 X 應
孫卯 /

卯月 辛亥日

▸2효 丑土 官鬼가 발동해 회두극을 당하니 무력하다.

▸6효 戌土 官鬼는 월의 克을 받는 가운데 日辰에 휴수되니 역시 힘이 없다.

▸아래 위로 황폐한 묘가 있음을 알 수 있다.

** 괘 중에서 日辰 官鬼가 구진을 帶하고 발동, 克世하면 묘지로 인한 분쟁이 생긴다.

水澤節 ! 風澤中孚

句 財子官卯 X
朱 父巳 /
青 兄未 // 世
玄 兄丑 //
白 官卯 /
七 父巳 / 應

亥月 己卯日

▸6효에서 일진 官鬼가 구진을 帶하고 발동, 克世한다.

▸반드시 묘지로 인한 분쟁이나 송사가 있겠다.

** 괘 중에서 日辰이 발동해 父化父, 兄化兄, 官化官, 財化財, 孫化孫하면서 墓爻를 冲克하면 重埋 改葬한 것이다.

(水命人)
兌爲澤 ! 澤雷隨

財未 // 應
官酉 /
父亥 /
財辰 // 世
兄卯兄寅 X
父子 /

戌月 丙寅日

▸水命人의 墓는 辰이다.

▸2효에서 寅일이 발동, 兄化兄하니 개장했다.

▸그러나 戌월이 辰土 世를 月破로 치고 寅일이 발동해 克하니 絶脈地다.

**** 世가 외괘에 있고 卦身과 穴이 공망이면 매장지가 없어 타향에 매장되거나 화장된 것이다.**

(土命人)
坤爲地！山地剝
兄酉財寅 ╳
孫子 // 世
父戌 //
財卯 //
官巳 // 應
父未 //
辰月 壬申日

▶土命人이므로 穴은 초효 未土와 4효 戌土 중의 하나다.

▶戌土가 공망이고 月破를 당하니 穴로 삼는다.

▶卦身은 戌월괘로 역시 공망이다.

▶장지가 없어 화장한 사람의 점괘다.

**** 흉살(凶殺)이 卦身을 沖克하면 亡者가 흉사한 것이다.**

水地比！坎爲水
兄子 // 世
官戌 /
父申 //
財午 // 應
財巳官辰 ╳
孫寅 //
午月 己未日

▶卦身은 亥월괘다.

▶午월에 絶이 되고 日辰의 克을 받는 가운데 2효에서 辰土가 발동, 세효를 克하니 교통사고로 죽었다.

▶辰土가 발동해 巳火를 화출했는데, 巳火가 未일의 역마이기 때문이다.

**** 日辰 현무가 鬼殺을 帶하고 발동, 공망인 墓를 沖克하면 관(棺)이 부서지고 시신이 흐트러진 것이다.**

(火命人) 水澤節！水雷屯		
七	兄子 //	辰月 庚寅日
句	官戌 / 應	
朱	父申 //	
青	官辰 //	
玄	孫卯孫寅 ╳ 世	
白	兄子 /	

▸火命人의 墓는 戌이다.

▸5효에서 戌土가 月破를 당한 가운데 2효에서 寅일이 현무를 帶하고 발동, 克한다.

▸墓가 무너지고 棺이 훼손됐다 하겠다.

** 日辰 世가 발동해 應을 冲克하면 남의 선산에 몰래 穴을 취한 것이다.

風地觀！山地剝		
玄	財寅 /	申月 甲子日
白	官巳孫子 ╳ 世	
七	父戌 //	
句	財卯 //	
朱	官巳 // 應	
靑	父未 //	

▸5효에서 子水 世가 발동해 巳火를 화출하면서 2효 應을 克한다.

▸應은 또 주작을 帶하고 있다.

▸장지가 없어 남의 선산에 몰래 묘를 썼는데 상대방으로부터 강한 항의를 받은 괘다.

** 日辰 應이 발동해 克世하면 남이 우리 선산에 몰래 매장한 것이다.

乾爲天！風天小畜	
兄卯 /	午月 己未日
孫巳 /	
孫午財未 ╳ 應	
財辰 /	
兄寅 /	
父子 / 世	

▸4효에서 未土 日辰 應이 발동해 克世하니 남이 우리 선산에 몰래 묘를 썼다.

▸應은 월일의 生扶를 받아 旺하나, 世는 月破를 당하고 日辰의 克을 받아 무력하니 속수무책이라 하겠다.

** 卦가 伏吟이면 옮기고 싶어도 못하고, 反吟이면 내 의사와는 관계없이 이장하게 된다.

水風井 ! 水地比

財子 // 應
兄戌 /
孫申 //
孫酉官卯 ╳ 世
財亥父巳 ╳
兄未 //

申月 乙未日

▶3효 卯木 世가 穴이다.

▶世가 申월의 克을 받으면서 발동해 회두극을 당하는 가운데 未일에 입고된다. 이미 墓가 絶脈됐다 하겠다.

▶世가 발동해 反吟이 되니 내 뜻과는 관계없이 야산개발로 인해 묘를 옮기게 된 괘다.

** 괘 중에 父가 복신이면서 공망이면 후손에 고아가 많고, 官鬼가 공망이면서 복신이면 과부가 많다.

艮爲山 ! 火山旅

兄巳 /
孫未 //
孫戌財酉 ╳ 應
財申 /
兄午 //
孫辰 // 世(卯父)

申月 癸丑日

▶卯木 父가 초효에 복신인데 申월에 克을 당하고 공망이다.

▶초효 辰土 아래 복신이니 부모가 일찍 죽는 괘다.

▶고아가 많이 생기겠다.

특별부록

주식투자

** 주식(채권)이나 株式市場은 應으로 본다. 世는 본인 또는 투자자다. 世가 공망이거나, 兄이 持世하면 나는 재물과 인연이 없다는 뜻이다. 應이 공망이거나, 兄을 帶하면 상대가 나에게 덕(德)을 주지 않으니 다음 기회를 기다려야 한다.

(주식투자를 하면 좋겠는가)
澤火革 ! 水火旣濟

兄子 // 應
官戌 /
兄亥父申 ※
兄亥 / 世
官丑 //
孫卯 /

申月 辛亥日

▸4효에서 申월이 발동, 亥水 世를 生하니 좋은 듯하다.

▸그러나 兄이 持世하니 손재(損財)하는 조건이다.

▸妻財가 가장 두려워 하는 것은 兄이다. 兄은 妻財를 克하는 손재의 神이기 때문이다.

(주식투자하면 돈을 벌겠는가)
天水訟 ! 澤水困

父戌父未 ※
兄酉 /
孫亥 / 應
官午 //
父辰 /
財寅 // 世

午月 己酉日

▸초효에서 寅木 財가 持世하니 재물을 구하는데 좋은 모습이다.

▸그러나 寅木 財가 午월에 휴수(休囚)되고 日辰 酉金의 克을 받은 가운데 공망이니 현재는 재물과 인연이 없다.

▸寅木이 힘을 얻는 亥월이 오면 다시 괘를 얻어 투자 여부를 결정하라.

** 투자상담사나 증권회사 직원, 펀드매니저도 應이다. 應이 발동, 世를 生合하면 투자상담사나 펀드매니저가 나를 도우는 형국이라 내가 이득을 본다. 그러나 應이 발동, 世를 克害하면 투자상담사나 펀드매니저가 아무리 유능하더라도 피해를 본다.

(투자상담사의 권유로 주식 투자를 하려는데 어떨까)
火風鼎 ! 雷風恒

孫巳財戌 ╳ 應
官申 //
孫午 /
官酉 / 世
父亥 /
財丑 //

戌月 丁酉日

▶戌월이 6효에서 應을 帶하고 발동, 회두생이 되면서 酉金 世를 生하니 투자상담사가 나를 도와주는 형국이다. 게다가 應이 財를 帶하고 있으니 吉兆다.

▶그러나 현재는 변효 巳火가 공망이라 戌土 財도 공망이니 재미가 없다.

▶巳火가 출공하는 乙巳일에 크게 득재(得財)하리라.

(투자상담사의 권유로 주식 투자를 하려는데 어떨까)
火澤睽 ! 火雷噬嗑

孫巳 /
財未 // 世
官酉 /
財辰 //
兄卯兄寅 ╳ 應
父子 /

亥月 壬戌日

▶2효에서 寅木 應이 兄을 帶하고 발동, 진신이 되면서 5효 未土 世를 克하니 대흉하다.

▶5효에서 未土 財가 持世하고 있음은 내가 재물을 얻는다는 뜻이 아니라 현재 재물을 소유하고 있다는 얘기다.

▶투자하면 寅卯일이나 寅卯월에 큰 손해를 보게 되리라.

** 주식투자점에서 재물을 얻을 수 있는 괘상은 세 가지가 있다. 하나는 財가 持世하고 있는데 應이 子孫을 帶하고 발동, 生世할 때다.

(주식투자로 돈을 벌 수 있겠는가)
坎爲水 ! 澤水困

父未 //
兄酉 /
兄申孫亥 ╳ 應
官午 //
父辰 /
財寅 // 世

酉月 乙卯日

▶4효에서 亥水 應이 子孫을 帶하고 발동, 회두생을 받아 持世한 寅木 財를 生하니 길하다.

▶亥일에 큰 즐거움이 있겠다.

** 다음은 官이 持世하고 있는데 應이 財를 帶하고 발동, 生世할 때다.

(오늘 주식을 샀는데 어떨까. 언제 파는 것이 좋겠는가) 火風鼎 ! 雷風恒 孫巳財戌 X 應 官申 // 孫午 / 官酉 / 世 父亥 / 財丑 // 未月 辛亥日

▶3효에서 酉金 官이 持世하고 있는데 6효에서 應이 戌土 財를 帶하고 발동, 生世하니 대길하다.

▶庚戌일에 팔아라. 반드시 큰 차익을 남길 것이다.

** 나머지 한 가지는 父가 持世하고 있는데 應이 財를 帶하고 발동, 克世할 때다.

(채권에 투자하려 하는데 어떨까) 乾爲天 ! 風天小畜 兄卯 / 孫巳 / 孫午財未 X 應 財辰 / 兄寅 / 父子 / 世 申月 甲子日

▶申월에 子水 父가 持世하고 있다. 世는 日月의 生扶를 받으니 매우 旺하다.

▶4효에서 未土 財가 발동, 회두생이 되면서 克世하니 대길하다.

▶채권을 사면 未년 午월에 재수 대길하리라.

** 그러나 世가 月破 또는 日破되거나 진공이어서 무력하면 이익은 커녕 투자로 인해 흉화가 있게 된다.

(주식투자를 하려는데 어떨까) 乾爲天 ! 風天小畜	
兄卯 / 孫巳 / 孫午財未 ╳ 應 財辰 / 兄寅 / 父子 / 世	巳月 庚午日

▶앞의 괘상과 비슷한 듯하나 내용은 완전히 다르다.

▶4효에서 未土 財가 발동, 초효 世를 克하니 재수있는 것처럼 보인다.

▶그러나 초효 子水 世가 巳월에 絶이 된 가운데 日辰의 沖을 받아 日破되니 무력하기 짝이 없다.

▶게다가 4효 未土 財가 발동해 克世하니 대흉하다.

▶午월이나 未월에 투자하면 반드시 실패한다.

** 兄이 持世하면 투자와는 인연이 없다. 때를 기다려야 한다.

(친구 권유로 주식투자를 하고 싶은데 어떨까) 山雷頤 ! 火地晋	
官巳 / 父未 // 父戌兄酉 ╳ 世 財卯 // 官巳 // 孫子父未 ╳ 應	未月 丙申日

▶兄이 持世하면 재물을 구하는 것과는 인연이 없다. 兄은 妻財를 내쫓는 신이기 때문이다.

▶兄이 발동한다는 것은 현재 損財의 신이 활동하고 있다는 뜻이다.

▶절대 투자를 해서는 안된다.

** 日月 兄이 應을 帶하고 교중 · 발동해 克世하면 투자로 인해 패가망신한다.

(주식투자를 하고 있는데 전망은 어떨까) 水澤節 ! 風雷益 父子兄卯 ╳ 應 孫巳 / 財未 // 財辰 // 世 兄卯兄寅 ╳ 父子 / 寅月 癸卯日

▸2효에서 寅월 兄이 발동, 克世하니 흉하다.

▸게다가 6효에서 卯일 兄이 應을 帶하고 발동해 克世하니 대흉하다.

▸투자에서 손을 떼는 것이 현명하다.

** 財가 應이 아니라 타효에서 발동, 生世하거나 克世하면 주식투자와는 무관하다. 다른 일로 득재(得財)한다.

(특정 회사의 주가가 오르겠는가) 山風蠱 ! 火風鼎 兄巳 / 孫未 // 應 孫戌財酉 ╳ 財酉 / 官亥 / 世 孫丑 // 子月 丙申日

▸4효에서 酉金 財가 발동, 회두생을 받아 生世하니 得財할 수 있는 형국이다.

▸그러나 酉金 財가 應을 帶하지 않기 때문에 주식투자와는 관계가 없다.

▸다른 일로 得財할 것임을 보여주는 괘다.

** 年月日이 괘에서 官을 帶하고 발동, 應을 冲克하면 정부기관이나 기관투자자가 시장을 농락하는 것이다. 빨리 시장에서 손을 떼야 한다.

地火明夷 ! 水火旣濟	
兄子 // 應	午月 甲戌日
兄亥官戌 Ⅹ	
父申 //	
兄亥 / 世	
官丑 //	
孫卯 /	

▶6효에서 子水 應이 午월에 月破 당하고 있는 가운데 日辰 戌土 官이 5효에서 발동, 世와 應을 克하니 투자자(世)와 시장(應)이 어지럽다.

▶투자에서 당분간 손을 떼고 있는 것이 좋겠다.

▶年月日은 정부 · 국가기관 또는 상급기관으로도 본다.

**世와 應 중간의 효(間爻)가 발동, 克世하면 남이 나의 생각을 흐리게 한다.

(친구가 특정 종목을 추천하며 투자를 권하는데 어떨까) 雷地豫 ! 山地剝	
父戌財寅 Ⅹ	未月 丁巳日
孫子 // 世	
官午父戌 Ⅹ	
財卯 //	
官巳 // 應	
父未 //	

▶5효 子水 世가 未월의 克을 받은 가운데 日辰 巳火에 絶이 되니 무기력하다.

▶게다가 4효에서 戌土 父가 발동, 회두생이 되면서 克世하니 흉하다.

▶소문은 무성하나 투자하면 손해본다. 소문이 무성함은 父가 旺動하기 때문이다.

** 應이 父를 帶하고 발동, 生世하면 증권회사(또는 주식시장)가 전문강사를 통해 투자자들에게 투자를 권유한다.

火雷噬嗑！火地晉		
青	官巳 /	亥月 丁未日
玄	父未 //	
白	兄酉 / 世	
匕	財卯 //	
句	官巳 //	
朱	孫子父未 ╳ 應	

▸증권회사가 개최한 투자설명회에서 초청된 강사가 몇몇 종목을 추천하며 투자를 권하는데 투자하면 어떻게 될까 하고 물어 나온 괘다.

▸초효에서 應 未土 父가 주작을 帶하고 발동하니 강사는 말을 잘한다.

▸그러나 4효에서 酉金 兄이 持世하고 있는데 未土 父가 발동, 生世하니 損財의 神인 兄만 더욱 旺해진다. 주식투자로 어찌 돈을 벌 수 있으랴.

** 日月 역마가 發動, 應을 生하면 해외투자자들이 증시로 몰려온다. 반대로 日月 역마가 應을 克하면 해외 투자자들이 시장에서 빠져 나간다.

風火家人！風天小畜	
兄卯 /	卯月 庚子日
孫巳 /	
財未 // 應	
財辰 /	
財丑兄寅 ╳	
父子 / 世	

▸2효에서 寅木 兄이 발동, 4효 未土 財 應을 克한다. 해외 투자자들이 주식을 팔고 시장을 떠난다.

▸寅木은 日辰 子일의 역마다.

** 특정 주식의 주가 변동을 점칠 때 應이 財를 帶하고 발동, 官을 화출하면서 공망에 빠지면 그 회사의 주인(대주주)이 도둑 같은 마음으로 주가를 조작하고 있다.

(특정 회사 주식을 사면 어떨까) 火天大有 ! 風天小畜	
兄卯 /	
財未孫巳 X	午月
官酉財未 X 應	
財辰 /	辛巳日
兄寅 /	
父子 / 世	

▶초효 子水 世가 月破되고 巳일에 絶이 되어 불길하다.

▶4효에서 未土 財가 應을 帶하고 旺動, 酉金 官을 화출하면서 공망이 되니 장세가 투자자를 속이고 있다.

▶투자하면 불리하다.

＊＊ 應이 子孫을 帶하고 발동해 生世하나 官을 화출, 공망에 빠지면 기업이 주가를 조작하거나 주주들을 기만하려 하니 투자를 중단해야 한다.

水地比 ! 雷地豫	
財戌 //	
財戌官申 X	子月
官申孫午 X 應	
兄卯 //	辛巳日
孫巳 //	
財未 // 世	

▶4효에서 應이 午火 子孫을 帶하고 발동, 生世하니 좋은 듯하나 사실은 그렇지 않다.

▶午火 子孫이 발동, 申金 官을 화출함은 도적같은 마음을 갖고 있다는 얘기요, 게다가 申金 官이 공망이 된 것은 진실을 가장하고 있음을 뜻한다.

▶투자하지 않는 것이 좋다.

＊＊ 應이 兄을 帶하고 발동, 官을 화출하면서 克世하면 작전세력이 있어 투자자에게 큰 피해를 준다.

(벤처기업에 투자하려 하는데 어떨까) **地雷復 ! 風雷益**	
官酉兄卯 ╳ 應 父亥孫巳 ╳ 財未 // 財辰 // 世 兄寅 // 父子 /	卯月 乙亥日

▶6효에서 應이 卯木 兄을 帶하고 발동, 회두극이 된 형태다.

▶그러나 卯木 兄이 月日의 生扶를 받아 旺하기 때문에 회두극을 당하지 않는다. 이 경우 변효 酉金은 應의 뜻이 겉으로 드러난 것으로 봐야 한다.

▶應이 卯木 兄을 帶하고 旺動, 克世함은 손실이 크다는 뜻이요, 酉金 官이 화출됨은 應에게 도둑 같은 마음이 있다는 얘기다.

**** 日月 동효가 財를 帶한 應을 生하면 주가가 폭등한다.**

(주식시장은 어떻게 될까) **天山遯 ! 火山旅**	
兄巳 / 財申孫未 ╳ 財酉 / 應 財申 / 兄午 // 孫辰 // 世	辰月 乙未日

▶應은 주식시장이다.

▶4효 酉金 財 應이 日月의 生을 받으니 매우 旺하다.

▶게다가 未일이 5효에서 발동, 應을 生하니 시장 상황이 좋아진다. 주가가 오르겠다.

**** 財를 帶한 應이 日月 동효의 克을 받고 공망이 되면 주식시장이 무기력해진다.**

(주식시장이 앞으로 어떻게 될까) **山水蒙 ! 山天大畜**	
官寅 / 財子 // 應 兄戌 // 父午兄辰 ╳ 官寅 / 世 官寅財子 ╳	巳月 丙辰日

▶5효 子水 財 應이 巳월에 휴수(休囚) 되고 日辰의 克을 받으니 무기력하다.

▶게다가 3효에서 辰일이 旺動, 子水 財 應을 克하면서 入庫시키니 시장이 불안하다.

▶주가가 폭락하겠다.

** 투자 대상 기업의 재정 상태와 전망은 應으로 판단한다. 應이 財를 帶하고 있는데 年月日이 발동, 應을 生하면 정부의 지원을 받는 기업이라 유망하다.

(어떤 주식에 투자하려 하는데 회사 전망은 어떤가)
山風蠱 ! 雷風恒

兄寅財戌 X 應
官申 //
財戌孫午 X
官酉 / 世
父亥 /
財丑 //

午月 丁巳日

▸4효에서 午월 子孫과 6효에서 戌土 財가 발동, 寅午戌 子孫局을 이뤄 6효 應을 生한다.

▸日月은 상급기관이나 정부, 국가로 본다. 따라서 점치는 대상은 정부나 국가가 지원하거나 관계가 있는 기업이 틀림없다.

▸또 應인 戌土 財가 旺動, 生世하니 반드시 戌월에 대길하리라.

** 應이 財를 帶하면 우량 기업이다. 그러나 年月日이 발동, 應을 克하면 도산한다.

(유망기업인데 투자하면 어떨까)
火天大有 ! 火山旅

兄巳 /
孫未 //
財酉 / 應
財申 /
父寅兄午 X
官子孫辰 X 世

卯月 庚午日

▸4효에서 酉金 財가 應을 帶하니 유망기업이라 할 수 있다.

▸그러나 卯월이 酉金 財를 月破로 치고 2효에서 午일이 발동, 克하니 午월에 반드시 나쁜 일이 있으리라.

** 應이 兄을 帶하고 발동하면 유망기업으로 소문이 나 있더라도 투자하면 안된다. 한강투석이 될 뿐이다.

(유망기업에서 투자를 권하는데 어떨까) 火澤睽 ! 火雷噬嗑	
孫巳 / 財未 // 世 官酉 / 財辰 // 兄卯兄寅 X 應 父子 /	亥月 丁未日

▶5효에서 未土 財가 日辰을 帶하고 持世하니 점치는 사람은 財力이 있다 하겠다.

▶그러나 2효에서 寅木 兄이 應을 帶하고 발동, 克世하니 대흉하다.

▶특히 兄이 발동해 진신이 되니 투자에 끝이 보이지 않는다.

**** 應이 官을 帶하고 있는데 日月 財가 발동, 應을 生合하면 정부나 국가에서 지원하는 기업이다.**

風天小畜 ! 巽爲風	
兄卯 / 世 孫巳 / 財未 // 官酉 / 應 父亥 / 父子財丑 X	丑月 戊戌日

▶3효에서 酉金 官이 應을 帶하고 있다.

▶초효에서 丑월이 발동, 酉金 官을 生하고 日辰도 生한다.

▶정부나 국가가 지원하는 우량 기업이라 하겠다.

▶그러나 卯木 兄이 持世하니 재물은 나와는 무관하다.

**** 신용으로 주식을 사는 것은 건전한 투자라기 보다는 투기에 가까운 만큼 신중해야 한다.**

澤火革 ! 水火旣濟	
兄子 // 應 官戌 / 兄亥父申 X 兄亥 / 世 官丑 // 孫卯 /	申月 庚子日

▶주식투자로 상당히 손해를 본 사람이 투자전망을 물어 나온 괘다.

▶兄이 世와 應에 있음은 주식시장도 덕이 없고, 자신도 재수가 없다는 뜻이다.

▶4효에서 申金 父가 발동, 世와 應 兄을 生하니 빨리 주식시장에서 발을 빼는

것이 좋겠다.

風地觀！水地比

官卯財子乂應
兄戌 /
孫申 //
官卯 // 世
父巳 //
兄未 //

申月 庚子日

▶위 사람이 그래도 한 종목을 선정해 달라고 간곡히 부탁해 점쳐 얻은 괘다.

▶6효 應이 日辰 子水 財를 帶하고 발동, 生世하니 투자하면 돈을 벌 수 있으리라.

▶바로 증권회사 직원에게 전화해 자기 돈으로 5천주를 사고 신용으로 다시 5천주를 더 샀다.

▶그러나 다음날인 辛丑일 장세가 밀려 불안하자 손실을 감수하고 팔았다.

▶그런데 壬寅, 癸卯일 연속 주가가 올랐다.

▶앞의 예를 보면 참으로 신의 뜻을 거슬리기 어렵다 하겠다. 처음 水火旣濟 괘를 얻음은 '투자 불가'를 가르쳐 주었는데 듣지 않고 욕심을 내봐야 되지 않음을 보여 주는 예다.

**** 주가지수선물투자도 일반 주식투자와 같다.**

(선물에 투자하고 싶다. 오월에 하면 좋겠는가)

震爲雷！地雷復

孫酉 //
財亥 //
父午兄丑乂應
兄辰 //
官寅 //
財子 / 世

卯月 甲戌日

▶초효에서 子水 財가 持世함은 현재 나에게 경제적인 능력이 있다는 얘기다.

▶그러나 4효에서 丑土 兄이 應을 帶하고 발동해 나의 재물을 빼앗아 가려 한다.

▶丑土 兄이 발동, 회두생이 되면서 克世하니 午월에 큰 손재를 보겠다.

**** 父가 持世하고 있는데 應 財가 年을 帶하고 발동, 生世하거나 克世하면 장기투자가 유리하다.**

(특정 주식에 장기투자하고 싶은데 어떨까) 澤天夬 ! 澤風大過	
財未 //	丑年
官酉 /	申月
父亥 / 世	癸巳日
官酉 /	
父亥 /	
父子財丑 ╳ 應	

▶초효에서 丑土 財 應이 年을 帶하고 발동, 克世하니 丑년에 주가가 오르겠다. 특히 丑월이 길하리라.

▶그러나 해가 바뀌어 寅년 寅卯월이 되면 불안하니 丑월에 팔아라.

**** 應이 財를 帶하고 있으면서 克世 또는 生世하지만 日月 兄이 발동해 應을 克하면 정부나 국가의 지원이 끊겨 주가가 폭락한다.**

澤天夬 ! 風天小畜	
財未兄卯 ╳	亥月
孫巳 /	辛卯日
父亥財未 ╳ 應	
財辰 /	
兄寅 /	
父子 / 世	

▶4효에서 應, 未土 財가 발동하여 克世하니 좋은 듯하다.

▶그러나 6효에서 日辰 卯木 兄이 발동, 亥卯未 木局을 이뤄 應을 克하니 흉하다.

▶정부나 국가 지원을 약속받았으나 실제로 약속이 이행되지 않는 괘다.

**** 데이 트레이딩은 당일 日辰이 중요하다. 日辰 財가 持世한 가운데 應 子孫이 발동해 生世하거나, 日辰 財가 應에서 발동해 克世해야 재수가 있다.**

乾爲天 ! 風天小畜	
兄卯 /	申月
孫巳 /	
孫午財未 ╳ 應	乙巳日
財辰 /	
兄寅 /	
父子 / 世	

▸4효에서 應, 未土 財가 발동, 회두생이 되면서 克世하니 길하다.

▸巳午未 사흘 간 반드시 돈을 많이 벌 수 있으리라.

＊＊ 상종가 행진을 계속하는 종목이라도 괘중에서 兄이 발동, 世나 應을 克하면 투자를 중단해야 한다. 그러나 應이 財나 子孫을 帶하고 발동, 生世하거나 克世하면 지금 투자해도 늦지 않다.

風澤中孚 ! 風雷益	
兄卯 / 應	卯月
孫巳 /	
財未 //	甲辰日
財辰 // 世	
兄卯兄寅 ╳	
父子 /	

▸3효에서 日辰이 辰土 財가 持世함은 현재 내가 재물을 갖고 있다는 뜻이다.

▸그러나 6효에서 應이 卯木 兄을 帶하니 내가 주식시장에서 손해를 본다.

▸특히 2효에서 寅木 兄이 발동, 卯木으로 진신이 되면서 克世하니 대흉하다. 당장 주식시장에서 손을 떼라. 기타 다른 사업도 중단하는 것이 좋다.

후기

누구에게나 한 번쯤은 세상을 탓하고 싶을 때가 있을 것입니다. 이럴 땐 마음을 잡는 공부를 하면 좋습니다. 마음을 가다듬고 자신을 조용히 들여다 보는 것이지요.

역학은 마음공부입니다. 특히 어려울 때 도움이 됩니다. 자신이 걸어왔고, 앞으로 걸어갈 길을 알 수 있기 때문입니다. 그렇다고 운명론자가 되어 소극적으로 살아가는 것은 결코 아닙니다. 운명을 알면 그에 맞춰 더 적극적으로 살 수 있습니다. 물러설 때는 물러서고, 때가 왔을 때 과감하게 나아가는 것이 진정한 용기요, 적극적으로 사는 자세가 아니겠습니까. 운명을 안다는 것은 바로 물러설 때와 나아갈 때를 아는 것이라 할 수 있습니다.

역학은 보통 호기심에서 관심을 갖는 경우가 많습니다. 이 세상에 부족할 것이 없이 '잘 나가는 사람'은 역학에 대한 호기심이나 관심이 상대적으로 적습니다. 그러나 어떤 계기든 한 번 역학의 세계에 발을 들여 놓으면 그 오묘함에 이끌려 깊이 빠져 들게 됩니다. 마치 미지의 세계를 탐험하는 스릴과 환희를 느낄 수 있기 때문입니다. '귀신이 곡한다'는 말을 실감할 수도 있습니다.

필자도 IMF 이후 우리사회에 '거센 한파'가 몰아칠 때 우연히 훌륭한 선생님을 만나면서 역학에 입문했습니다. 공부를 하면서 역학이 단전호흡이나 펜듈럼 같은 '정신세계'와 맥이 깊이 통함을 느꼈습니다. 정신세계는 필자가 오래 전부터 관심을 가져온 분야라 역학이 주는 매력은 컸습니다. 그래서 나름대로 공부를 해왔습니다만 아직 역학이란 큰 호수에 겨우 한 쪽 발을 담근 데 불과합니다. 그래도 즐겁습니다. 답답한 일상생활에서 벗어나 어머니 품처럼 포근한 '하늘'을 생각하는 여유를 즐길 수 있기 때문입니다.

역학은 형이상학적인 몇 가지 근본 명제를 전제로 출발합니다. 그 전제는 동양에서 우주와 세계의 생성과 구성, 변화를 설명하는 내용입니다. 그렇다고 역학을 얕잡아보거나 미신이라고 무조건 불신할 필요는 없습니다. 어떤 학문이든 근원적으로는 더 이상 증명되지 않는 '가설'을 바탕에 깔고 있기 때문입니다. 역학도 다른 학문들처럼 근본 명제에서 전개되는 이론 체계는 매우 논리적입니다. 따라서 현대학문을 배운 신세대들도 역학을 쉽게 배울 수 있습니다. 논리적이 아닌 학문은 학문이라 할 수 없습니다.

역학은 동양의 시각에서 세계와 우주, 인간을 바라보는 창(窓)입니다. 그 창은 독특한 '멋과 맛'이 있습니다. 신비롭기도 하고 외경스럽기도 합니다. 역학 중에서도 육효는 특히 더 그렇습니다. 본서와 앞으로 계속 나올 책을 통해 육효의 신비한 묘미를 즐겨 보시기 바랍니다. 그리고 정신세계에 깊이 빠져 보시고, 마음공부도 함께 해보시기 바랍니다.

2007. 1. 10.

신산육효연구회 회원 노 응 근

실전 육효 최고급 완성편

神算 六爻精解

神算 金 用 淵 教授
神算易數學會研究委員
盧 應 根 共著

신산육효 상담 실전 요람
전문가로 안내하는 실전 종합응용편

전문 술사로 안내하는 풍부하고도 다양한 실증적 사례!
이 책 한 권이면 당신도 50년 실전경력자

상담 실전에서 바른 점사와 정확한 괘 풀이로 전율할 만큼 신묘하고도 높은 적중률로 안내하는 종합 실전 · 상담 응용편이다.
육효학과 육효점, 즉 이론과 풀이를 동시에 만족시키기 위해 저자의 '신산 육효학 강의' 에서만 들을 수 있는 내용과 비전도 감추지 않고 공개하였다.

전문술사를 위한 육효점의 바른 점사와 괘 풀이!

六爻는 자연의 의중을 묻는 학문으로 다른 점술에 비해 배우기 쉬우면서도 탁월한 적중률을 자랑한다. 그러나 시중에는 고전을 단순 번역해석한 책이 난무하고 있다. 고서의 예문을 인용한 막연한 해설에 불과한 내용이 초학자에게는 상당히 많은 혼란을 주고 있다. 이런 문제를 해소하기 위해 출간한 것이 〈神算六爻精解〉이다.
〈神算六爻-이것이 귀신도 곡하는 점술이다〉가 육효의 기초와 함께 육효점을 각 분야 · 사례별로 소개한 입문서라면, 〈神算六爻精解〉는 상담 실전에서 바른 점사와 정확한 괘 풀이로 전율할 만큼 신묘하고도 높은 적중률로 안내하는 전문 술사를 위한 실전 · 응용편이라 할 수 있다.
육효학과 육효점, 즉 이론과 풀이를 동시에 만족 시키기 위해 필자의 〈신산육효학 강의〉에서만 들을 수 있는 내용을 다수 포함시키고 비전도 감추지 않고 공개하였다.

실전육효최고급 종결편

神算 六爻秘傳要訣

神算 金 用 淵 教授
神算易數學研究會 會長
盧 應 根 共著

실전육효 최고급편

저자로서 지금까지 펴낸 「신산육효-이것이 귀신도 곡하는 점술이다」가 육효점의 입문에서부터 기초와 이해에 바탕하여 육효점을 적용할 수 있는 사례를 분야별로 소개한 입문서라면, 「神算六爻精解」는 좀 더 깊이 있게 실전에서 연구, 응용할 수 있는 종합응용편이라 할 것이다.

육효학에 대해서는 이상으로 모든 것을 널리 소개, 밝혔다고 생각하고 더 이상의 책 출간은 생각지 않았으나 수 많은 독자와 강호 제현들의 격려와 성화를 거절할 수 없었고, 또 세상에서 흔히 비전이라 쉬쉬하며 특별히 전수하는 양 하며 자행되는 금전갈취와 비행을 모르는체 할 수 없어 저자로서 필생동안 연구, 임상하였던 흔치 않은 모든 비술을 여기에 모두 밝혔음을 알린다.

지금까지 저자의 앞서 발행된 2권의 책을 숙지한 독자라면 이 책마저 통달하고 나면 육효학에 관한한 특출한 일가견을 이루었다고 확신하는 바이며 역학계에서 우뚝하리라 믿는다.

이 册으로 後學들이 六爻學을 공부하는 데, 또 실제 상담실전에 보다 유용하고 효과적으로 한치의 오차도 없이 정확하게 판단하는 데 조금이라도 도움이 된다면 필자로서는 더 없는 기쁨이라 하겠다.

소원성취 · 만사형통 · 신비의 영험 부적 · 부작

大靈 符籍·符作

벽조목과 부작의 신묘한 효능

부적·부작은 神이 내려주신 神靈物이다

부적 · 부작에 대한 연구는 이미 오래전부터 진행되어 왔고 관련 서적도 수없이 많다.
하지만 대다수의 책들은 부적의 활용법 중 일부만 제시되어 있을 뿐 부적의 구성원리 라든가 실질적인 활용법에 대한 제시가 없었다. 이 책은 **풍부한 사례**와 함께 **상세한 해설**로
부적 · 부작을 구성하는 원리에 대해 다각도로 조명함으로서 보다 근본적으로 이해할 수 있고 또한 누구나 적접 만들어 쉽게 사용할 수 있게 하였다.
첫 출판 이후 10여년 만에 부적뿐만 아니라 전편에 공개하지 않았던
벽조목(벼락 맞은 대추나무)과의 조화인 부작에 대한 내용까지 완벽하게 정리했다.

부적 부작은 동양오술(東洋五術)중 산(山)에 속하는 것으로 신비의 대상도 미신의 대상도 아니다.
인간세계와 영(靈)의 세계는 같은 공간에 존재하는 것이 아니기에 직접 의사소통을 할 수 있는 방법이 없다.
부적 · 부작은 이를 해결하고자 하는 인간들의 절박한 필요에 의해 생겨난 것이다.
부적 · 부작은 과학적으로는 이해 할 수 없는 초과학의 세계로, 신과의 교감을 통한 신탁에 의해서 얻어진 영험한 것으로 작성자의 지극한 정성과 의지에서 발생되어 나온 강한 기(氣)가 내재되어 있어야한다.
나의 기와 神의 기(氣)가 서로 합하여 이루어진 신기(神氣)는 형체가 없으나 부적 · 부작을 통해 그 형체가 남게 된다.
이것이 서로 응하여 영험함이 나타나게 된다.
누구나 정확한 절차와 제작 방법에 따라 스스로 만들어 사용한다면 나쁜 기운으로부터 보호받으며 모든 재앙을 예방하고 만사형통의 기운이 넘쳐나게 하는 신물(神物)이다.